복지국가론

[기원 · 발전 · 개편]

전 광 석

신 조 사

THE WELFARE STATE

– its origin, development and reform –

Cheon Kwang Seok Dr. Jur.
Professor of Public Law
Law School, Yonsei University

SINJOSA
Seoul, Korea
2012

머 리 말

헌법과 복지문제에 관심을 갖던 저자는 사회과학에서 이루어지는 복지국가개편에 관한 논의가 규범적으로 구체화되는 가능성을 연구하기로 하고 연세대학교에 저술 지원을 신청하였다. 2005년이었다. 연세대학교는 저술 계획을 승인하고 지원을 결정하였다. 그런데 연구를 시작하면서 곧 이 연구 계획 자체는 학문적 · 실천적 가치와 의미가 있지만 현실적으로는 거의 불가능하다고 생각되었다. 다원적인 영역에서 다층적 규범체계를 통하여 이루어지는 법제화 작업을 복지국가개편론에 대비시켜 서술하는 경우 무리하게 유형화가 이루어지고 그만큼 연구의 의미가 반감될 것이 우려되었다. 또 어느 정도 연구가 진행되면서 복지국가의 개편론은 보다 역사적으로 거슬러 올라가서 복지국가의 기원 및 발전을 추적하지 않고서는 이해와 서술이 어렵다는 점도 인식하게 되었다. 이에 규범적 구체화의 문제는 차후로 미루고, 우선 그 작업을 위한 선결과제로서 복지국가개편의 문제를 확장하여 기원과 발전을 둘러싼 인과관계에 관한 연구를 포함시키기로 하였다. 이러한 작업을 통하여 나타나는 복지생산의 일반성과 특수성이 획득되었을 때 비로소 규범과의 상호작용에 대한 연구가 가능할 것으로 판단되었다. 이제 복지국가의 일반성과 특수성에 대한 인식을 염두에 두고 사회보장 입법의 기원과 발전, 개편방안에 대한 연구가 남은 과제가 되었다.

기쁘게 짊어졌지만 무거웠던 짐을 덜었다. 고마운 사람들이 많다. 오랜 친구 박응천은 틈나는 대로 방문하여 우정을 나누었다. 정기적으로 모여 이야기를 나누고 격려해 주었던 임정구, 진병우, 성주형, 유창수 학형들에게 빚을 졌다. 이 책의 출간이 조그마한 보답이 되었으면 한다.

헌법학 교실의 제자들인 신정희, 윤수정, 그리고 독일 하이델베르크 대학에서 박사학위를 취득하고 돌아온 이세주 박사가 정성스럽게 교정을 보아 주었다. 이들 모두에게 학운을 빌며, 평소 표현하지 못했던 감사의 마음을 전한다.

2012년 11월 21일
연세대학교 광복관에서
전 광 석

* 이 저서는 2005년 연세대학교 학술연구비의 지원에 의하여 이루어진 것임(2005-1-0194).

차 례

제 1 편

문제의 제기, 연구의 방법 및 내용

제 1 편 문제의 제기, 연구의 방법 및 내용

제 1 장 복지국가: 문제해결영역에서 문제발생영역으로의 발전

현상적으로 보면 국가의 복지생산의 역사는 인류의 역사와 함께 시작되었다. 그리고 일부 국가에서는 국가의 "복지(Wohlfahrt)"활동에 경찰국가적 · 관권국가적 후견이 수반되는 것으로 이해되었다. 그 결과 오늘날 복지를 생산하는 작용을 하는 국가의 성격을 "복지국가"라고 부르기 꺼려하는 현상이 나타나기도 한다. 복지국가라는 용어를 기피하고 사회국가(Sozialstaat)의 용어를 선택한 독일 헌법이 대표적인 예이다.[1] 독일의 이러한 용어례는 한편으로는 위에서 지적한 바와 같은 관권국가적 국가작용의 부정적인 측면이 작용하였다. 다른 한편으로는 사회적 평등을 이념적 기초로 하여 개인을 사회통합을 위한 연결망 속에서 편입시켰던, 그리고 그 결과 부양국가(Versorgungsstaat)의 외형을 띠었던 스웨덴 등 북부 유럽의 국가들에 대한 헌법적 평가가 영향을 미치기도 하였다. 연금보험에서 개인의 소득 전체를 보험료 산정의 대상으로 하는 경우 개인이 사적 배려를 통하여 노후에 대한 자기설계를 하는 가능성을 박탈하기 때문에 인격실현의 권리를 침해한다는 독일 연방헌법재판소의 결정이 이러한 경향을 반영한다.[2] 그러나 이러한 낙인은 오늘날 일반적으로 국가

1) 복지국가원리 등 국가의 사회적 과제에 관한 구조적 원리, 그 용어의 다양성에 대해서는 전광석, "헌법재판소가 바라 본 복지국가원리", 「공법연구」 제34집 제4호 제1권(2006), 221면 이하 참조. 이 밖에 복지국가의 용어례에 관한 비교법적 연구로는 Franz-Xaver Kaufmann, *Sozialpolitisches Denken* (Suhmkamp, 2003), 139면 이하; Gerhard A. Ritter, *Der Sozialstaat* (Oldenbourg, 1991), 4면 이하 등 참조.

2) *BVerfGE* 10, 354(371면 이하); 12, 319(323면 이하); 29, 221(236면 이하) 등

의 복지활동이 개인의 자유를 실질적으로 실현하기 위하여 필요한 조건을 보장하는 목표를 갖는다고 이해하면서 극복되었다.

복지국가의 이념 및 제도는 개인의 경제적 생활의 기초로서 시장경제질서가 보편적인 질서로서 자리 잡은 이후 동시에, 혹은 어느 정도 시간의 간격을 두고 국가의 중요한 과제영역에 포섭되었다.[3] 그리고 복지국가의 이념과 제도는 서구 사회를 기준으로 보면 120년 이상의 역사를 갖고 있다. 우리나라를 기준으로 보더라도 복지국가는 40년 이상의 논의의 역사를, 그리고 약 30년의 제도화의 역사를 가지고 있다. 사회보장에 대한 논의는 1961년 5·16 군사쿠데타 이후 군사정부 내에서 본격적으로 이루어졌지만 이러한 논의가 제도화에 이르지는 못했으며 1977년 의료보험법이 제정되면서 비로소 우리나라에서 본격적인 제도화의 역사가 시작되었다.[4] 빈곤문제 혹은 노동자문제와 같은 당대의, 그리고 해당 사회의 특유한 문제를 극복하기 위한 처방으로 등장하였던 복지국가원리는 그동안 발전을 거치면서 그 위상과 의미에 있어서 큰 변화를 겪었다. 2000년 건강보험 통합, 1997년 및 2007년 국민연금의 개혁에 관한 논의, 1990년대 중반 이후 이루어진 여러 차례의 공무원연금 개혁논의, 그리고 1999년 국민기초생활보장법의 제정논의에서 볼 수 있듯이 복지제도의 변화는 전국민적 관심을 불러일으킨다. 이러한 변화는 주관적으로 보면 오늘날 복지생산이 개인 생활의 기초로서 기능하게 되었기 때문에 국민 개인 혹은 집단별로 다양한 이해관계를 형성하는 계기가 된다. 그리고 이러한 복지생산의 관계는 중장기적인 영향력을 갖고 지속하기 때문에 더욱 첨예하다. 그 결과 오늘날 복지생산은 개별 사회집단의 이익투쟁의

참조.

3) 이 점에 대해서 자세히는 Michael Stolleis, "Die Entstehung des Interventionsstaates und das öffentliche Recht", Michael Stolleis, *Konstitution und Intervention* (Suhrkamp, 2001), 257면 이하 참조. 복지국가원리에 관한 이론적 작업으로는 Hermann Heller, "Grundrechte und Grundpflichten", Hermann Heller, *Gesammlte Schriften* (1971), 291면 이하; Wolfgang Schluchter, *Entscheidung für den sozialen Rechtstaat. Hermann Heller und die staatstheoretische Diskussion in der Weimarer Republik* (1968) 등 참조. 이 밖에 Franz-Xaver Kaufmann, 위 각주 1의 책 참조. 이 책은 독일 학문사에서 사회정책에 관한 이론의 발전을 추적하고 있다.

4) 이에 대해서는 손준규, 사회보장·사회개발론(집문당, 1983), 특히 93면 이하 참조.

장(forum)으로 발전하는 경향을 보이고 있다. 객관적으로 보면 이러한 복지제도의 변화는 거시적인 사회질서의 한 축으로서, 다른 질서와의 상관관계 속에서 국가의 중요한 과제로서 논의되고 있다.

복지국가의 이념과 이를 제도적으로 실현하기 위한 노력은 이미 인류보편적인 현상으로 발전하여 왔다. 복지국가의 이념과 제도는 다른 이념과 제도와 마찬가지로 역사적 환경의 산물로서 생성되고 발전하여 왔다. 그리고 복지국가가 성숙하면서 복지국가는 이중적인 측면을 띠게 되었다.

첫째, 靜的인 측면이다. 즉 복지국가는 개인의 사회적 문제를 해결하는 원리로서 정착되고, 그 결과 객관적으로는 국가의 정당성을 좌우하는 과제영역이 되었다. 사회문제가 인식되고, 이에 대응하는 제도를 형성·발전시키면서 복지국가가 정착하는 단계에 해당한다.5)

둘째, 動的인 측면이다. 역사현상으로서 복지국가는 다음과 같은 두 가지 도전적인 상황에 처하게 되었다. 첫째, 멀리는 1970년대 중반 이후, 그리고 특히 1990년대 이후 세계적인 재정위기와 세계화 등이 진행되면서 집중적으로 복지국가를 둘러싼 환경의 변화를 배경으로 복지국가의 지속가능성(sustainability)이 진지한 논의의 대상으로 발전하였다. 의·과학기술의 발전 및 생활환경의 개선으로 인한 수명연장, 고령사회의 심화, 그리고 이와 함께 저출산의 경향이 작용하여 나타나고 있는 인구구조의 불균형, 복지재정의 위기, 그리고 세계화의 진행, 부분적으로 이로부터 영향을 받은 고용유형의 변화 등의 문제가 여기에 해당하는 대표적인 예들이다. 복지국가는 19세기 후반 이후 종속고용사회로 산업구조가 변화하는 시대적 배경 속에서 형성되었다. 그런데 오랜동안 복지생

5) 이러한 측면에서 복지국가에 대한 비교역사적 고찰로는 Gerhard A. Ritter, *Sozialversicherung in Deutschland und England* (C.H. Beck, 1983)(전광석(역), 복지국가의 기원(법문사, 2005); Hans F. Zacher(편), *Bedingungen für die Entstehung und Entwicklung von Sozialversicherung* (Duncker & Humblot, 1979); Peter A. Köhler/Hans F. Zacher(편), *Ein Jahrhundert Sozialversicherung in der Bundesrepublik Deutschland, Frankreich, Grossbritannien, Österreich und der Schweiz* (Duncker & Humblot, 1981); Peter A. Köhler/Hans F. Zacher(편), *Beiträge zu Geschichte und aktueller Situation der Sozialversicherung*(Duncker & Humblot, 1983) 등 참조.

산의 기초로서 기능했던 노동시장이 새로운 변화를 겪고 있으며, 위기에 처하게 되었다는 점은 본질적인 상황의 변화이다. 둘째, 복지국가는 새로운 사회문제를 인식하고, 이를 해결하기 위한 처방으로서 탄생하였고, 주관적 인식의 변화와 객관적 상황의 변화를 겪으면서 혁신·진보하여 왔다. 그런데 이제 복지국가는 또 다른 (물론 의도하지 않은) 사회문제를 발생시키는 원인이 되었다는 자각이 이루어지고 있다.[6] 노동관계에서 불평등이 복지생산에 있어서 불평등과 연계되며, 그 결과 복지국가가 오히려 불평등을 지속시키는 기반이 되었다는 문제인식이 좋은 예이다. 복지생산이 개인에게 자유의 조건을 보장하여 자유권을 실질화 하였지만 다른 한편 개인화가 진행되면서 자유의 공동체적 및 문화적 관련성이 상실되었으며, 의도하지 않은 결과, 즉 예컨대 저출산 및 가족기능의 약화를 낳았다는 것이 또 다른 예이다.[7]

이러한 문제의식을 종합하면 결국 과거에 사회문제에 대한 처방으로 탄생하였던 복지국가가 오늘날에는 자체가 해결을 필요로 하는 문제로서 발전하게 되었다고 할 수 있다. 그리고 이러한 動的인 복지국가의 변화 속에서 복지국가의 실체적 내용뿐 아니라 절차적 결정구조 역시 靜的인 복지국가논의와는 다른 구조를 띠게 되었다.[8] 헌법적으로 보면 복지국가가 헌법의 구조적 원리로서 그 자체 모순적 구조를 띠게 되었다. 헌법, 그리고 복지국가원리는 한편으로는 보편적 (사회적) 평등을 실현하는 과제를 갖지만, 다른 한편 헌법의 법치국가원리는 기득권을 보장하는 기능을 수행한다. 또 복지국가원리는 법치국가원리, 그리고 특히 민주주의원리와 긴장관계를 형성하면서 조화롭게 실현되어야 하는 문제영역으로 부상하게 되었다.[9] 복지국가는 한편으로는 사회적 약자를 보호하는 과제를

6) 제도형성에 있어서 의도하지 않은 결과에 대한 일반적인 논의에 대해서는 예컨대 하연섭, 제도이론(다산출판사, 2003), 165면 이하 참조.

7) 이에 대한 근본적인 논의에 대해서는 예컨대 Udo Di Fabio, *Die Kultur der Freiheit* (C.H. Beck, 2005), 96면 이하 참조.

8) 이에 대한 인식을 학문적으로 자극하였던 문헌으로는 예컨대 Paul Pierson, "The New Politics of the Welfare State", *World Politics* Vol.48.2(1996), 143면 이하 참조. 제도형성과 지속에 있어서 나타나는 상이한 변수구조 일반에 대해서는 하연섭, 위 각주 6의 책, 183면 이하 참조.

9) 헌법의 구조적 원리 상호 간의 관계에 대해서는 예컨대 전광석, "사회변화와 헌법

갖지만, 다른 한편 이러한 이념과 제도는 민주주의적 헌법질서에서 다수결의 의사결정구조에 의하여 제약되는 한계가 있다는 것이다.

이러한 새로운 상황구조가 형성되면서 다음과 같은 문제가 제기된다. 1970년대 중반 이후, 그리고 특히 최근의 세계사적 변화에도 불구하고 과연 120년 전의 정치 및 사회경제적 환경의 산물로서 출발한 복지국가가 앞으로 변화된 환경에서도 계속해서 국가의 과제로서, 그리고 시장경제질서와 함께 개인의 경제적 생활의 기초로서 존속할 것인가? 시대적으로 보면 세계적으로 지속적인 경제성장에 의문이 제기되지 않았던 황금의 50-60년대를 지나면서 1970년대 초반 원유파동을 전환점으로 하여 복지국가의 지속가능성 여부가 학문적 및 실천적 논의의 대상으로 떠올랐다. 다만 뉘앙스의 차이가 있어, 1970년대와 80년대에는 복지국가의 한계와 위기의 문제가 제기되었으며, 세계화 논의가 본격화되는 1990년대 이후 복지국가의 개편론이 이어지고 있다. 극단적으로는 복지국가의 폐지 혹은 폐지에 가까운 축소논의가 있기도 하다. 그러나 이러한 논의는 극단적이며, 또 그렇기 때문에 실현될 수 있는 발전방향도 아니다. 자유주의적 복지국가유형의 대표적인 예에 속하는 미국과 영국도 예외는 아니다. 예컨대 미국에서도 연금기금의 불안정 및 향후 인구구조의 변화로 인하여 사회보장에 대한 신뢰가 낮아지고 있지만 여전히 강한 정치적 지지를 받고 있다고 보고되고 있다.[10] 또 영국에서 1970년대 이후 대처(Thatcher)의 보수당정권이 장기 집권하면서 복지긴축을 정책방향으로 제시하였다. 그러나 이 당시 어느 정도 구조조정이 이루어진 것은 사실이지만 복지의 긴축이 보수당 정부의 정책과 부분적으로는 조화될 수 없었으며, 따라서 일반적으로 기대하듯이 영국에서 이 기간 복지생산 그 자체가 긴축하지는 않았다.[11]

과제로서의 복지국가의 실현", 「공법연구」 제31집 제1호(2002), 61면 이하 참조.

10) 이 점에 대해서는 예컨대 Virginia P. Reno/Robert B. Friedland, "Strong Support but Low Confidence", Eric R. Kingson/James H. Schulz(편), *Social Security in the 21st Century* (Oxford University Press, 1997), 178면 이하 참조.

11) 이에 대해서는 예컨대 Paul Pirson, *Dismantling the Welfare State?. Reagan, Thatcher, and the Policies of Retrenchment* (Cambridge University Press, 1994), 178면 이하 참조.

위와 같은 상황에서 복지국가연구는 다음과 같은 문제들을 다루어야 한다. 첫째, 가장 기본적으로는 복지국가의 정당성에 대한 해명이 필요하다. 둘째, 1970년대 이후 주된 논의의 대상은 복지국가가 형성될 수 있었던 제반 환경의 변화에도 불구하고 복지국가는 지속가능한가 하는 문제이다. 위 첫번째 문제에 긍정적인 대답을 할 수 있는 경우에도 복지국가가 지속가능하기 위해서는 새로운 환경에 적절히 대응할 수 있어야 한다. 구체적으로는 복지국가의 지속가능성을 위협하는 새로운 환경들은 무엇이며, 이러한 새로운 환경에 대한 어떠한 대응이 필요한가 하는 문제이다. 특히 두 번째 문제는 앞으로 우리 사회보장의 발전방향을 제시하는 작업이 될 것이다.

제 2 장 헌법의 사회과학적 기초

제 1 절 헌법 일반론 및 복지국가원리의 특수성

헌법은 사회의 장기적인 가치질서로서의 성격을 갖는 근본규범이다. 헌법은 그때 그때 사회에서 발생하는 새로운 사회적 문제에 대한 제도적 대응방안이 아니라 장기간 사회를 지배하는 응축된 가치와 그 가치를 실현하기 위해서 필요한 실체적 내용과 원리, 그리고 부분적으로 제도와 절차 및 조직을 규율한다. 그렇기 때문에 장기적인 가치질서로서 헌법은 필연적으로 추상적일 수밖에 없으며, 따라서 구체화를 필요로 한다. 그리고 이러한 구체화는 헌법이 역사의 흐름에 따라 사실관계, 사실관계의 변화, 그리고 이에 수반되는 가치론적 평가와 관련을 가지면서 내용을 형성하여 가는 형태로 이루어진다.[12] 이에 헌법학은 역사학, 철학, 사회과학 등 다른 학문분야와 밀접하게 의사소통을 하면서 해당 학문분야에서의 사실 및 가치평가에 주목하여 이들과의 상호작용 속에서 헌법을 형성할 과제를 갖는다.

---

12) 이러한 헌법의 개방적 성격에 대해서는 전광석, "지속가능성과 복지국가", 「법학연구」(연세대 법학연구원) 제22권 제2호(2012), 4면 이하 참조.

사실관계 및 가치론적 평가, 그리고 그 변화와 상호 작용하며 형성되는 헌법의 특징은 특히 복지국가원리에서 현저하게 나타난다.[13] 복지국가원리는 사회변화 속에서 헌법의 가치를 구체화하는 정치적 절차로서의 성격이 강하다(규범적 구체화).[14] 여기에 더하여 복지국가원리는 국가의 급부작용에 의존하기 때문에 자원 등 현실상황과 연관성을 가지면서 그러한 제약 속에서 실현된다(현실적 구체화).[15] 이러한 복지국가원리의 규범적 및 현실적인 특성들은 복지국가원리와 마찬가지로 국가의 구조적 원리인 민주주의원리 및 법치국가원리와 비교하면 뚜렷하게 나타난다.

민주주의 국가형태는 국민주권주의라는 기본이념, 정치적 평등과 소수보호의 가치, 그리고 이를 실현하기 위한 원리로서 대의제 및 권력분립의 원칙을 내포하고 있다. 이들 원리들은 다시 선거제도, 정당제도, 공무원제도, 지방자치제도 등 제도를 통하여 실현된다. 법치국가원리는 국가와 사회의 구별이라는 기본이념, 기본권 보장이라는 목적, 법률유보와 법률의 우위라는 원칙, 그리고 법적 명확성의 요청, 신뢰보호의 원칙, 비례의 원칙 등 실현방법상의 원리를 내포하고 있다. 그리고 이들 법치국가원리의 내용들은 사법심사를 통해서 담보되어 있다.

복지국가원리 역시 확고한 헌법의 원리로서 인정되고 있다.[16] 복지국가는 모든 국민에게 인간다운 생활을 보장한다는 추상적인 이념에 기초해 있다(제34조). 이러한 이념을 실현하기 위하여 국가는 필요한 현실

13) 이 점에 대해서는 전광석, 위 각주 9의 논문, 61면 이하 참조.

14) 이에 대해서는 예컨대 Franz-Xaver Kaufmann, "Der Sozialstaat als Prozess – für eine Sozialpolitik zweiter Ordnung", *Festschrift für Hans F. Zacher* (C.F. Müller, 1998), 307면 이하; Hans F. Zacher, "Der Sozialstaat als Prozess", Hans F. Zacher, *Abhandlungen zum Sozialrecht* (C.F. Müller, 1993), 73면 이하 등 참조.

15) 이에 대해서 자세히는 예컨대 전광석, "사회적 기본권의 실현구조", 「세계헌법연구」 제12권 제1호(2006), 271면 이하 참조.

16) 헌법재판소는 복지국가원리를 헌법상 독자적인 원리로 인정하는 뚜렷한 경향을 보이고 있다. 다만 헌법재판소는 복지국가원리의 기능에 대해서는 소극적이다. 즉 복지국가원리는 주로 입법적 형성권을 정당화하는 기능을 수행하는 것으로 이해하고 있다. 예컨대 헌재결 2000.6.29, 99헌마289, 12-1, 913면 이하(955면) 등 참조. 헌법재판소에서 복지국가원리에 대한 이해방법에 대해서 자세히는 전광석, 위 각주 1의 논문, 211면 이하 참조.

적인 조건을 보장하여야 한다. 이를 위하여 국가는 한편으로는 시장경제질서를 존중하여야 하며, 다른 한편으로는 시장에서 사회적 배려가 이루어질 수 있도록 직접 혹은 간접적인 방법으로 사회적 조정을 하여야 한다. 즉 국가는 균형 있는 경제의 성장 및 안정, 적정한 소득의 분배, 시장의 지배와 경제력의 남용 방지, 경제주체 간의 조화를 통한 경제의 민주화를 위하여 경제에 관한 규제와 조정을 할 수 있다(헌법 제119조 제2항).

그러나 헌법은 이와 같은 복지국가원리의 추상적인 이념과 중간목표를 제시하고 있을 뿐 이를 실현하기 위하여 필요한 구체적인 이념과 목표, 그리고 제도에 대해서는 침묵하고 있다.[17] 그만큼 복지국가원리는 사회변화를 인식하고, 이에 상응하여 정책을 구체화하는 입법적 권한에 그 실현을 의존하고 있다. 극단적으로 보면 해석에 의하여 형성된 복지국가원리의 내용들이 한편으로는 다수의 지배의 형태로 이루어지는 민주주의의 의사결정구조 속에서, 그리고 다른 한편으로는 기득권(기본권)을 보장하는 법치국가원리가 경직하게 적용되는 결과 함몰될 우려가 있다. 그런데 이러한 경우에도 복지국가원리는 이에 저항하는 구체적인 수단을 결여하고 있다.[18] 인간다운 최저생활의 보장을 복지국가원리의 본질적인 내용으로, 그리고 주관적인 권리로 이해하려는 이론적 시도는 복지국가원리의 규범력을 구제하기 위한 노력이라고 할 수 있다.[19] 그러나 이 마저도 사법적으로 보호를 하는데 한계를 보이는 것이 좋은 예이다.[20] 또

17) 예외적으로 복지국가의 구체적인 방법론을 헌법에서 제시한 예가 스위스이다. 스위스는 1972년 이른바 3층구조의 연금체계를 헌법에 편입한 바 있다. 이에 대해서는 Herbert Obinger/Klaus Armingeon/Giuliano Bonoli/Fabio Bertozzi, "Switzerland. The marriage of direct democracy and federalism", Herbert Obinger/Stephan Leibfried/Francis G. Castles(편), *Federalism and the Welfare State*(Cambridge University Press, 2005), 281면 이하 참조.

18) 복지국가원리의 제한적인 통제기능에 대해서는 전광석, "사회적 기본권과 헌법재판", 「헌법논총」 제19집(헌법재판소, 2008), 748면 이하 참조.

19) 이에 대해서는 예컨대 Ulrike Davy, "Soziale Gleichheit; Voraussetzung oder Aufgabe der Verfassung?", *VVDStRL* Bd.68(2009), 140면 이하; Peter Axer, 같은 책 198면 이하 등 참조. 이 밖에 *BVerfGE* 97, 376면 이하, 특히 378면 이하 참조.

20) 예컨대 헌재결 1997.5.29, 94헌마33, 9-1, 555면 이하; 2004.10.28, 2002헌마328, 16-2(하), 195면 이하 등 참조.

이미 언급했듯이 복지국가원리는 국가의 급부행위를 통해서 실현되기 때문에 복지국가원리에 기초한 헌법의 기대가 자원의 유한성을 논거로 제한될 수 있다. 그 결과 복지국가의 형성에 있어서는 이러한 규범적 및 사실적 특성이 과잉 혹은 과소 평가될 우려가 있다.[21]

제 2 절 헌법과 사회과학의 상호작용

복지국가원리의 개방적 구조 속에서 복지국가가 규범적으로 실현되기 위해서는 헌법상의 복지국가원리는 사회과학 혹은 역사학에서의 복지국가에 대한 논의와 서로 영향을 미치면서 발전할 수 있어야 한다. 헌법은 사회과학 및 역사학의 도움으로 복지국가에 대한 충분한 정보와 이를 규범적으로 평가할 수 있는 다양한 가능성을 가질 수 있다. 이에 비해서 사회과학은 헌법의 도움을 받아 논의구조의 안정성을 얻을 수 있다.[22] 이 점을 좀 더 자세히 설명하면 다음과 같다.

첫째, 헌법의 복지국가원리는 처음부터 특정한 목표와 실현방법을 확정적으로 선언하고 있지는 않다. 복지국가의 절차적 원리로서의 성격이다. 따라서 복지국가원리를 구체화하기 위해서는 복지국가의 실현을 둘러싼 사실관계의 상황이 객관적으로 확인될 수 있어야 한다. 헌법은 다양한 기준에 따른 평가를 통하여 복지국가원리의 내용을 형성하며, 이러한 논리구조에서 실현의 한계가 나타나기도 한다. 한 국가의 헌법이

---

21) 과잉평가하는 예로는 예컨대 헌재결 2003.12.18, 2002헌바1, 15-2(하), 457면 이하 참조. 이에 대해서는 전광석, 위 각주 1의 논문, 240면 이하 참조. 과소평가되는 예로는 헌재결 1997.5.29, 94헌마33, 9-1, 555면 이하; 2004.10.28, 2002헌마328, 16-2(하), 204면 이하 등 참조. 이에 대해서는 예컨대 김선택, “인간다운 생활을 할 권리의 헌법규범성”, 「판례연구」(고려대) 제9집(1998), 1면 이하; 이덕연, “우리는 왜 인간다운 생활을 할 권리를 헌법에 규정하고 있는가?”, 「헌법판례연구」 제1권(1999), 143면 이하; 전광석, 위 각주 1의 논문, 241면 이하 등 참조.

22) 사회과학적 의제에 대한 헌법의 위와 같은 기능에 대해서는 예컨대 전광석, “공공거버넌스와 공법이론; 구조이해와 기능”, 「공법연구」 제38집 제3호(2010), 165면 이하; 전광석, “지속가능성과 세대간 정의”, 「헌법학연구」 제17권 제2호(2011), 274면 이하 등 참조.

규범적으로 복지국가원리를 선언하였다고 해서 복지국가가 실현되는 것은 아니다. 예컨대 헌법 제32조 노동의 권리는 현실적인 차원에서 보면 우리 사회가 완전고용능력을 갖고 있지 않는 한, 그리고 사인(私人)인 사용자가 고용능력을 보유하고 있는 한 근본적으로 그 실현이 불가능하다.[23] 복지국가원리는 해당 국가 및 사회의 복지생산을 둘러싼 사실적 상황을 출발점으로 하며, 이러한 주어진 현실을 점진적으로 자극하는 형태로 형성·실현된다.[24] 그리고 어느 단계에서 입법적 및 사법적 결정은 귀납적으로 헌법의 내용을 형성한다. 우리 헌법에 명시되어 있지 않음에도 불구하고 헌법재판소가 건강보험수급권을 헌법적 기본권으로 인정한 것이 좋은 예이다.[25] 이는 헌법원리의 측면에서 보면 민주주의의 기능 속에서 역동적으로 형성되는 복지생산의 내용과 방법을 안정화시키는 효과를 갖는다. 즉 제한적이기는 하지만 사실적으로 형성된 가치 및 사실관계의 내용을 규범적으로 수용하여 사실관계에 안정성을 부여한다는 것이다. 그리고 이제 규범과 사실의 관계가 밀접해진 후에는 규범이 현실을 선도하고 개선하는 효과를 가질 수 있다.

둘째, 사실관계는 여과 없이 규범으로 발전하는 것은 아니다. 사실관계는 우선은 가치평가의 대상이며, 또 사실관계는 가치론적 결정의 산물이기도 하다. 그런데 사실관계에 대한 확인과는 달리 가치평가는 선택의 문제이다. 따라서 헌법의 복지국가원리에 대한 학문적 연구에는 사실관계를 평가하는 다양한 가치기준을 제시하는 작업이 선행되어야 한다. 대부분의 경우 헌법은 가치기준에 있어서는 중립적이다. 예컨대 우리 헌법상의 경제질서를 사회적 시장경제질서로 이해하는 것은 헌법적 가치를 실현하는 입법적 형성의 폭을 좁히기 때문에 올바른 이해방법은 아니다.[26]

---

23) 헌재결 2002.11.28, 2001헌바50, 14-2, 668면 이하 참조. 노동의 권리의 실현구조에 대해서는 전광석, "노동의 권리의 실현구조-헌법의 변천과 이론의 형성 및 전개", 허영박사화갑기념논문집(박영사, 1997), 440면 이하 참조.

24) 헌재결 1991.2.11, 90헌가27, 3, 25면 이하 참조.

25) 이에 대해서는 헌재결 2003.12.28, 2002헌바1, 15-2(하), 448면 이하 참조. 이러한 문제에 대한 독일에서의 논의에 대해서는 *BVerfGE* 115, 25면 이하; Volker Neumann, "Das medizinische Existenzminimum", *Neue Zeitschrift für Sozialrecht* (2006), 393면 이하 등 참조.

26) 예컨대 독일 헌법에서 초기 사회적 시장경제질서를 헌법의 경제질서로 이해하는

오히려 헌법에 경제질서를 도입한 결정은 국가의 개입이 없이 시장에서 공정경쟁질서가 자연스럽게 유지될 수는 없다는 시장의 '내재적 한계', 그리고 시장이 시장에 적응할 수 없는 사회적 약자에게는 경제적 생활의 기반으로 기능하기에 불충분하다는 '기능적 한계'를 인식한 결과이다.[27] 이러한 목적을 가장 효율적으로 실현하는 기제가 무엇인가에 대한 판단은 경제체제에 대한 다양한 사회과학적 정보제공과 판단을 전제로 한다. 그리고 이러한 사실관계에 대한 가치평가의 상대성은 헌법적 형성의 폭을 넓히는 계기가 된다.

이와 같은 맥락에서 보면 역사적으로 복지국가의 이해 및 형성방법과 관련하여 나타난 다양한 기준들이 복지국가의 헌법적 이해에 있어서 필수적인 사회과학적 기초를 형성한다. 사회과학적 기초가 결여된 가치판단은 헌법형성에 있어서 체계를 상실시키고 헌법이 일회적이고 자의적인 결정에 의하여 지배되는 위험이 있다. 예컨대 복지국가의 이념 및 제도에 있어서 경로의존 및 경로이탈, 혹은 경로 그 자체의 의미에 대한 사회과학적 및 역사적 설명방법은 헌법적 판단의 필요성을 자극하고, 또 헌법적 판단의 진지성을 제고시키는 계기가 된다.[28] 이로써 복지국가의 본질과 핵심을 유지하여야 한다는 '정태적 안정성'과 변화하는 상황에 복지국가가 자기혁신을 통하여 기능을 유지하여야 한다는 '동태적 안정성'

견해가 있었다. 이에 대해서는 예컨대 Hans Carl Nipperdey, *Soziale Marktwirtschaft und Grundgesetz* (Heymann, 1961), 40면 참조. 그러나 독일의 연방헌법재판소는 이미 일찍이 사회적 시장경제질서가 독일 헌법이 예정하는 경제질서의 하나의 유형이 될 수는 있지만 독일 헌법은 기본적으로 경제질서에 대해서 개방적이라는 점을 명확히 하였다. *BVerfGE* 4,7(17면 이하) 참조.

27) 이에 대해서는 예컨대 전광석, "헌법 제119조", 헌법 주석서(법제처, 2010), 460면 이하 참조. 이러한 시각은 헌법재판소의 결정에서도 나타난다. 헌재결 1996. 4.25, 92헌바47, 8-1, 380면 이하; 2001.2.22, 99헌마365, 13-1, 316면 이하; 2003.2.27, 2002헌바4, 15-1, 205면 이하 등 참조. 예컨대 이에 관한 헌법재판소의 설시 내용을 보면, "… 국가가 아무런 관여를 하지 않는다면 오히려 공정한 경제질서가 깨어지고 경제주체 간의 부조화가 일어나게 되어 헌법상의 경제질서에 반하는 결과가 초래될 것… ".

28) 이에 대해서는 전광석, 위 각주 12의 논문, 15면 이하 참조. 이 밖에 Ulrike Davy, "Pfadabhängigkeit in der sozialen Sicherheit", Schriftenreihe des Sozialrechtsverbandes 55, *Sozialrechtsgeltung in der Zeit* (2007), 111면 이하 참조.

사이의 갈등은 합리적 논의의 장(forum)에 위치하게 된다.[29]

물론 법의 내용 및 이에 대한 이해와 현실이 지나치게 괴리되는 경우 이는 법 자체, 그리고 현실 모두에 부정적인 영향을 미친다. 현실과 지나치게 괴리된 법규범은 더 이상 진지하게 규범적 및 현실선도적 기능을 수행할 수 없다. 헌법의 가치 안정적 기능과 사회과학에 의하여 해명된 가치갈등의 구조가 상호 작용하면서 복지국가의 학문적 기초가 형성되어야 한다는 것이다.[30] 우리 헌법사에서 이에 해당하는 대표적인 예가 1948년 헌법 제18조 '사기업에서 근로자의 이익분배균점권'이다.[31] 당시 우리 헌법이 직면하고 있던 사회통합의 과제에 기여할 수 있도록 이익분배균점권을 기본권으로 도입하였지만 이는 한편으로는 사용자의 영업의 자유 및 자본의 독자성을 희생시키지 않고는 실현될 수 없는 기본권이었다. 그리고 이는 입법적으로 구체화되어야 한다는 한계가 있었다. 그 결과 이 조문은 전혀 규범력을 갖지 못하고 죽은 법(死法)으로 남아 있다가 1962년 헌법 개정에서 삭제되었다. 또 다른 예가 1995년 제정된 사회보장기본법이다. 이 법은 사회보장에 관한 추상적인 헌법의 지침을 구체화하여 사회보장입법의 발전방향을 제시하는 목적을 가졌다. 그러나 사회보장기본법 역시 (헌법과 다르지 않게) 추상적인 지침을 제시하는 점에서 구체적인 발전의 방향으로 기능할 수는 없었다. 또 개별 사회보장법의 특성을 충실히 반영하여 중간원칙을 제시할 수도 없었기 때문에 처음부터 규범력이 기대될 수는 없었다. 그 결과 사회보장기본법은 사회정책에 관한 정치적 선언 이상의 의미를 갖지는 못했다.[32]

29) 이러한 갈등관계에 대해서는 예컨대 Michael Stolleis, "System und Geschichtlichkeit des Sozialrechts", *Festschrift für Franz Ruland* (2007), 125면 이하 참조.

30) 사회보장법 연구방법론에서의 이러한 논의에 대해서는 예컨대 Dany Pieters, "Reflections on the Methodology of Social Security Law Comparison", *Festschrift für Hans F. Zacher* (C.F. Müller, 1998), 715면 이하; Hans F. Zacher, "Vorfragen zu den Methoden der Sozialrechtsvergleichung", Hans F. Zacher(편), *Methodische Probleme des Sozialrechtsvergleichs* (Duncker & Humblot, 1977), 21면 이하 등 참조.

31) 이 조문의 제정배경에 대해서는 예컨대 전광석, "제헌의회의 헌법구상", 「법학연구」 (연세대 법학연구소) 제15권 제4호(2005), 36면 이하 참조.

32) 이에 대해서는 예컨대 전광석, "사회정책과 사회보장법-사회보장기본법과 개별

제 3 장 문제접근방법

복지국가의 문제에 접근하기 위해서는 매우 복합적인 역사 및 체계분석적 작업이 필요하다. 이 연구에서는 특히 서구 사회에서 복지국가개편론에 대한 논의와 제도적 대응에 대한 논의를 중심으로 하는 역사적 접근에 비중을 두고 있다. 복지국가가 형성·발전하는 과정에서 나타나는 국가와 사회의 구조분석 및 구조의 변화가 주된 서술의 대상이다. 복지국가는 역사의 과정이며, 좀 더 구체적으로 보면 역사의 자기교정적 과정이다. 이렇게 보면 이 책은 다분히 과거의 발전으로부터 미래의 발전방향을 가름할 수 있지 않은가 하는 기대를 내포하고 있다. 적어도 과거의 경험이 미래의 문제를 조심스럽게나마 진단할 수 있는 기반이 되지 않을까 하는 기대이다. 그러나 이러한 방법론이 복지국가의 발전에 구체적인 교훈과 방향을 제시하는 효과를 기대하는 것은 아니다. 오히려 중요한 목표는 역사적 상황과 상황의 변화가 어떠한 도전적 의미를 가졌는가, 그리고 독자적인 특성을 갖는 복지국가의 유형이 복잡한 상황조건 속에서 어떻게 진화하여 왔는가를 살펴보고 설명하려는 데에 있다. 이 과정에서 복지국가이론의 형성 가능성, 그리고 비교방법론의 적합성을 살펴보고, 특정한 방법론을 채택할 것인가의 여부가 검토되어야 할 것이다.[33] 이에 비해서 복지지출 등 계량화된 지표를 구체적으로 살펴보고, 비교하는 것은 이 연구의 과제는 아니다.[34]

복지국가개편의 주제와 관련하여 대표적인 국가들에서 제기·논의되고 있는 모든 쟁점들을 동일한 비중을 갖고 균형 있게 다루는 것은 개인

사회보장법의 관계를 중심으로", 「사회보장법학」 제1권 제1호(2012), 36면 이하 참조.

33) 복지국가이론의 형성에 있어서 복잡구조에 대해서는 예컨대 Peter Baldwin, "The Welfare State for Historians", *Comparative Studies in Society and History*(1992), 695면 이하; Franz-Xaver Kaufmann, "Towards a theory of the welfare state", Stephan Leibfried(편), *Welfare State Futures* (Cambridge University Press, 2001), 15면 이하 등 참조.

34) 물론 이러한 방법론이 중요하지 않다는 것은 아니다. 이에 대해서는 예컨대 안종범/안상훈/전승훈, "복지지출과 조세부담의 적정조합에 관한 연구", 「사회보장연구」 제26권 제4호(2010), 293면 이하; 이석원, "세계의 복지정책; OECD 국가들에 대한 경험적 분석", 「한국정책학회보」 제12권 제1호(2003), 354면 이하 등 참조.

의 역량으로는 불가능하다. 따라서 개별 국가의 복지국가개편에 있어서 나타나는 문제와 제시되는 처방을 평면적으로 비교하기보다는 복지국가개편론에서 다루어지는 보편적인 문제상황을 중심으로 전체적인 흐름을 정리하는 방법을 채택할 필요가 있다.

이러한 방법론이 개별 국가들에서 복지국가개편의 현황을 파악하고 분석하기 위해서는 적합하지 않을 것이다.[35] 예컨대 복지국가유형에 있어서 프랑스와 독일이 함께 이른바 조합주의적 복지국가로 분류되는 것은 부분적으로는 타당하지 않다. 프랑스는 혁명의 전통 위에서 복지생산의 이념이 형성되었다.[36] 그 결과 영국과 미국 등은 물론이고 독일에 비해서도 국가적 연대의 이념이 강하게 지배하고 있으며, 이후 적극적인 가족보호를 위한 복지정책이 실현된다는 점이 이 책에서 부각되지는 않는다.[37] 또 특정국가의 단편적인 예를 다루는 것이 서술의 불균형을 보일 수도 있다. 스웨덴, 칠레, 영국, 네덜란드 등이 체제전환 혹은 체제유지의 예로서 설명되지만 이러한 설명은 공통적인 기준에 따라 이들 국가들의 복지정책을 비교하는 목적을 갖는 것은 아니며, 각각의 특유한 논점에 대한 대표적인 예로서 서술된다. 결국 이 책에서 시도되는 복지국가유형론은 그 자체 목적은 아니며, 복지국가의 기원과 진화과정에서 나타나는 특징을 보다 잘 이해하기 위한 편의적인 시도이다. 그러나 이러한 예들이 긍정적이든 부정적이든 복지국가개편의 방향을 제시하는 대표성을 갖는다면 의미가 있는 선택이라고 보여진다.[38] 또 이러한 방법론은

---

35) 개별 국가를 중심으로 복지국가개편론을 다룬 문헌으로는 예컨대 김태성/류진석/안상훈, 현대복지국가의 변화와 대응(나남, 2005); 조영훈, 변화하는 세계, 변화하는 복지국가(집문당, 2004) 등 참조. 이 책들에서는 영국과 미국과 스웨덴이 사례로 다루어지고 있다.

36) 이 점은 혁명 후 제정된 1793년의 이른바 자코뱅헌법에 그대로 반영되었다. 이 헌법 제21조에 의하면 시민의 생계유지에 사회적 책임이 인정되며, 이는 시민에게 노동의 기회를 부여하거나 노동의 능력이 없는 시민에게는 생계급여가 보장된다. 이에 대해서는 Gerhard A. Ritter, 위 각주 1의 책, 43면 이하 참조.

37) 이에 대해서는 예컨대 Franz-Xaver Kaufmann, *Varianten des Wohlfahrtsstaats* (Suhrkamp, 2003), 32면 이하; Hilary Silver, "Social exclusion and social security; Three paradigms", *International Labour Review* (1994), 541면 이하 등 참조.

38) 이러한 지적으로는 예컨대 Franz-Xaver Kaufmann, 위 각주 37의 책, 221면

보편적인 혹은 대표적인 발전의 방향을 기준으로 우리 복지정책의 현주소 및 발전방향을 논의하는 기반을 획득하기 위해서는 적합하다고 할 수 있다.

제 4 장 연구의 내용

헌법의 복지국가원리에 대한 사회과학적 기초로서, 또 복지국가 그 자체의 발전유형을 탐구하기 위한 연구의 방향은 다음과 같이 다섯 단계로 구분할 수 있다.

이미 언급했듯이 복지국가의 정당성 자체가 논의를 필요로 한다. 복지국가의 존속을 포함하여 다양한 개편논의는 복지국가의 정당성 여부가 전제가 되어야 할 것이기 때문이다. 이어 복지국가의 형성과 개편에 대한 체계적인 서술을 위하여 복지국가의 기원을 중심으로 어느 정도 유형화할 필요가 있다. 이때 비로소 새로운 문제에 대한 복지국가의 다양한 처방에 대한 산발적인 정보제공에 그치지 않고 체계적이고 유형화된 개편논의가 가능하기 때문이다. 복지국가가 보편화되어 가는 시기인 50-60년대, 복지국가위기론이 나타나기 시작하는 70-80년대, 그리고 1990년대 이후 복지국가개편론에 있어서 나타나는 특유한 문제상황 및 이에 대한 유형별 대응의 방향을 살펴본다. 이는 우리의 문제상황 및 역사발전단계에 비추어 복지생산체계를 재점검하고 발전의 방향을 제시하는 기반이 될 수 있을 것이다. 아래에서는 이 연구의 내용을 본격적으로 다루기에 앞서 먼저 간략히 제시하기로 한다.

제2편에서는 복지국가의 본질과 기능을 밝히면서 정당성 문제를 검토한다. 복지국가의 이념과 제도는 현대국가의 필수적인 과제영역이 되었다. 헌법적으로 보면 복지국가는 주관적으로는 개인에게 인간다운 생활을 보장하고, 이를 위하여 사회경제적 구조를 조성하여야 한다. 객관적으로는 복지국가는 사회적 약자의 소외와 이탈을 방지하고 이들을 국

이하 참조.

민통합의 구조에 포섭하여야 한다. 이러한 기초 위에서 복지국가의 본질과 기능을 밝혀야 한다. 이는 동시에 복지국가의 정당성을 제시하는 작업이다. 단순화해서 보면 복지국가의 위기에 대한 논의가 복지국가의 폐지로 이어지지는 않는다는 점을 밝혀야 한다. 실제 예컨대 복지국가가 자유의 조건을 보장하는 본질적 과제에서 벗어나 평등한 복지실현에 중점을 두어 왔다는 비판은 적지 않게 있어 왔다.[39] 그러나 복지국가의 폐지가 진지하게 논의되고 있는 것은 아니다. 복지생산의 정치적 정당성, 통합과 분열의 가능성, 경제적 효용성, 특히 복지와 고용의 상호작용, 가족의 기능을 재조명하고, 가족과 사회의 기능을 국가의 복지생산과 조화시키는 등을 내용으로 하는 사회적 효용성 등이 연구의 내용이다.

제3편에서는 복지국가의 기원을 유형화하여 서술하였다. 이를 기초로 복지국가개편론 역시 유형화할 수 있다고 생각되었기 때문이다. 복지국가의 이념과 제도는 각 사회의 특유한 역사적 환경의 산물이다. 따라서 하나의 통일적인 복지국가의 모형은 존재하지 않는다. 복지국가형성의 배경을 이루는 공통적인 현상은 빈곤 및 노동자문제 혹은 사회적 평등실현의 문제이다. 영국과 독일, 그리고 스웨덴을 비롯한 북부 유럽 국가들이 각각의 예에 해당한다. 다만 이와 같이 제도형성의 배경이 다양하거니와, 역사적 배경이 유사하더라도 각국은 정치 · 경제 · 사회 및 문화구조에 따라 사회문제에 대한 대응의 방법과 내용을 달리 한다. 국가형태, 정치적 의사결정구조, 정당의 이념적 배열, 노동조합의 존재 및 기능, 헌법의 복지국가에 대한 태도 등이 대표적인 변수들이다. 우선 이에 대한 이해가 필요하다. 이는 그 자체가 목적이 아니라 복지국가가 형성되는 과정에 대한 이해에 도움을 주며, 또 그와 같이 형성된 복지국가 자체가 발생시키는 혹은 외부적인 상황에 기인하여 발생하는 문제를 인식하는 데 유용하다.

복지국가의 기원 및 유형화에 대한 작업은 복지국가의 미래를 형성함에 있어서 다음과 같은 시사점을 준다. 복지제도가 역사적으로 형성 · 발전하면서 제도 그 자체가 존속력을 갖거니와 이들 제도는 개인의 법적

39) 이에 대한 근본적인 논의에 대해서는 예컨대 Udo Di Fabio, *Die Kultur der Freiheit* (C.H. Beck, 2005), 96면 이하 참조. 이 밖에 위 각주 2 참조.

지위가 형성되는 근거가 된다. 그런데 그렇기 때문에 일단 선택된 제도가 그것이 형성된 환경의 변화에도 불구하고 존속력을 갖는 경우가 일반적이다(이른바 경로의존성(path dependence)). 다만 구조적 및 체계적 동일성 및 이질성, 그리고 구체적인 제도 및 제도내용의 존속과 보호는 구분되어야 한다(개방적 경로의존성).[40] 이를 정치하게 구분하는 것은 경로의존성이 이론적 유용성을 갖기 위한 전제조건이다. 그러나 적어도 새로운 환경에 적응하기 위하여 체계이탈적 개혁을 하는 경우는 드물다. 다른 한편 제도적 존속력에도 불구하고 오늘날의 상황변화는 끊임없이 경로(체계)일탈의 가능성에 대한 문제를 제기한다. 이러한 드믄 예가 우리에게는 도전적인 의미를 가질 수 있으며, 따라서 체계일탈을 가능하게 하는 변수들은 무엇인가에 대한 연구, 그리고 이에 대한 평가가 필요하다. 이에 대한 논의의 기반으로서 복지국가의 유형화와 각각의 유형에서 체계, 그리고 체계일탈의 구조를 확인할 필요가 있다.

제4편은 시대적으로 1950년대 및 1960년대 서구 복지국가를 서술의 대상으로 한다. 오늘날 서구 사회에서, 그리고 대부분의 국가에서 정도의 차이는 있지만 복지국가는 사회체계의 일부로서 확고한 위치를 차지하게 되었다. 이로써 복지국가는 그 정당성, 그리고 복지국가원리와 같은 규범적 측면이 함께 작용하면서 현실적으로 뒤돌릴 수 있는 독자적인 영역으로 발전하였다. 무엇이 이러한 발전의 구체적인 원인이 되었는가, 그리고 그 내용이 무엇인가를 밝힌다. 이러한 작업은 오늘날 복지국가개편에 대한 논의가 다른 환경 요소들과 상호작용을 통해서 이루어지는 복잡한 사회구조적 문제라는 점을 우리에게 좀 더 명확하게 알려줄 것이다.

인류 역사에서 빨리는 19세기 후반, 그리고 우리나라의 경우 1970년대 후반 이후 본격화된 복지국가의 논의 및 형성은 일반적으로는 사회문제에 대한 경제적 책임을 정치적으로 승인하고, 국가가 이를 직접 혹은

---

40) 경로의존성 및 경로의존성의 다양한 이해방법에 대해서는 정무권, "세계화, 민주화, 한국의 발전주의 생산레짐과 복지체제의 개편", 「한국사회정책」 제14집 제2권(2007), 8면 이하; 하연섭, 위 각주 6의 책, 194면 이하; Kathleen Thelen, "How Institutions evolve", James Mahoney/Dietrich Rueschemeyer(편), *Comparative Historical Analysis in the Social Sciences* (Cambridge University Press, 2003), 208면 이하; Michael Stolleis, 위 각주 29의 논문 등 참조.

간접적으로 부담한다는 인식의 결과이다. 이는 마치 환경에 대한 국가적 책임이 1970년대 이후 자각된 것과 같은 맥락이다.[41] 복지국가가 진화하면서 복지국가의 이념과 제도는 독자적인 가치영역으로 자리잡게 되었다. 이에 오늘날 복지국가는 더 이상 경제정책과의 관계에서 종속적 지위에 있지 않다. 즉 복지생산이 경제정책과는 또 다른 독자적인 논리와 기준을 가지고 발전하기 시작하게 되었다. 이러한 발전은 다음과 같은 네 가지 상황으로 나누어 설명할 수 있다.

첫째, 보편화의 경향이다. 복지국가의 이념과 제도가 점차 더 많은 사회적 위험, 그리고 인적 대상을 포섭하면서 보편화의 경향을 띠게 되었다. 복지생산이 더 이상 빈민 혹은 노동자문제에 한정되지 않고, 각국에서 정도의 차이는 있지만 단순히 복지행정의 과제에서 전체 사회질서에 관련된 복지국가의 문제로, 그리고 그 결과 정치에 구조화하는 발전을 겪어 왔다. 대상계층에 있어서는 여성, 아동, 노인, 장애인 등이, 그리고 전통적인 사회적 위험인 질병, 산업재해, 장애, 노령 및 사망 외에 주택, 장기요양, 가족의 유지, 고용촉진 등이 복지국가의 중요한 관심으로 떠올랐다. 사회적 위험의 발생으로 인하여 상실 혹은 감소된 소득을 보상하는 외에 개인으로 하여금 실제 생활위험을 극복하고 정상적인 생활을 영위하기 위하여 필요한 사회적 서비스가 복지생산에 있어서 중요한 비중을 차지하게 되었다. 특히 사회적 서비스는 북부 유럽 국가들에서는 처음부터 복지국가의 중요한 과제로 인식되었다.

복지국가의 보편화 경향은 헌법, 특히 사회권 및 참여민주주의가 발전하면서 더욱 촉진되었다. 평등권은 복지국가의 보편화를 추진하는 핵심적인 이념이었다. 보통 및 평등선거가 실시되면서 모든 계층이 복지생산의 의사결정에 있어서 존중되어야 했다. 평등은 불평등과 상호작용을 하면서 국가의 기능을 확대시켰다. 평등을 실현하기 위하여 취해지는 모든 조치는 동시에 그러한 혜택에서 제외되는 계층에게는 불평등으로 인식되었으며, 이러한 불평등은 또 다른 국가기능을 자극하기 때문이다. 복지생산은 사회정의의 실현을 목표로 한다. 그런데 이때 정의란 무엇인

41) 이러한 인식을 자극했던 개척자적 문헌으로는 Rachel Carson, *Silent Spring* (1962) 참조.

가에 대한 이해는 매우 다양하며, 이에 따라 복지생산은 정의에 대한 다양한 이해를 다원적, 그리고 다층적인 방법을 통하여 충족시켜야 하는 과제를 갖게 되었다. 그만큼 보편화의 경향은 심화되었다.

둘째, 복지국가의 과제가 확대 · 다양화하였다. ⅰ) 복지국가의 과제는 더 이상 사회적 위험을 사후적으로 보호하는데 그치지 않는다. 복지국가는 한편으로는 사회적 위험을 사전에 예방하여야 한다. 다른 한편 복지국가는 사회적 위험이 발생한 후에 개인이 사회에 정상적으로 다시 편입되어, 그 결과 사회통합을 촉진하는 기능 역시 수행하게 되었다. ⅱ) 특정한 사회적 위험이 수반되는 2차적 위험, 즉 사회적 위험이 발생하여 소득이 상실될 뿐 아니라 그 결과 다른 사회적 위험을 배려하지 못하는 문제도 보호를 필요로 하게 되었다. 질병이 발생한 경우 질병 그 자체가 보호를 필요로 할 뿐 아니라 질병으로 인하여 소득활동을 중단하면서 소득에 기초하여 보험료를 납부하여 노후를 배려하기 위한 조치를 취할 수 없는 것이 이러한 예에 해당한다. 이는 오늘날 개인의 생활이 포괄적으로 복지생산의 연결망에 의존하여 있다는 것을 알려준다. ⅲ) 복지국가의 이념은 거의 모든 제도의 형성에 있어서 배려되어야 할 가치로 인식되었다. 복지국가는 사회적 위험을 보호하기 위한 구체적인 제도를 형성하는 데에 그치지 않고, 제도적 목적을 실제 실현하기 위하여 필요한 하부구조를 형성하는 과제를 포섭하였다. 그만큼 복지국가의 제도적 외연이 확대되었다.

복지국가는 국가가 직접 개입하는 방법에 의해서만 실현되는 것은 아니다. 국가는 다양한 생활영역에서 복지를 실현하는 사회적 기능이 수행될 수 있도록 배려 혹은 조정하여야 하며, 또 간접적으로 개인적 혹은 사회적 책임 하에 복지가 실현될 수 있도록 유도하여야 한다. 법체계적으로 보면 사회보장법의 개념을 사회보장의 기능을 수행하는 법이라고 정의하는 경우 거의 모든 법이 사회보장의 기능을 수행하며, 따라서 사회보장법에 포섭될 수 있게 되었다.

셋째, 복지국가의 발전 및 확대에 유리한 다음과 같은 상황조건들이 존재하였다. 복지국가의 이념과 제도는 특히 2차 세계대전 이후 전 세계적으로 보편화되고, 또 확대되는 경향을 보여 왔다. 이러한 경향은 각각

상이한 배경을 가지고 있으며, 이에 대한 설명이 필요하다. 복지국가의 팽창을 둘러싼 혹은 이에 유리하였던 정치 · 경제 및 사회구조적 배경이 갖추어져 있었다.

무엇보다도 50년대 및 60년대 세계적인 경제성장은 복지팽창을 위한 유리한 환경으로 작용하였다. 2차 세계대전 이후 소비시장이 급격하게 팽창하였으며, 이는 노동의 수요와 공급을 함께 촉진하였다. 그리고 그 결과 거의 완전고용의 시대를 맞게 되었다. 제조업 중심의 산업구조는 생산직 근로자에게 생산성을 넘어서는 임금의 상승을 가져왔다. 이러한 근로조건의 개선은 사회보험을 통하여 복지를 생산하는 데에 최적의 환경이 되었다. 보다 일반적으로 보면 이 시기에 지속적인 경제성장은 복지성장의 기반이 되었고, 복지를 통한 분배는 당연한 정치적 과제로 인식되었다. 그리고 복지 및 분배에 저항이 있을 수 없었다. 정치적으로 보면 사회민주적 정치환경이 지배하였다. 이는 각국에서 정치세력 간에 합의에 의하여 복지생산이 이루어지는 배경이 되었다. 독일과 같이 사회민주당(SPD)과 기독교민주당(CDU)이 교대로 집권하는 상황에서도 이들 거대 국민정당은 모두 복지정책에 적극적이었기 때문에 복지팽창에 저항세력이 존재하지는 않았다.

여기에 더하여 동서 간의 이념대립은 복지지표를 둘러싼 경쟁과 연계되었다. 국제적으로 보면 국제연합(UN)과 국제노동기구(ILO) 등은 사회권의 세계적인 보편화를 실현하기 위하여 각종 기준을 선언, 협약, 권고 등의 형태로 정립하면서 각국의 복지생산을 자극하였다. 1952년 국제노동기구의 사회보장최저기준에 관한 협약 제152호가 대표적인 예이다.

넷째, 복지국가의 기능이 독자화하였다. 이제 복지생산은 독자적인 가치영역으로 발전하고, 경제적 가치 등 다른 가치에서 독립하여 스스로를 추진하는 정치적 지배력을 갖게 되었다. 이로써 복지생산이 정치화되었다. 이는 부정적인 유산을 남기기도 하였다. 즉 복지생산에 있어서 정치적 가치와 사회적 가치의 균형관계를 유지하는 것은 쉽지 않은 국가과제가 되었다. 말을 바꾸어 하면 일반 민주주의적 가치와 복지국가의 가치가 각각 자율성을 가지면서 상호 작용하는 형태로 발전하게 된 것이다. 이로써 구조적으로 보면 복지정치(welfare politics)가 공고해졌으며,

주관적으로 보면 정치적, 그리고 헌법적 지원을 받으며 복지생산 및 존속에 대한 기대가 보호받게 되었다. 다른 한편 이러한 복지국가의 독자화는 다음 세대에 복지생산의 구조가 변화하고, 개인의 법적 지위를 조정하는 필요성이 발생했을 때 이에 대한 논의가 복잡해지는 정치적 환경이 되었다.

제5편은 1970년대와 80년대에 들어와서 논의되기 시작한 복지국가의 한계 및 위기론을 다룬다. 1970년대에 와서 이른바 복지국가의 한계와 위기의 논의가 시작된다. 이러한 논의의 출발점은 1972년 로마클럽(Club of Roma)에서 작성된 성장의 한계(The limits to growth)에 대한 경고와 1973년 1차 원유파동(oil shock)이다. 복지정책적으로 보면 1970년대 중반까지 이루어졌던 복지팽창정책의 부담에서 오는 재정위기, 부분적으로는 사회정책의 결과이기도 한 인구구조 및 가족구조의 변화, 집단적 사고에서 개인 중심적 사고로의 전환, 국가 중심의 복지정책이 개인의 자유를 국가에 종속시켰다는 문제 등이 논의의 중심에 있다. 복지정책의 비체계적 발전, 다른 가치체계, 특히 정치적 가치와의 관계재정립 등이 거시적인 윤곽에서 논의를 필요로 하게 되었다. 여기에 더하여 이른바 사회문제의 자기복제(自己複製)가 나타나기 시작하였다. 즉 사회문제를 해결하기 위하여 고용을 기반으로 복지를 생산하는 방법론이 이제 사용자의 입장에서는 부담을 경감하기 위하여 고용을 기피하는 새로운 문제의 원인이 되었다. 또 개인 중심의 복지생산은 가족 등 전통적인 사회보장공동체의 기능을 감소시키는 결과를 낳았다. 외재적으로는 새로운 환경과 환경의 변화, 그리고 내재적으로는 복지정책 자체의 반성을 배경으로 논의되기 시작한 복지국가의 발전유형이 추적된다. 여기에는 크게 두 가지 경향이 발견된다.

첫째, 체제를 전환하는 혹은 이를 시도하는 유형이다. 복지팽창은 국가기능을 재검토하는 계기가 되었다. 그리고 그 결과 복지생산이 국가와 사회, 그리고 가족과 개인 간에 다원적인 기능분담을 통하여 이루어져야 한다는 명제가 논의를 필요로 하였다. 영미의 사회정책적 변화, 그리고 칠레의 민영화 실험이 중요한 예들이다. 특히 칠레의 실험은 전세계적으로 제도적 변화에 영향을 준 것은 아니지만 다음과 같은 두 가지

의미에서 복지국가개편에 관한 논의에 있어서 중요한 쟁점을 제시하였다. i) 칠레의 실험은 복지생산의 민영화에 관한 가능성과 한계를 논의하는 선례가 되었다. ii) 인구구조의 불균형으로 인하여 복지정치는 필연적으로 세대 간 형평을 유지하는 문제에 직면하게 되었으며, 이러한 상황에서 복지생산의 재정방식을 기존의 부과방식에서 적립방식으로 전환하는 의미와 문제를 사고하는 계기가 되었다.

둘째, 기존의 복지생산체제를 유지하면서 점진적인 변화를 시도하는 유형이다. 이는 구체적으로는 다음과 같은 흐름으로 나타난다. i) 가장 대표적인 흐름은 복지재정의 악화가 이미 나타나거나 예상된다는 점에 근거한 변화이다. ii) 출산율의 저하로 인하여 이 시기 서서히 인구구조의 불균형이 나타났거나 예상되었으며, 이에 대한 대응이 모색되었다. 한편으로는 아동양육에 대한 보호를 복지생산에 반영하는 조치들이 개발·시행되었다. 다른 한편 인구구조의 불균형은 복지생산의 지속가능성에 대한 미래 세대의 불안을 야기하였으며, 본격적으로 세대 간의 정의 혹은 세대 간의 분배의 문제로 쟁점화되었다. 위에서 언급했듯이 연금의 재정방식을 부과방식에서 적립방식으로 전환하는 문제가 본격적으로 논의되는 계기가 되었다. iii) 복지생산에 있어서 국가기능을 재검토한 결과 전격적으로 민영화로 체제를 전환하는 경향으로까지 발전하지는 않았지만 이른바 경쟁적 사회보장의 개념이 도입되는 계기가 되었다. 사회보험주체, 그리고 건강보험에서 기능하는 급여공급자 간에 경쟁체제를 도입하여 공급 측면에서 효율성을 증대하는 방안이 논의되었고, 또 부분적으로 제도화되었다. iv) 복지생산의 목표를 다시 설정하는 흐름이 나타났다. 즉 국가가 개인의 사회적 위험을 완전히 보장하는 것은 국가 기능 및 부담능력을 벗어나며, 따라서 최저보장의 이념과 제도를 강화하고 이를 넘어서는 복지생산에 대해서는 개인이 스스로 배려할 수 있도록 유인하여야 한다는 것이다. 기업 혹은 개인이 복지생산을 위한 자기배려를 하는 경우 이에 소요되는 비용에 대해서 세제상의 혜택을 부여하는 방법으로 대체하는 가능성이 활발하게 논의되었다. v) 체계조화적 복지정책의 형성이 새로운 과제로서 등장하였다. 기존에 사회보험에 보험의 원리 외에 과도하게 사회적 조정의 원리가 가미되었고, 이는 공동체 전체의 과제를 사회보험에 부과하는 형태로 이루어졌다. 이에 사회보험으로부터 이러한 부담을 덜어 주어야 한다는 요청으로 나타났다.

다른 한편 이 시기에는 새로운 사회적 문제가 복지국가의 과제영역에 적극적으로 포섭되었다. 실업의 문제와 여성의 지위향상에 따른 복지국가적 배려의 문제가 대표적인 예이다. 또 고령사회의 가능성이 나타나면서 노인의 장기요양문제가 복지국가적 대응을 필요로 하는 새로운 사회문제로서 등장하였다. 특히 실업은 복지국가개편의 가장 중요한 계기가 되었다. 이에 대한 대응은 복지국가유형별로 다음과 같은 차이가 있었다. 스웨덴을 대표로 하는 북부 유럽의 경우 공적 서비스를 확대하여 노동력을 흡수하는 정책을 추진하였다. 이에 비해서 영미 등 자유주의적 복지국가에서는 노동시장의 유연화를 통하여 실업문제에 대응하였다. 독일의 경우 노인노동력을 노동시장에서 퇴출시키는 방법으로 청소년 고용을 확대하는 정책을 취했다. 이러한 해법들에는 다음과 같은 문제가 뒤따랐다. 북부 유럽의 경우 경제성장이 한계에 부딪히자 공적 부문에서 노동공급을 통한 실업정책은 더 이상 기능할 수 없었다. 또 자유주의 복지국가에서는 노동시장의 유연화는 차별적 임금을 결과하였고, 이는 사회적 균열의 원인이 되었다. 독일의 경우 고용정책의 부담을 사회정책이 떠안는 결과가 따랐다. 이에 노동시장의 유연화와 복지정책의 유연화를 동시에 추진하는 이른바 “네덜란드의 기적”이 주목을 끌게 되었다.

제6편에서는 복지국가개편론이 다루어진다. 이는 시기적으로는 1990년대 이후에 해당한다. 이 시기에는 복지국가의 내재적 및 외재적인 문제상황이 다음과 같이 새롭게 조성되었다. 1990년대 이후 구조적으로는 이미 위에서 설명한 복지국가의 독자화가 계속 진행되었다. 현상적으로는 복지재정의 지속가능성에 대한 의심이 제기되었다. 외재적인 상황으로서 인구구조의 불균형, 고령사회의 발전이 심화하였으며, 이 시기에 세계화(Globalisation)가 본격적으로 진행되었다.

세계화의 개념 및 이해방법은 다양하다. 세계화는 일반적으로 복지국가의 발전과 관련하여 다음과 같은 새로운 혹은 심화된 문제를 제기하였다. 세계화는 세계적 단위에서 시장의 개방화와 자유화를 내용으로 하며, 노동력과 자본이 국경을 초월하여 자유로운 조건 속에서 이동 · 경쟁하는 상황을 조성하였다. 이로써 국내노동시장에 세계적 단위에서 우수한 인력을 충원할 수 있고, 그 결과 경제성장에 기여한다는 점에서 거시적으로는 복지국가의 발전에 긍정적이다. 그러나 다른 한편 세계적인 단위에서 경쟁구조는 생산성 경쟁을 촉발하였고, 이에 고급기술에 대한 수요가 증가하는 반면, 비숙련노동력에 대한 수요는 급격히 감소하였다. 또 고용관계가 열악하고 불안정하게 발전하였다. 이로써 비숙련노동력의 실업문제가 새로운 사회문제로 등장하였다. 이는 복지국가의 실현에 이중의 부담을 주었다. 첫째, 이들이 시장의 기제를 통하여 생활을 배려하는 데에는 한계가 있기 때문에 복지국가적 배려를 필요로 하는 인적 대상이 확대되었다. 둘째, 이들이 사회보험에 보험료를 납부할 능력을 상실하거나 혹은 제한되게 됨에 따라 사회보험재정에 부정적인 영향을 미치게 되었다.

정보·통신기술 등 고급기술의 발달은 고용형태에도 변화를 가지고 왔다. 전통적으로 복지생산의 기반이 되었던 고용유형, 즉 전일고용 및 종신고용이 더 이상 일반적인 고용형태라고 볼 수 없게 되었다. 점차 파트타임노동이 새로운 고용형태로 자리잡게 되었다. 또 개인의 생애주기에 있어서 노동과 교육, 그리고 노동과 실업이 교차하는 상황이 일반화되었다. 이는 기존의 전일고용과 종신고용을 기초로 형성·운영되었던 사회보험에 대해서는 새로운 대응을 필요로 하는 도전이었다. 이에 대한 대표적인 논의가 서비스시장에서 국가의 적극적인 노동시장정책, 서비스산업의 종사자들에 대한 사회보장법적 조치 등이다.

세계화 시대에 특징적인 통신 및 운송수단의 발달, 그리고 운송을 필요로 하지 않는 정보산업의 발달은 자본 그 자체, 그리고 자본이 결정하는 생산기지의 선택을 유연화시켰다. 이는 곧 과다한 사회보장비용으로 인하여 사용자의 부담을 가중시키고, 따라서 사용자가 고용을 회피하는 가능성으로 나타난다. 국내경제가 경쟁력을 갖기 위해서는 사회보장은 이 문제를 극복하는 노력을 하여야 했다. 전후(戰後) 국제화의 경향이 강화되었던 시대에도 전통적으로 복지생산은 전형적인 국내정책의 관할영역으로 남아 있었다. 단일시장을 추구하는 유럽연합(EU)이 복지정책에 있어서는 각 회원국의 국내관할권을 존중하였던 것이 좋은 예이다. 그런데 세계적인 단위에서 진행되는 경쟁구도가 복지국가의 형성에 변수로서 작용하면서 그만큼 국내정책적 결정의 여지가 좁아지게 되었다. 이와 같은 상황에서 국민통합을 유지하기 위해서는 복지생산을 오히려 강화하여야 하는가(compensation hypothesis), 아니면 필연적으로 복지생산의 축소를 결과할 것인가(efficiency hypothesis) 하는 문제가 논의되었다. 1990년대 이후 전개되는 복지국가개편에 관한 이러한 논의양상은 70-80년대 복지국가위기론의 논의 배경과 부분적으로 계속성을 갖는다. 인구구조의 변화와 여성노동력에 대한 배려, 실업의 문제가 대표적인 예이다. 다만 특히 실업문제에 관한 한 실업의 구체적인 양상은 이전 시대와는 큰 차이가 있었으며, 따라서 그러한 문제의 구조와 처방은 복지국가에 보다 근본적인 도전 요인이 되었다.

이 연구에서는 이 시기 특수문제로서 독일 통일과 유럽통합과 관련된 복지국가의 논의를 별도로 다루었다. 1990년대 이후 이러한 논의는 복지국가개편론과 관련하여 전 세계적으로 보편적인 문제도 또 우리의 특유한 문제도 아니지만, 우리에게는 의미 있는 사건들이었다. 첫째, 독일의 특유한 문제로서 동서독 통일을 둘러싼 사회보장법적 대응의 문제이다. 이 연구에서 동서독 통일과 관련된 포괄적인 사회보장법의 조정 및 개편에 관한 문제를 다루지는 않는다. 동서독 통일이 복지국가의 위기와 한계, 그리고 개편논의에 어떠한 영향을 미쳤는가 하는 문제를 중점적으로 다룬다. 독일의 특유한 문제이기는 하지만 분단국가로서 우리나라의 장래 정책형성에 시사점을 제시할 수 있다고 생각하기 때문이다. 둘째, 유럽통합의 문제이다. 유럽통합은 사실 세계화로의 변화에 대한 유럽의 대응이라고 할 수 있다. 지역공동체에서 이루어질 수 있는 세계화에 대한 복지국가개편에 관련된 대응방안을 살펴보는 것은 우리에게 다음과 같은 시사를 줄 수 있다. ⅰ) 유럽연합의 역사에 있어서 초기와는 달리 특히 1990년대 이후 유럽연합은 사회적 통합에 점차 비중을 두고 각종 지침을 제시해 왔다. 이러한 논의를 통하여 세계화 등 복지국가를 둘러싼 새로운 환경에 대한 유럽연합의 대응을 살펴볼 수 있고, 이는 우리에게도 직접적인 시사를 줄 수 있다. 특히 1990년대 이후 유럽연합에서 새로이 제시된 개방적 협력방법론(open method of coordination)은 복지국가형성에 있어서 국제협력의 새로운 지평을 열었다. 19세기 후반 이후 유럽의 경험, 즉 자유와 함께 자유의 조건을 보장하기 위한 국가의 복지배려가 없이는 공동체가 형성·유지될 수 없다는 인식은 유럽연합에도 적용되었다. 즉 사회통합 없는 유럽연합의 공동체성은 한계가 있다는 것이다. 이에 유럽연합의 사회통합모델이 위에서 언급한 개방적 협력방법론에 기초하여 진화하였다. ii) 이와 같은 유럽에서의 논의는 당장 시사적인 문제는 아니겠지만 향후 우리나라가 당사자가 되는 지역공동체, 예컨대 동아시아권 지역공동체의 형성에 있어서 복지정책이 어떠한 비중을 두고 다루어져야 하는가의 문제를 논의하는 데 중요한 참고가 될 수 있을 것이다.

이 시기에는 이미 복지생산 혹은 감축이 정치권력의 정당성에, 그리고 이에 대한 국민의 의식에 중요한 영향을 미친다는 점을 고려하여 복지정치적 의사결정에서 다음과 같은 절차적 특징이 새로이 나타났다. i) 복지생산에 있어서 복지비용을 다른 제도에 전가하는 형태로 전체적 복지생산의 규모를 유지하는 가능성이 모색되었다("shifting strategy"). 사회보험과 조세와의 기능적인 상관관계를 주목하여 전자의 부담을 후자에 전가하는 것이 좋은 예이다. 거꾸로 국가의 일반과제에 대한 재원이 조세이어야 함에도 불구하고 조세저항을 우려하여 이를 사회보험에 전가하는 형태도 발견된다. 독일 통일의 사례가 여기에 해당한다. ii) 복지정치적 결정이 이제 정치참여세력 대부분의 동의를 얻어 이루어지는 경향이 뚜렷하게 나타났다. 이는 한편으로는 복지정치적 결정이 합의와 타협에 의하여 이루어진다는 점에서 정치적 수용력을 높이는 효과가 있지만, 다른 한편 이로써 해당 정치적 결정에 대한 책임, 경우에 따라서 비난이 희석되는 효과가 있다("blame avoidance").

이론적으로 보면 새로운 환경의 변화에 처하여, 그리고 이를 계기로 복지생산의 체제를 전환하여 대응하는 방안을 생각해 볼 수 있다. 그러나 이 시기에 이러한 유형이 발견되지는 않는다. 체제전환에 따른 부담을 감당하기 어렵다는 점 외에 이미 언급했듯이 체제전환을 위해서는 복지정치의 구조 속에서 정치적 권력관계의 변화와 더불어 이미 독자화된 복지권력관계의 변화가 수반되어야 하는데 특히 후자의 변화는 일종의 문화코드로서의 성격을 갖기 때문에 현실화되는 것이 거의 불가능하였다. 따라서 대부분의 국가에서는 기존의 복지체제를 유지하면서 조정을 꾀하고 있다. 여기서는 다음과 같은 세 가지 방향이 발견된다.

i) 전반적으로 복지급여의 수준을 낮추고, 급여의 조건을 강화하면서 특히 최저보장에 중점을 두는 방향이다. ii) 부분적으로는 기존에 복지국가를 지배했던 원리를 전환하는 예도 발견된다. 예컨대 스웨덴에서 연금급여의 수준을 법적으로 확정하는 원리(확정급여방식; defined benefits)에서 보험료의 수준을 법적으로 확정하고 급여수준에 대해서는 개방하여 두는 것이 대표적인 예이다(확정기여방식; defined contribution). 다만 스웨덴의 경우 재정운영방식으로 부과방식을 그대로 유지하여 연금이 여전히 어느 정도 경제성장과 연계되는 구조를 포기하지는 않았다. iii) 실업의 사회적 성격을 새롭게 인식하고 실업에 따르는 경제적 효과를 극복하는 것이 전통적인 실업정책의 과제였다. 그런데 고용관계가 불안정해지면서 이제 국가는 고용의 안정화를 도모하고, 고용을 통하여 복지를 생산하는 방법에 주목하게 되었다. 특히 노인 및 여성의 고용을 촉진하여 한편으로는 고용이 복지의 매체가 될 수 있도록 하고, 다른 한편 고용 자체가 복지생산이 이루어지는 직접적인 장(forum)이 될 수 있도록 하는데 정책적 비중이 두어졌다. 또 개인에게는 노동(취업)에 있어서 능력과 적성에 따른 선택의 가능성을 축소하고, 노동의무를 강화하는 경향이 나타났다(workfare instead of welfare). 그리고 결과적으로는 실업급여의 청구요건을 엄격히 하는 조정이 이루어졌다. 이로써 전통적으로 사회보험의 과제에 속하였던 직업보호의 원칙(Berufsprinzip)이 상당 부분 후퇴하였다. 이 밖에 새로운 사회적 위험에 대한 대응이 필요했다. 장기요양문제에 대한 사회정책적 대응이 대표적인 예이다.

복지국가는 노동자문제, 빈곤문제, 사회적 평등의 문제 등 당대의 사회적 문제를 시장경제질서를 기본적으로 유지하면서 극복하기 위한 처방으로 형성되어 오늘날까지 발전하여 왔다. 19세기 후반 탄생한 복지국가는 오늘날 일반정치적 가치와 독립된 독자적인 가치체계를 형성하게 되었다. 70-80년대의 복지국가위기론, 90년대 이후의 복지국가개편론은 그 동안 형성된 개인의 복지지위, 그리고 국가 및 사회의 복지질서가 독자적이고 동시에 정치질서에 구조화되어 존속력을 갖게 되었다는 것을 보여준다.

제 5 장 향후 연구과제

그렇다면 남은 문제는 새로운 환경의 변화에도 불구하고 다른 가치체계와 조화를 이루면서 복지생산을 지속가능하게 하는 방법에 관한 논의이다. 이 점이 이 연구의 과제는 아니다. 즉 이 연구는 서구 사회에서 역사적으로 이루어졌던 이에 관한 논의를 체계화하여 복지국가의 지속가능성을 논의하기 위한 기초를 마련하는 목적을 갖는다. 이에 기초하여 향후의 연구는 대체로 다음과 같은 질문에 대답하여야 할 것이다.

첫째, 복지생산의 정치화가 갖는 문제의 부정적인 면을 다시 검토하여야 한다. 즉 복지생산의 1차적인 대상은 여전히 자신의 능력으로 생활을 유지할 수 없는 국민 계층이다. 일반정치의 논리에 의하여 다수가 아닌 이들이 복지생산에서 소외되고 있는 것은 아닌가에 대한 검토가 필요하다.

둘째, 복지생산에 있어서 국가와 사회, 그리고 가족 및 개인 간의 기능분담은 필연적인 역사의 흐름이다. 그렇다고 국가의 복지과제가 과소평가되어서는 안 된다. 직접 복지생산을 담당하지 않는 경우에도 국가는 다양한 방법으로 이루어지는 복지생산의 규범적 및 사실적 지침을 조성하고 적용하는 과제를 가지며, 또 국가는 여전히 안정적인 복지생산의 최종적인 책임주체이다. 따라서 사회 및 개인에 의한 복지생산을 유인 및 지원하는 국가의 과제는 국가의 복지책임과 분리될 수 없다.

셋째, 복지정치의 구조화는 일반 정치적 판단과 복지가치적 판단을 분리시키고 상호작용을 하는 관계로 발전시켰다. 이 두 가지 판단이 최적점에서 조화를 이루기 위해서는 각각의 정치과정이 투명화되어 해당 의사결정이 객관적인 사실 및 체계적인 가치판단에 기초하고 있는가에 대한 검토가 지속적으로 이루어져야 한다.

넷째, 복지국가원리에서 보면 복지가치가 일반정치적 의사결정을 통제하고 순화시키는 기능을 수행할 수 있어야 한다. 즉 오늘날 복지정치의 구조 속에서 현실적으로 가능성이 제한적이기는 하지만 복지생산의 탈정치화는 복지국가원리의 생존적 중요성을 갖는 명제이다.

다섯째, 전통적인, 즉 안정적이고 전형적인 고용관계는 더 이상 복지생산의 보편적인 기초가 될 수 없다. 그렇다면 노동시장의 유연성에 장애가 되지 않으면서 안정적으로 복지생산을 할 수 있는 탈표준적 복지생산의 패러다임이 요청된다. 이러한 기준 자체를 점검하고, 이 기준에 따라 우리 복지생산의 현실을 이해·평가하여 그러한 기초 위에서 개별적인 발전방향을 제시하는 것이 이후의 연구과제가 될 것이다.

제 2 편

복지국가의 정당성; 본질과 기능을 중심으로

제2편 복지국가의 정당성; 본질과 기능을 중심으로

19세기 중 · 후반 이후 서부 유럽의 주요 국가를 중심으로 국가가 복지생산에 직접 참여하여 개인을 사회적 위험으로부터 보호하는 과제를 갖게 되었다.[1] 이는 2차 세계대전과 이에 이어지는 50년대와 60년대 세계경제의 황금기를 거치면서 보편적인 국가과제로 자리잡았다.[2] 그러나 1970년대 성장의 한계가 징후를 보이면서 서서히 복지국가의 한계 혹은 위기, 그리고 극단적으로 폐지론이 학문적 및 실천적 논의의 소재로 등장하였다.[3] 특히 1990년대 이후 세계화가 진전하면서 복지국가 개편의 필요성은 정권의 정당성을 좌우하는 의제로서, 그리고 학문적으로 다양한 이론을 자극하는 계기가 되었다.[4] 이러한 논의에서 논리적으로는 다음과 같은 질문이 우선 제기된다. 즉 복지생산은 필수적인 국가의 과제인가? 복지국가를 정당화하는 요소는 무엇인가?하는 문제이다. 헌법적으로 보면 다양한 사회적 기본권, 그리고 경제질서에 관한 장(章)을 통하여 우리 헌법은 복지국가원리를 헌법의 기본원리로 선언하고 있다.[5] 따라서 복지국가의 정당성에 대한 논의는 헌법의 복지국가원리를 사회과학적으로 근거짓는 작업으로서의 의미를 갖기도 한다. 이에 대해서는 위 제1편에서 설명한 바 있다.[6]

복지국가의 정당성 문제에 접근하기 위하여 먼저 복지국가의 본질과

1) 이에 대해서는 위 제1편 각주 5 참조.
2) 이 시기 전후의 상황에 대해서는 아래 제4편 참조.
3) 1980년대 이에 관한 논의에 대해서는 아래 제5편 참조.
4) 아래 제6편 참조.
5) 이에 대해서는 위 제1편 각주 16 참조.
6) 위 제1편 제2장 제2절 참조.

기능을 다루는 복지국가이론에 대해서 살펴본다. 그 정당성을 논증하고자 하는 대상인 복지국가, 그리고 복지국가의 이해방법을 파악할 수 있어야 하기 때문이다. 이어 복지국가가 갖는 효용성을 중심으로 복지국가를 정당화하는 논리들을 살펴본다.

제 1 장 복지국가이론

제 1 절 전통적인 이론의 전개

역사적 · 기능적으로 보면 복지국가는 자본주의 시장경제가 형성 · 확립되면서 경제질서와의 상호관련 혹은 긴장관계 속에서 형성되었다.[7] 따라서 일반적으로 복지국가이론은 경제질서와 상관관계 속에서 발전하여 왔다. 그런데 경제질서, 그리고 경제질서를 자극하는 사회적 수요, 또 사회적 수요가 발생하는 배경과 이에 대한 처방은 매우 다양하기 때문에 이로부터 공통적인 원리를 추출하고 이론을 구성하는 작업은 어려움이 있다.[8] 복지국가가 경제 · 사회 및 정치 · 문화의 맥락에 편입되어 발전하면서 이에 대한 이론적 설명을 위해서는 학제 간 연구가 필요하게 되었다는 점도 복지국가이론을 형성하는 어려움을 가져오는 원인이다.

실제 오랫동안 복지국가에 대한 연구는 다음과 같은 두 가지 주제를 중심으로 이루어졌다. 첫째, 주로 국민총생산에서 복지지출이 차지하는 비율을 중심으로 형성되어 왔다. 이를 기준으로 복지선진국 혹은 복지후진국의 평가가 이루어졌다. 그러나 복지국가의 국가론적 배경, 국가와

---

7) 사회문제 자체는 산업화 이전 이미 프랑스 혁명 이후 자유주의적 경제질서가 형성하면서 나타나기 시작하였으며, 막스(Karl Marx)는 여기에서 사회주의로의 변환의 계기를 보았다. 이에 대해서는 Franz-Xaver Kaufmann, *Varianten des Wohlfahrtsstaats* (Suhrkamp, 2003), 213면 이하 참조.

8) 이러한 문제의식에 대해서는 예컨대 Franz-Xaver Kaufmann, "Towards a theory of the welfare state", Stephan Leibfried(편), *Welfare State Futures* (Cambridge University Press, 2001), 15면 이하 참조.

사회의 기능분담의 다양성, 그리고 이에 기초한 복지생산의 역사적 전통 등을 고려하면 복지예산을 중심으로 복지국가를 접근하는 시도는 이론으로서의 가치는 가질 수 없다. 둘째, 보다 발전된 이론적 시도는 기능주의적 접근을 통하여 이루어졌다. 즉 산업화, 그리고 대중민주주의로 인하여 나타난 혹은 변화하는 새로운 사회적 상황에서 기존의 이념과 제도가 기능할 수 없었으며, 이 점이 복지국가의 출현을 자극하였다는 것이다. 그러나 이러한 연구가 복지국가의 기원을 설명하는 방법론이 될 수는 있었지만 오늘날과 같이 복지국가가 사회구조 속에서 한편으로는 독립변수로서, 다른 한편으로는 종속변수로서 기능하고 현실을 설명하는 데에는, 그리고 특히 복지국가의 변화하는 양상을 설명하는 이론으로서는 한계가 있었다.[9]

제 2 절 복지국가 유형론-성과와 한계

I. 복지국가의 거시적 이해

복지국가이론은 복지국가의 형성과 변화를 다원적 인과관계의 맥락에서 설명하고 유형화하며, 새로운 도전에 비추어 미래의 발전을 예측 혹은 권고하는 가능성을 탐색한다. 이는 복지국가가 진화하면서 경제질서와 독립하여 새로운 과제를 갖게 되었다는 점에 착안하여 이루어졌다. 예컨대 사회적 위험에 대한 보호와 더불어 개인의 인격 실현을 촉진하기 위하여 복지생산이 이루어지는 것이 대표적인 예이다. 이러한 작업을 위해서는 복지국가를 좀 더 지평을 넓혀 이해하여야 한다. 복지국가는 오늘날 경제질서와 관련 하에서뿐 아니라 이와 독립하여 형성 · 발전하고 있기 때문에 복지국가를 국가목표로서 혹은 사회제도로서 이해하는 시도들이 나타났다.

복지국가를 국가목표로서 이해하는 방법에서 복지국가의 목표는 다

9) 이러한 방법론적 한계에 대한 지적으로는 김태성/류진석/안상훈, 현대 복지국가의 변화와 대응(나남, 2005), 180면 이하 참조.

음과 같이 제시된다.[10] 첫째, 복지국가는 개인의 정상적인 생활을 저해하는 사회적 위험을 보호하여야 한다. 둘째, 복지국가는 사회적 위험이 발생하기 전 개인이 성취한 생활수준을 어느 정도 보호하여야 한다. 셋째, 복지국가는 모든 국민에게 최소한의 인간다운 생활을 보장하여야 한다. 넷째, 복지국가에서 복지배분은 평등하게 이루어져야 한다.

이에 비해서 복지생산을 행정적 과제로 이해하는 경우 복지국가는 행정제도적 차원에서 실현된다. 영국이 여기에 해당하는 예이다(social administration). 또 학문적으로 여전히 경제학적 방법론을 중심으로 연구가 이루어지는 경우 복지국가의 거시적 측면은 소홀히 된다.[11] 스웨덴이 이러한 유형에 해당한다.

Ⅱ. 다양한 접근방법론

위와 같이 복지국가를 포괄적인 국가과제로 이해하는 시각에서는 복지국가를 접근하는 방법론 역시 다양하게 제시되었다.

첫째, 사회경제적 학파의 접근방법이다. 이에 따르면 산업화의 정도, 산업근로자의 규모로 나타나는 사회정책의 필요성, 경우에 따라서 전쟁으로 인한 사회적 보호의 필요성, 그리고 오늘날 노인인구의 비중 및 실업률 등이 복지국가의 발전을 설명하는 가장 중요한 변수라고 이해한다.[12]

둘째, 권력자원론이다. 이는 기본적으로는 계급사회학의 전통에 기초하여 권력자원의 배분을 기준으로 복지국가를 설명·분류하는 방법론이다. 이러한 접근방법론에서는 예컨대 자본과 노동의 권력관계, 좀 더 구체적으로는 노동조합의 정치적 지배력 등이 복지국가를 설명하는 중요한 요소로서 이해된다.[13] 아래에서 설명하는 에스핑-앤더슨의 분류론은

---

10) 이에 대해서는 Hans F. Zacher, “Das soziale Staatsziel”, Josef Insensee/Paul Kirchhof(편), *Handbuch des Staatsrechts* Bd. Ⅱ(C.F. Müller, 2004), 678면 이하 참조.

11) 이에 대해서는 Franz-Xaver Kaufmann, 위 각주 7의 책, 201면 이하 참조.

12) 이러한 이해방법으로는 예컨대 Detlef Zöllner, *Öffentliche Sozialleistungen und wirtschaftliche Entwicklung. Ein zeitlicher und internationaler Vergleich* (Berlin, 1963) 참조.

13) 노동조합의 역할에 대한 유형적 분석으로는 Roger Lawson, “Gegensätzliche

기본적으로 이러한 방법론에 속한다.

셋째, 정치 · 제도적 방법론이다. 이에 따르면 민주주의의 유형 및 정당의 구도 등이 복지국가의 형성과 발전유형을 설명하는 중요한 요소이다.[14] 예컨대 한 국가가 합의형 민주주의에 속하는가 혹은 다수결형 민주주의에 속하는가에 따라서 복지국가가 분류된다.[15] 또 이른바 거부세력(veto player)이 어떠한 모습으로 형성되어 있는가의 여부가 합리적인 정책형성에 있어서 중요한 역할을 수행한다고 이해한다.

넷째, 정당지배이론이다. 이에 따르면 국회 및 행정부, 그리고 특히 여당 및 야당 간의 정당의 이념적 구도가 복지생산의 유형에 중요한 영향을 미친다고 본다.[16]

다섯째, 복지국가를 설명하는 데에 국제관계를 중시하는 방법론이다. 이에 따르면 대외무역의존도가 높은 국가는 그것이 낮은 국가에 비해서 국내정책적으로 복지생산의 수요가 크다. 국내 경제가 세계시장에 편입 혹은 종속되면서 임금 등 노동조건이 희생되며, 이를 조정(보상)하기 위하여 국내 복지정책이 보충되어야 하기 때문이다.[17]

여섯째, 정치유산이론이다. 이에 따르면 국가작용은 역사적으로 형성된 문제해결방법을 답습하는 경로를 따르며 혹은 적어도 역사적으로 이루어진 정치적 결정이 의도하였던 아니건 계속해서 영향을 미친다. 예컨대 독일의 경우 오랜 관권국가적 전통이 사회보험을 중심으로 한 사회입법을 낳았으며, 그러한 전통은 관권국가에서 민주주의로의 전환, 나치독재체제를 거쳐 새로운 민주공화국을 건설하는 변화에도 불구하고 기본

Tendenzen in der sozialen Sicherheit; Ein Vergleich zwischen Grossbritannien und Schweden", *Zeitschrift für ausländisches und internationales Arbeits- und Sozialrecht* (1988), 23면 이하 참조.

14) 이에 대해서는 전광석, 한국사회보장법론(집현재, 2012), 23면 이하 참조.

15) 독일과 영국이 각각의 예에 해당하는 대표적인 국가들이다. 이에 대해서는 전광석, 한국헌법론(집현재, 2011), 467면 이하 참조.

16) 이 점에 대해서는 예컨대 Francis G. Castles, *The Impact of Parties, Politics and Policies in Democratic Capitalist States*(London, 1982) 참조.

17) 이러한 이론에 대해서는 예컨대 David R. Cameron, "The expansion of the Public Economy; A comparative analysis", *American Political Science Review* (1978), 1243면 이하 참조.

적으로 유지되고 있다.[18] 독일 외에 오스트리아, 덴마크, 그리고 스웨덴 등도 이러한 유형에 속한다. 이에 비해서 일찍 경제성장이 이루어진 미국의 경우 시장 중심의 경제구조에서 복지생산은 "보이지 않는 손"의 작용에 의하여 이루어진다고 이해하였으며, 이러한 초기의 전통이 아직 미국 사회를 지배하고 있다.

위와 같은 이론 중 어느 하나가 복지국가에 대한 독점적 설명능력을 갖지는 못한다. 특히 복지국가가 형성되는 시기의 설명이론이 이후 복지국가의 변화를 설명하는 데에는 한계를 가질 수 있다.[19] 예컨대 정당지배이론은 대체로 1980년대까지는 복지국가이론으로서 어느 정도 설명력을 가졌다. 그러나 특히 세계화가 진행되는 1990년대 이후에는 복지국가적 결정에 대한 국내정책적 범위와 능력이 제한되면서 그 설명력에 한계를 보이게 되었다.[20] 예컨대 호주는 좌파정부가 집권한 최초의 국가군에 속하며, 또 노동조합이 비교적 발달하였다. 그럼에도 불구하고 호주는 기본적으로 후발 복지국가군에 속한다. 호주는 보호무역정책을 실시하였기 때문에 세계시장에 편입되는데 따르는 부담이 덜했으며, 또 엄격하게 외국인의 이주를 통제하여 노동력의 공급을 적정한 수준에서 유지하였다. 노동조합은 임금근로자의 생활이 국가의 간섭 없이 임금을 중심으로 고용관계에서 보장되는 정책을 지향하였다. 즉 이 경우 사회경제이론, 권력자원이론, 정당지배이론은 거의 설명력이 없으며, 국제관계이론이 보다 설명력을 갖는다. 스웨덴의 경우도 좋은 예를 제공한다. 스웨덴에서 1930년대 사회민주당과 농민세력의 연합이 당시 보편적 복지를 형성

---

18) 기본적으로 이러한 사회 · 문화 및 종교, 가족 등을 포괄하는 문화적 전통을 복지국가 유형화의 기준으로 제시하는 문헌으로는 예컨대 주재현, "사회복지와 문화-복지국가 유형론에 대한 문화이론적 해석", 「한국정책학회보」 제13권 제3호(2004), 279면 이하 참조.

19) 각 이론들의 가치와 한계에 대해서는 예컨대 Manfred G. Schmidt, "Die Sozial-politischen Nachzüglerstaaten und die Theorie der vergleichenden Staatstätigkeitsforschung", Herbert Obinger/Uwe Wagschal(편), *Der gezügelte Wohlfahrtsstaat* (Campus, 2000), 31면 이하 참조.

20) 이에 대해서는 예컨대 Nico A. Siegel, "Der nachzüglende Pionier; Sozialpolitik in Australien zwischen lohnpolitischer Intervention und sozialstaatsinduzierter Dekommodifizierung", Herbert Obinger/Uwe Wagschal(편), *Der gezügelte Wohlfahrtsstaat* (Campus, 2000), 175면 이하 참조.

하는 정치구도를 이루었지만 이러한 정치구도가 이후 소득비례 보충연금 제도의 도입, 그리고 1990년대 이후 확정기여방식으로의 연금제도의 개혁을 설명하는 데에는 한계가 있다.[21] 그래서 예컨대 스웨덴을 포함한 북부 유럽 국가들의 복지생산의 특징은 복지생산 그 자체에서 찾기보다는 정치적 의사결정의 전통에서 기원하는 것으로 설명하는 시도가 이루어지고 있다.[22] 독일의 사회보험 중심의 복지생산을 정치유산이론으로 설명하는 데에도 한계가 있다. 위에서 언급했듯이 독일의 복지생산이 사회보험을 중심으로 출발하고 유지되고 있다는 의미에서는 경로(path)에 충실한 정치유산으로 설명될 수 있지만 2000년대 이후 민간보험의 역할을 강조하고 공적 연금의 목표를 기존의 생활수준을 보호하는 데에서 기초보장을 강화하는 방향으로 변화시키면서 제도적 동질성을 유지하고 있는가에 대해서는 논의가 필요하게 되었다.[23]

Ⅲ. 에스핑-앤더슨의 복지국가 유형론

덴마크의 사회학자인 에스핑-앤더슨(Gøsta Esping-Andersen)의 복지국가 유형화 작업은 위와 같은 전통적인 이론의 한계를 극복하고 복지국가연구의 지평을 넓힌 고전적인 저작으로 평가되었다.[24] 특히 기존에 복지국가를 주로 산업화를 중심으로 설명한 기능주의적 접근방법을 비판하면서 복지국가를 단선적으로 이해하지 않고 다양한 경제구조 속에서 파악하였다. 또 거시적 인과관계를 중심으로 복지국가를 유형화하는 시도를

---

21) 이에 대해서는 아래 제6편 제4장 제3절 I.1.(1) 참조.

22) 이에 대해서는 예컨대 Stein Kuhnle, "The Nordic Model; Ambiguous, but Useful Concept", Herbert Obinger/Elmar Rieger(편), *Wohlfahrtsstaatlichkeit in entwickelten Demokratien* (Campus, 2009), 275면 이하 참조.

23) 예컨대 독일은 2001년 연금개혁을 통하여 사적 배려를 유도하는 정책을 취한 바 있다. 이에 대해서는 예컨대 Klaus Hessert, "Rentenversicherung im System der Bundesrepublik Deutschland - Rentenreform 2001; ein historischer Kurswechsel", *Vierteljahresschrift für Sozialrecht* (2002), 129면 이하, 145면 이하 참조. 이에 대한 보다 근본적인 논의에 대해서는 Hans F. Zacher, 위 각주 10의 책, 749면 이하 참조.

24) Gøsta Esping-Andersen, *The Three Worlds of Welfare Capitalism* (Princeton University Press, 1990) 참조.

했다는 점이 평가되었다. 국가, 시장, 가족 등 다양한 주체의 복지생산기능을 이론형성에 반영하였고, 이른바 탈상품화(de-commodification)와 분배정책과 같은 보다 실질적인 기준을 유형화의 기준으로 제시하여, 복지국가이론을 형성하는 학문적 공헌을 하였다. 그의 복지국가이론에 있어서 유형적 내용과 특징은 이 연구에서도 중요한 기준으로 적용될 것이다.

그러나 에스핑-앤더슨의 유형화 시도는 다음과 같은 몇 가지 이유에서 오늘날의 복지국가개편의 논의에 적용하는 데에는 한계가 있다.

첫째, 그의 시도가 갖는 시간적 한계이다. 즉 그의 복지국가유형론은 주로 2차 세계대전 이후에서 1990년대 이전까지의 시기를 관찰의 대상으로 하였다. 따라서 초기 복지국가형성의 시기와 1990년대 이후의 시기를 반영할 수 없었다. 그 결과 그의 유형화를 통하여 제시된 일부 가설이 역사적인 현실을 반영할 수 없다는 문제가 생긴다. 스웨덴의 예가 대표적이다. 1930년대 이후, 1950년대 후반 보충연금제도를 도입한 후에도 1990년대 경제위기가 오기 전까지는 스웨덴이 에스핑-앤더슨의 복지국가유형 중 사회민주주의적 복지국가유형에 해당하는 데에는 의문이 없다. 그러나 과연 1930년대 이전 스웨덴을 같은 유형에 해당한다고 볼 수 있는지, 그리고 1990년대 이후 개편되는 스웨덴의 복지국가가 여전히 사회민주주의의 유형에 해당하는지는 의문이다.[25] 이른바 “국민의 집(folkhem)”을 표방하는 스웨덴 복지의 전형은 1930년대 비로소 형성되었으며, 이후 스웨덴은 이상적 복지국가의 유형으로 국제적 논의에서 전범(典範)이 되었다. 그러나 1990년대 이후 재정위기에 직면하여 이루어진 스웨덴의

---

25) 이 논의에 대해서는 예컨대 Karl Hinrichs, “Elephants on the move. Patterns of public pension reform in OECD countries”, Stephan Leibfried (편), *Welfare State Futures* (Cambridge University Press, 2001), 91면 참조. 이 밖에 특히 스웨덴의 연금개혁에 대해서는 예컨대 양재진, “한국 연금제도의 대안적 개혁모형; NDC 소득비례연금과 보충급여형 기초보장연금”, 「사회보장연구」 제22권 제4호(2006), 79면 이하; Richard Musgrave, “Public Finance in a Democratic Society”, *Fiscal Doctrine, Growth and Institutions* (New York University Press, 1986), chapter 7; Lotta Westhäll, “The New Swedish Pension Scheme-A Challenge for the Future”, Monika Schlachter/Ulrich Becker/Gerhard Igl(편), *Funktion und rechtliche Ausgestaltung zusätzlicher Alterssicherung* (Nomos, 2004), 67면 이하 등 참조.

연금개혁은 제도적 내용 및 재정방식에 있어서 지금까지 스웨덴의 복지생산의 경로를 상당 부분 벗어났다.[26] 노동시장의 운용에 있어서도 탈상품화의 정책이념은 재상품화로 전환되는 경향을 보였다.[27] 이는 실업에 대해서 사회임금을 통하여 보상하는 기존의 태도에서 소득능력을 개선하여 노동시장에 적응하도록 촉진하는 데 중점을 두는 변화로 나타났다. 이러한 변화를 고려하면 에스핑-앤더슨의 복지국가유형론은 단순히 유형화의 설명능력에 관한 문제에 그치지 않고 스웨덴 복지국가를 올바르게 파악하는 데 장애가 될 수 있다. 보다 이론적인 측면에서 보면 그의 유형화가 비교적 靜的인 차원에 머물러 있고, 따라서 動的인 복지국가의 변화를 파악할 수 없다는 한계가 있었으며, 이 점에서 이론적 가치에 의심을 갖게 한다.

둘째, 첫 번째 지적한 바와 유사한 맥락에서 복지국가의 유형을 고정적으로 이해한 결과 유형의 전환이 이루어질 수 있다는 가능성, 그리고 그러한 가능성이 실현되는 결정론적 구도는 소홀히 되었다. 즉 변화하는 과정으로서의 역사성이 결여되어 있다. 이 두 가지 한계가 작용하여 그의 이론에서는 이른바 경로의존성(path dependency)이 극단적으로 나타나는 결과가 되었다.[28] 또 그 결과 한 시대에 복지생산을 위한 정치경제적 비용, 그리고 사회민주주의의 정치적 능력이 일반성을 가질 수 없다는 점이 간과되었다. 좀 더 추상적으로 표현하면 복지국가 스스로의 결정으로 인하여 형성된 역사적 부담, 그리고 복지국가적 모순이 이론형성에 반영될 수 없었다.[29]

---

26) 1930년대 '국민의 집'의 이념형성, 그리고 1990년대 이후 스웨덴의 변화에 대해서는 예컨대 Peter A. Köhler, "Det Svenska Folkhem-vom Volksheim zum Wohlfahrtsstaat Schweden", *Zeitschrift für ausländisches und internationales Arbeits- und Sozialrecht* (1987), 203면 이하; Peter A. Köhler, "Die Reform der Alterssicherung in Schweden", *Festschrift für Franz Ruland* (2007), 691면 이하 등 참조.

27) 이에 대해서는 Franz-Xaver Kaufmann, 위 각주 7의 책, 202면 참조.

28) 이 점에 대해서는 예컨대 Jens Borchart, "Ausgetretene Pfade? Zur Statik und Dynamik wohlfahrtsstaatlicher Regime", Stephan Lessenich/Ilona Ostner (편), *Welten des Wohlfahrtskapitalismus* (Campus, 1998), 145면 이하 참조.

29) 이 점에 대한 지적으로는 예컨대 Elmar Rieger, "Soziologische Theorie und Sozialpolitik im entwickelten Wohlfahrtsstaat", Stephan Lessenich/Ilona

셋째, 그의 유형화는 주로 자본주의적 복지국가에서의 소득보장을 기준으로 이루어졌다. 그 결과 사회문제 및 사회적 위험을 주로 소득보장의 측면에서 접근하였고, 문제 중심적으로는 서비스의 생산, 그리고 대상계층으로는 아동, 요양을 필요로 하는 노인 등 주변계층이 소홀히 되었다.[30]

제 3 절 복지국가의 역동성과 복지국가이론

복지국가의 유형화는 복지국가의 이해에 있어서 기본적인 출발점이다. 그러나 유형화는 결코 그 자체 목적이 될 수 없으며, 복지국가의 다양한 내용과 특징을 이해 · 설명하기 위한 도구이다. 이 연구에서는 유형화의 시도가 갖는 역사성의 한계를 염두에 두고 변화하는 복지국가의 유형을 특징적으로 서술하는 역사적 접근방법론에 중점을 두고 있다. 이러한 연구방법론은 다음과 같은 예들에서 그 필요성을 인식할 수 있다.

뉴질랜드는 세계사적으로 가장 일찍, 즉 1938년 사회보장법(Social Security Act)을 도입하여 선구자적 역할을 하였다. 그러나 이후 뉴질랜드는 주로 고용관계를 중심으로 복지를 생산하는 전통을 발전시켜 왔다. 사실 뉴질랜드는 이미 1894년 사용자와 근로자 간에 분쟁이 발생한 경우 이를 강제 중재하는 법(Industrial Conciliation and Arbitration Act)을 통하여 고용관계의 안정을 보장하고, 다른 한편으로는 임금이 노동력의 대가이면서 동시에 복지의 가장 중요한 기초가 되도록 형성하였다. 그러나 뉴질랜드는 1990년대 이후 또 한번의 변화를 겪는다. 즉 강제중재를 폐지하고 1991년 고용계약법(Employment Contract Act)을 제정 · 시행하면서 노사 간에 개별적인 계약관계가 지배하도록 체제를 전환하였다. 복지

Ostner(편), *Welten des Wohlfahrtskapitalismus* (Campus, 1998), 70면 이하; Manfred G. Schmidt, "Wohlfahrtsstaatliche Regime; politische Grundlagen und politisch-ökonomisches Leistungsvermögen?", 같은 책, 179면 이하 등 참조.

30) 이 점에 대해서는 Herbert Obinger/Uwe Wagschal, "Drei Welten des Wohlfahrtsstaates?. Das Stratifizierungskonzept in der clusteranalytischen Überprüfung", Stephan Lessenich/Ilona Ostner(편), *Welten des Wohlfahrts-kapitalismus* (Campus, 1998), 112면 이하 참조.

생산의 내용과 방법에 있어서도 근본적인 변화가 수반되었다. 이러한 사정은 호주의 경우에도 마찬가지이다.[31] 스위스 역시 경로전환의 좋은 예를 제공한다. 스위스는 뉴질랜드 및 호주와 마찬가지로 전통적으로 임금근로자 중심으로 복지생산을 행해 왔다. 그러나 스위스는 산업화에 성공적으로 대응하였고, 또 대외무역이 활발해지면서 경제의 국제경쟁력을 유지하기 위해서는 고용관계에 복지생산을 부담시키는 데 한계가 있으며, 국가의 부담(분담)이 필요하다는 점이 인식되었다. 이에 한편으로는 완전고용의 정책목표를 지향하여 여전히 고용을 복지생산의 중요한 기제로 삼았지만 다른 한편 국가의 적극적인 복지생산의 기능을 인식하고 추진하였다. 스위스에서 이러한 구상은 심지어 헌법 개정을 통하여 이른바 3층구조의 복지생산을 제도화하는 형태로 실현되었다.[32] 이는 스위스의 특유한 문제로서 국민투표가 복지개혁에 부정적이라는 경험을 극복하기 위하여 복지생산의 기본적인 방법론을 헌법에 고정시킨 희귀한 예에 해당한다.[33] 이로써 스위스는 초기의 후발복지국가에서 오늘날 선진복지국가의 위치를 차지하게 되었다.[34]

복지국가의 역사적 발전과 각국 간의 비교를 위해서는 복지국가의 경제질서와의 관련성 및 독립성, 그리고 미시적 및 거시적인 구조를 좀 더 분석할 필요가 있다. 이와 같은 다양한 구조와 또 구조의 역동적 변화 속에서 복지국가가 이해되어야 한다. 따라서 오늘날 복지국가의 발전을 에스핑-앤더슨의 설명방법처럼 경로의존성이론만으로 설명할 수도 없지만 그렇다고 동일한 방향으로 수렴한다는 가설도 결코 타당할 수 없다.[35]

---

31) 이에 대해서는 Gaby Ramia, “Arbeitsbeziehungen und Wohlfahrtsstaat; Warum ist Neuseeland ein Nachzügler?”, Herbert Obinger/Uwe Wagschal(편), *Der gezügelte Wohlfahrtsstaat* (Campus, 2000), 211면 이하 참조. 이 밖에 Nico A. Siegel, 위 각주 20의 논문, 198면 이하 참조.

32) 이는 1972년 헌법 개정을 통하여 도입되었으며, 현행 헌법 제111조 제1항에 규정되어 있다. 이에 따르면 연방은 노령, 유족 및 장애를 충실히 보장하여야 하며, 보장의 방법론으로 사회보험, 기업연금 및 개인적인 배려를 제시하고 있다.

33) 이에 대해서는 아래 제3편 제3장 제3절 Ⅱ.5. 참조.

34) 이 점에 대해서는 예컨대 Herbert Obinger, “Wohlfahrtsstaat Schweiz; Vom Nachzügler zum Vorbild?”, Herbert Obinger/Uwe Wagschal(편), *Der gezügelte Wohlfahrtsstaat*(Campus, 2000), 275면 이하 참조

35) 복지국가 수렴론을 주장하는 문헌으로는 예컨대 Bob Jessop, “Toward a

제2장 복지국가의 본질

제1절 경제질서 종속적 사회문제와 독립적 사회문제

국가가 개인의 생활 혹은 생존을 배려하는 현상 자체는 복지국가의 역사에 비해서는 훨씬 오랜 전부터 관찰된다. 국가와 사회의 구별이 없었고, 따라서 국가가 사회를 포함하는 전체 국가의 운영에 포괄적으로 책임을 부담하고 있던 시기에 국가는 사회의 안정 혹은 군사력의 보존을 위하여 빈민 및 아동에 대한 보호조치를 취하였다.[36] 종교단체 등이 각각의 특유한 이념과 사상에 기초하여 빈민구호를 해 왔던 것은 별개의 문제이다.[37]

근대사회에서 사회를 구성하는 여러 하부체계는 한편으로는 각각 독자적인 가치가 지배하지만, 다른 한편 이들 하부체계는 서로가 서로에 대해서 영향을 미치고 받으면서 기능한다.[38] 이러한 체계구조에서 경제체계는 독자적인 질서에 기초하여 독자적인 가치를 갖고 기능한다. 복지국가는 이러한 전제에서 출발한다.[39] 즉 원칙적으로 개인의 생활은 시장

Schumpeterian Workfare State?", *Studies in political Economy* 40, 7면 이하 참조.

36) 예컨대 복지(Wohlfahrt)의 과제는 근대국가가 형성되기 전 이미 국가에 부여되었다. 이에 대해서는 Gerhard A. Ritter, *Der Sozialstaat* (Oldenbourg, 1991), 30면 이하 참조. 그리고 이러한 관점에서 보면 복지의 문제를 개인의 사회경제적 운명에 맡기고 국가는 개인에게 자유를 보장하는 형태의 국가와 사회의 기능분담은 역사적 현실이 아니었다. 법치국가이론에서 보면 이른바 형식적 법치국가는 가설로 논의될 뿐 역사적으로 그러한 단계가 존재한 것은 아니었다. 이에 대해서는 Michael Stolleis, "Die Entstehung des Interventionsstaates und das öffentliche Recht", Michael Stolleis(편), *Konstitution und Intervention* (Suhrkamp, 2001), 253면 이하 참조.

37) 이에 대해서는 예컨대 Gerhard A. Ritter, 위 각주 36의 책, 36면 이하 참조.

38) 왈처(Michael Walzer)의 평등에 대한 이해방법은 이 점에 기초하고 있다. 즉 위와 같은 가치구조에서 한 부분사회를 지배하는 가치가 다른 부분사회를 동시에 지배하는 경우 평등은 중대한 침해를 받게 된다. 이에 대해서는 Michael Walzer, *Spheres of Justice* (Basic Books, 1983), 3면 이하 참조.

39) 물론 그렇다고 해서 복지국가가 자본주의의 전유물은 아니다. 이에 대해서는 아래 제3편 제3장 제2절 I. 참조.

기제를 통하여 보호된다. 그러나 처음부터 국가의 개입이 없는 경제질서, 그리고 시장에서는 개인의 노동력은 상품으로서의 가치가 있을 뿐 개인의 생활에 대한 시장의 배려는 결여되어 있다. 따라서 경제질서에 절대적인 가치를 부여하는 경우 여기에서 보호받지 못하는 자는 필연적으로 생활의 기반을 상실한다. 막스(Marx)의 자본주의 비판의 출발점은 바로 여기에 있다.

복지국가는 자연적인 경제질서에서 배려될 수 없는 개인의 사회적 상황을 독자적인 가치에 기초하여 보호한다. 결국 복지국가의 본질을 구명하기 위해서는 다음과 같은 단계적 사고가 필요하다. 국가는 개인의 경제생활을 사유재산권 및 사적 자치의 원칙, 그리고 자유경쟁의 원칙을 보장하는 윤곽질서를 형성하여 보장한다. 여기에서 복지국가적 개입은 두 가지 계기에서 이루어진다. 먼저, 국가는 경제질서가 예정된 궤도에 따라 운용될 수 있도록 개입하여야 한다. 국가의 개입이 없는 경제질서는 필연적으로 이윤의 극대화를 위하여 자신의 기초인 시장경제질서를 왜곡할 가능성이 있다. 이에 국가는 경쟁질서를 보호하기 위하여 독과점 규제 등의 형태로 경제질서에 개입할 필요성과 정당성이 있다(시장의 내재적 한계와 국가개입).[40] 다음, 복지국가원리는 헌법의 구조적 원리로서의 성격을 갖는다. 따라서 규범적으로 보면 모든 실정법이 복지국가의 실현에 기여하여야 한다. 사회체계적으로 보면 사회적 보호의 가치체계는 모든 다른 체계에 영향을 미치고, 또 외부체계로부터 영향을 받는다. 경제체계 자체, 그리고 경제질서를 규율하는 법질서도 예외가 아니다. 그런데 시장에 사회적 보호의 기능을 수행하는 과제가 자연적으로, 즉 국가의 개입이 없이 부과되어 있지는 않다.[41] 위에서 설명하였듯이 시장에 내재적 한계가 있기 때문에 시장기제가 기능하기 위해서는 국가의 개입이 필연적으로 요청되는 점과 비교된다. 우리 헌법은 시장의 기능적 한계를 인식하고 국가가 시장에 개입하는 가능성을 경제질서의 장(제9장)에

40) 이 점에 대해서는 예건대 전광석, "금융보험사 의결권 제한에 대한 헌법적 검토", 「헌법판례연구」 7(2005), 365면 이하 참조.

41) 인위적으로 부과된 시장의 복지생산의 유형에 대해서는 아래 제3편 제3장 제2절 Ⅱ, Ⅲ. 참조.

서 규율하고 있다(기능적 한계와 국가개입).[42]

복지국가는 위에서 설명한 바와 같이 시장의 내재적 한계 및 기능적 한계를 극복하는 과제를 갖지만 복지생산이 시장과의 교차영역에 한정되는 것은 아니다. 복지국가는 경제질서에 사회적 성격을 부여하는 외에 경제질서와 독립하여 개인의 사회적 상황 그 자체를 배려의 대상으로 본다. 경제질서에서 소외된 자에 대한 배려가 여기에 해당한다. 복지생산이 시장과의 관련성을 갖는 영역에 집중할 경우 필연적으로 고용관계를 중심으로 포섭과 배제, 그리고 복지국가의 분열의 문제가 첨예화된다. 사회의 소외집단은 경제질서뿐 아니라 복지생산에서도 배제될 것이기 때문이다. 이에 비해서 이른바 탈상품화(de-commodification)의 논리는 경제질서를 포괄적으로 복지질서에 종속시키는 극단적인 이론구성에 해당한다.[43]

위와 같은 문제구조를 미시적, 그리고 거시적으로 좀 더 자세히 분석하면 다음과 같다.

제 2 절 복지국가의 미시적 문제구조

자본주의 시장경제에서 개인에게 사회문제가 발생하는 미시적 구조는 다음과 같다.[44] 모든 개인은 성인이 되면 노동력을 보유한다. 노동력은 노동시장에서 임금을 대가로 제공된다. 임금은 근로자 자신 및 자신이 부양하는 공동체, 즉 주로 가족에게 발생하는 수요를 충족시킨다. 이러한 부양은 부양공동체의 재생산과정을 통하여 계속성을 갖는다. 그런데 이와 같은 경제생활의 유형은 현실적으로 수많은 예외적인 현상을 내포하고 있다. 성인이 되어도 노동력을 갖지 못하는 경우 혹은 노동의 기회를 갖지 못하는 경우에는 위와 같은 假定은 원천적으로 기능할 수 없

42) 이 점에 대해서는 예컨대 전광석, "헌법 제119조", 헌법주석서 Ⅳ(법제처, 2010), 특히 480면 이하 참조. 이 밖에 위 제1편 각주 27 참조.

43) 탈상품화의 내용 및 평가에 대해서는 아래 제3장 제1절 I.2. 참조.

44) 이에 대해서는 전광석, 한국사회보장법론(집현재, 2012), 7면 이하; Hans F. Zacher, "Anatomie des Sozialrechts", *Die Sozialgerichtsbarkeit* (1982), 329면 이하 참조.

다. 노동의 대가인 임금이 낮은 경우에는 본인 및 가족의 수요는 부분적으로 보호될 수 있을 뿐이다. 어떠한 이유에서건 주부양자를 상실한 가족은 상품화된 노동을 더 이상 보유할 수 없으며, 따라서 소비시장에 접근할 수 있는 수단을 상실한다. 위와 같은 여러 예외적 상황에서 당해 노동자 및 가족은 경제적 기반을 상실한다. 산업화 이후 이러한 예외가 오히려 일반적인 현상이 되었다.

이와 같이 보편화된 예외적인 현상을 보호하는 방법론은 다원적이다. 경제구조의 한 당사자인 자본에게 포괄적인 사회적 배려의 의무를 부과할 수 있다. 또 경제질서에서 독립하여 국가가 공권적으로 마련하는 재원을 통해서 개인의 사회적 문제를 보호할 수 있다. 이와 같이 직접적 혹은 간접적인 방법을 통해서 개인의 정상적인 생활유형을 저해하는 위험을 보호하고, 또 개인이 정상적인 생활을 할 수 있도록 재사회화하는 것이 복지국가의 본질이다. 이러한 복지국가의 본질을 지배하는 이념, 그리고 이를 실현하는 내용과 방법은 각국이 처한 역사적 상황에 따라 다양하며, 그것의 효과 역시 다양하다.

제 3 절 복지국가의 거시적 문제구조

사회적 위험의 현상 자체는 보편적이지만 이에 대한 각국의 대응은 다양하다. 국가의 사회적 문제에 대한 대응에 긍정적 혹은 부정적 영향을 미치는 환경요소들이 다양하고 또 상이한 영향력을 갖고 있기 때문이다. 이는 아래 제3편에서 자세히 다룬다. 규범적으로 보면 헌법의 국가복지에 대한 결정이 대표적인 예이다. 국가형태, 정부형태, 정치적 의사결정의 구조, 거시적인 경제발전의 단계, 미시적인 경제운용 및 국가와 기업의 관계, 노동과 자본의 관계, 가족구조를 비롯한 사회구조, 국가복지에 대한 국민의식 등이 복지국가의 형성에 긍정적 혹은 부정적인 영향을 미친다. 복지국가개편에 있어서 이러한 요소들이 미치는 영향은 복지국가의 형성에 있어서와는 또 다른 차이가 있다.[45]

---

45) 복지국가 논의에 있어서 이른바 'new politics'가 등장하는 배경이다. 이에 대한

제 3 장 복지국가의 정당성과 기능

제 1 절 서 론

복지국가는 서부 유럽을 기준으로 하면 100년 이상의 역사를 갖고 있다. 복지국가는 당대 역사의 산물이었으며, 또 시대상황의 변화에 적응하면서 정당성을 유지하여 왔다. 그렇다면 여기에서 당연히 다음과 같은 질문이 제기된다. 즉 100년 이상의 역사가 흐르면서 복지국가가 생성 및 발전하는 단계에서 배경이 되었던 상황이 부분적으로 혹은 현저하게 변화된 현재에도 여전히 복지국가는 존속의 필요성이 있는가 하는 의문이다. 이 의문에 대해서 역사 및 제도분석을 통해서 접근하기 위해서는 광범한 학문적 작업을 필요로 한다. 이러한 작업과는 별도로 이 책에서는 복지국가가 여전히 정당성을 가지며, 따라서 논의의 방향은 복지국가의 대안을 모색하는 것이 아니라 복지국가의 개편에 있다는 점을 명백히 하려고 한다.

1970년대 및 80년대 복지국가의 한계 및 위기론, 그리고 1990년대 이후 복지국가개편론을 거치면서 다양한 이유에서 복지국가의 축소, 그리고 축소 경쟁(race to the bottom)이 예측되었다. 그러나 이러한 현실이 실제 나타나지는 않았다. 양적으로 보면 오히려 대부분의 국가는 복지예산을 지속적으로 증가하여 왔다. 실제 복지국가개편이 논의된 이후 각국의 복지재정을 보면 네덜란드 이외의 국가에서 복지재정이 축소되었다는 실증적인 연구결과는 보이지 않는다.[46] 또 질적으로 보면 국가의 복지생산의 기능은 국민과 일종의 주어진 계약관계(implied contract)로 인식되고 있다. 이는 복지국가개편론을 선도한 미국과 영국의 경우에도 마찬가지

개척자적 논의로는 Paul Pierson, "The New Politics of the Welfare State", *World Politics* Vol.48.2(1996), 143면 이하 참조.

46) 이에 대해서는 OECD, *Social Expenditure Data Base* (1997, 1999) 참조. 이밖에 이 점에 대한 논의로는 이석원, "세계화와 복지정책; OECD 국가들에 대한 경험적 분석", 「한국정책학회보」 제12권 제1호(2003), 351면 이하 참조.

이다.[47] 논리적으로는 복지국가의 정당성이 밝혀진 이후 비로소 복지국가의 개편과 관련된 방법론 및 역사적 논의가 의미를 갖는다. 아래에서는 복지국가의 정당성을 그 기능을 중심으로 살펴본다.

제 2 절 정치적 효용성

Ⅰ. 사회문제와 민주주의-사회문제의 정치화

1. 사회문제와 국가의 성격

근대국가에서 개인의 경제생활은 시장경제에 의존하며, 여기에서 개인의 생활은 다음과 같은 두 가지 점에서 그 이전과는 구별된다.

첫째, 산업화와 시장경제의 출현은 가족, 촌락공동체 등 전통적인 다기능 공동체들을 해체시켰다. 시장은 가치창출에 기여하는 노동력만을 자신의 질서에 포섭하기 때문이다. 이제 개인은 자신 및 부양공동체의 수요를 충족시키기 위해서 자신의 노동력에 의존하여야 하는 새로운 환경에 처해졌다. 이로써 부양공동체는 소규모(핵가족화)의 단선구조(노동—임금—부양)를 띠게 된다. 이러한 단선구조에서 임금노동은 핵심적인 경제적 기반이 되며, 성인 남성의 노동의 위기는 곧 부양공동체의 위기로 이어진다는 의미를 갖는다. 보다 객관적으로 보면 성인 남성의 노동의 위기는 경제사회질서의 위기로 이어진다. 개인의 불행이 대부분 어떠한 형태로든 대규모(대가족)의 다원적인 구조(다기능적 공동체) 속에서 보호될 수 있었던 근대 이전의 국가-사회와는 구별이 되는 구도이다.

둘째, 근대국가는 기본적으로 개인의 자유를 보장하기 위하여 질서유지의 과제를 가졌다. 이러한 기능에서 국가는 시장질서에서 소외된 자에 대한 책임을 부담하지는 않았다. 복지 그 자체를 기준으로 국가의 정당성이 좌우되지도 않았다. 복지는 필연적으로 국가의 개입을 필요로 하는데, 이는 국가로부터의 자유를 중심으로 형성된 근대국가의 이념 및 헌법과 조화될 수 없다고 생각되었다. 복지조치를 취하는 경우에도 이는

---

47) 이에 대해서는 위 제1편 각주 10, 11 참조.

결코 국가의 특유한 과제를 실현하는 의미를 갖는 것은 아니었다. 종교단체, 혹은 자선단체 등 다른 사회조직들과 구별되지 않는 개별적이고 시혜적이며, 질서유지를 목적으로 하는 활동이었다.

2. 변화; 복지국가의 정치적 성격

새로운 경제적 배경에서 나타나는 두 가지 요소, 즉 경제사회적 소외와 이에 대한 국가의 정치적 무관심은 민주주의의 의식이 성장하고, 제도가 발전하면서 새로운 국면을 맞게 된다. 이들 발전은 전통적인 공동체의 기능을 대체적(代替的)으로 수행하는 새로운 국가의 모델을 모색하는 계기가 되었다. 여기에서 '복지국가'로의 길과 '민주주의'로의 길은 두 가지 모습으로 나타난다.

(1) 복지국가와 민주주의

민주주의로의 길을 지체 혹은 저지하기 위해서 국가가 복지국가의 길을 선택하는 방향이다. 국가가 복지생산에 무관심할 경우 국가는 보다 많은 것을 잃을 것으로 판단되었기 때문이다. 독일의 비스마르크(Bismarck) 사회보험은 이러한 정치적 선택의 좋은 예이다.[48] 사회보험은 정치적 혁명을 경험하지 않은 독일이 입헌군주정을 사회적 왕정(Soziales Königtum)의 형태로 계속 유지하기 위한 수단이었다.[49] 이 점에서 보면 독일의 사회보험정책에는 방어적 국가통합과 정치적 안정이 지배적인 이념으로 작용하였다. 또 다른 측면에서 보면 사회주의적 정치해방의 물결을 노동계급의 자치적 사고를 조성하여 제어하려는 시도이기도 하였다.[50] 여기에

---

48) 이에 대해서는 예컨대 Gerhard A. Ritter, "Bismarck und Grundlegung des deutschen Sozialstaates", *Festschrift für Hans F. Zacher* (1998), 789면 이하 참조. 이 밖에 이러한 관점에 대해서는 Peter Flora/Jens Alber, "Modernization, democratization, and the development of welfare states in Western Europe", Peter Flora/Arnold J. Heidenheimer(편), *The Development of Welfare States in Europe and America* (Transaction Press, 1981), 37면 이하 참조.

49) 이 용어는 프랑스 혁명 후 새로운 사회문제의 심각성을 인식하고 저축을 통한 자기배려 및 부조의 형성을 강조한 나폴레옹 3세 치하의 프랑스에서 기원한다. 다만 프랑스의 경우 이와 같은 문제인식을 공유했지만 사회보험을 구상한 독일과는 상당한 차이가 있는 정책을 지향하였다. 이에 대해서는 Franz-Xaver Kaufmann, 위 각주 7의 책, 226면 참조.

50) 이 점에서 보면 이념사적으로는 슈타인(Lorenz von Stein)의 자치사고가 독일

서는 국민이 노후(老後)에 국가로부터 무엇인가를 받을 수 있다면 국가에 충성할 것이라는 기대가 작용하였다.[51] 역설적이기는 하지만 이러한 관권국가적 정치배경이 복지국가로의 길을 가는 데에는 보다 유리하였다. 이 점에서 19세기 후반 독일 사회보장입법은 반자유주의적-보수주의적 국가관에 기원이 있었으며, 또 정치전략적 사고가 중요한 요소로서 작용하였다.[52] 이 점은 오스트리아의 경우에도 마찬가지로 타당하다.

그러나 장기적으로 보았을 때 위와 같은 의도가 성공할 수는 없었다. 복지국가적 참여 또는 성장을 계기로 민주주의적 의식이 계발되고, 그 결과 복지국가의 선택이 민주주의를 자극하는 역할을 하기 때문이다. 의도하지 않은 제도의 전환이 이루어지는 셈이다.[53] 또 다시 독일의 예를 들면 19세기 후반에 건강보험이 후견적 복지생산을 위하여 도입되었지만 건강보험조합에 노동자들이 조직되어 연대공동체로서 기능하면서 건강보험조합이 아직 실현되지 않은 민주주의의 대체조직으로서 노동자계급의 민주주의적 의식, 그리고 조직적 운동의 매체로 발전하였다.[54]

조금 다른 맥락에서 보면 1977년 우리나라에 처음으로 진정한 의미의 사회보험인 의료보험이 도입된 것도 위와 같은 정치적 구도 속에서

사회보험의 구조에 중대한 영향을 미쳤다고 볼 수 있다. 이에 대해서는 Franz-Xaver Kaufmann, *Sozialpolitisches Denken* (Suhrkamp, 2003), 24면 이하; Gerhard A. Ritter, *Der Sozialstaat* (Oldenbourg, 1991), 67면 이하 등 참조.

51) 이는 사회보험법안을 제출하면서 비스마르크가 당시 독일 제국의회연설에서 프랑스의 예를 들면서 강조한 바이다. 1889년 5월 8일자 연설, 제국의회회의록 Ⅶ, Ⅳ, vol.3, 1831-6면, 특히 1984면 참조. Gerhard A. Ritter, *Sozialversicherung in Deutschland und England* (C.H. Beck, 1983)(전광석(역), 복지국가의 기원-독일과 영국의 사회보험(법문사, 2005), 59면에서 재인용.

52) 이러한 지적에 대해서는 Eberhard Eichenhofer, "Die Sozialversicherung-Hinterlassenschaft Bismarcks", Eberhard Eichenhofer(편), *Bismarck, die Sozialversicherung und deren Zukunft* (Berlin Verlag, 2000), 21면 이하; Gerhard A. Ritter, 위 각주 48의 논문, 791면 이하 등 참조.

53) 이러한 제도전환(institutional conversion)에 대한 사회과학적 분석으로는 Kathleen Thelen, "How Institutions evolve", James Mahoney/Dietrich Rueschemeyer(편), *Comparative Historical Analysis in the Social Sciences* (Cambridge University Press, 2003), 228면 이하 참조.

54) 이에 대해서는 Franz-Xaver Kaufmann, 위 각주 7의 책, 273면; Gerhard A. Ritter, 위 각주 51의 책, 91면 이하; Gerhard A. Ritter, *Der Sozialstaat* (Oldenbourg, 1991), 85면 이하 등 참조.

설명할 수 있다. 사실 우리나라에서 복지생산의 정치적 동기는 복지국가가 논의되기 시작한 1960년대 초 이래로 일관되게 관찰되는 기조였다.[55] 1977년의 시기는 우리 헌정사의 암흑기인 유신헌법의 시대였다. 이러한 시기에 복지국가적 조치가 취해진 것을 어떻게 설명할 수 있을까? 사실 1972년 헌법 하의 정치과정에서 사회의 현실적인 요구가 민감하게 반영될 수 없었다는 것은 당연하다. 그러나 시민의식이 성장하면서 헌법이 이들 의견을 수용하고 수렴하는 매체로서 기능하지 못한다면 이제 기존 헌법에 대한 대안적 헌법을 추구하는, 따라서 기존 헌법은 존립의 한계에 부딪힌다는 사실에 국가도 무관심할 수는 없다. 이에 최소한의 정책적 대응이 필요하였다. 또 외부환경의 변화도 작용하였다. 그 동안 축적된 경제성장은 그 과정에서 희생된 분배정의에 대한 국가의 보상과제와 보상능력을 주관적으로 기대하고 객관적으로 인정할 수 있는 기반이 되었다.[56] 따라서 정부는 이러한 국민의식의 성장을 견제하고 보상의 기대에 상응하여야 할 정책이 필요하였다. 헌법적으로 말하면 공허한 사회적 기본권이 더 이상 자유권을 희생하는 명분으로서 수용될 수 없었다. 그렇다면 이제 선택은 국민에게 정치과정에의 참여와 자유를 보장하든가, 아니면 자유의 희생에 대한 보상을 위한 최소한 조치가 취해져야 했다. 이러한 기로에서 정부는 후자를 선택한 것이다.

이 밖에 다음과 같은 정치적 고려도 작용하였다고 보인다. 질병은 개인의 경제적 및 일상 생활에 미치는 영향이 단기적이고 민감하게 나타나는 사회적 위험이다. 따라서 의료보장은 단기적인 처방을 내용으로 하며, 그만큼 정책적인 파급효과가 크다. 이와 같이 의료보장은 사회적 보상을 위한 정치적 상징효과가 크기 때문에 사회보장 중 첫 번째 조치가 의료보장의 영역에서 취해졌다. 또 아직 자유에 대한 억압이 현실적으로

---

55) 이 점에 대해서는 예컨대 정무권, "한국 발전주의 생산레짐과 복지체제의 형성", 「한국사회정책」 제14집(2007), 283면 이하 참조.

56) 일반적인 관점에서 이러한 보상논리를 통해서 서구에서 복지국가가 확대되는 현상을 설명하기도 한다. 이에 대해서는 예컨대 Niklas Luhmann, *Politische Theorie im Wohlfahrtsstaat*(Olzog, 1981), 8면 참조. 이러한 이념에 기초한 역사 발전에 대해서는 Peter Baldwin, "The Welfare State for Historians", *Comparative Studies in Socioty and History*(1992), 695면 이하 참조.

가능하다면 의료보험은 복지생산의 영역 중 정책적 실현가능성이 가장 높다. 의료보험급여는 국가가 직접 급여제공자의 위치에 있지 않고 민간 의료기관을 통해서 지급된다. 이때 국가는 의료기관을 공법체계에 편입하여 의료재정을 부분적으로 민간의료기관에 전가시킬 수 있다. 그리고 이와 같은 구도가 실현되기 위해서는 요양기관의 지정, 그리고 보험자와 요양기관 간의 급여비용 보상관계가 공법적인 조치를 통해서 일방적으로 결정되어야 했다.[57] 실제 우리나라에서 의료보험이 도입된 이후 오랜 동안 보험자와 요양기관 간의 진료 및 보상관계의 내용은 국가의 일방적인 처분에 의하여 결정되었으며, 2000년 법률 개정에 의하여 비로소 대등한 당사자 간에 공법상의 계약에 의하여 결정되도록 하였다.

(2) 민주주의와 복지국가

사회문제가 정책적으로 인식되기 전에 이미 민주주의가 성숙하여 있는 경우에는 복지국가는 민주주의에 종속될 가능성이 크다.[58] 또 이미 국가권력은 복지정책과 관계없이 국민적 정당성을 보유하고 있기 때문에 기존의 민주주의적 권력구도가 복지국가를 압도하는 현실이 나타날 수도 있다. 자유주의적 정치이념이 지배하는 경우 오히려 국가복지의 부정적인 측면이 민주주의의 공론화 과정을 지배하는 현상이 일반적으로 관찰된다. 미국이 여기에 해당하는 대표적인 예이다. 초기 미국의 복지정책은 재정부담자인 국민에게는 정당성 없는 개입으로 인식되었으며, 이러한 조치가 수혜자에게는 의존적 성향을 강화하여 사회의 침체를 가져온다는 생각이 지배하였다.[59] 반면 사회민주주의가 지배하는 경우 이에 상

57) 이에 대한 헌법적 평가로는 헌재결 2002.10.31, 99헌바76등, 14-2, 410면 이하; 2000.12.14, 2000헌마659, 12-2, 437면 이하 등 참조. 이에 대해서는 전광석, "건강보험법의 법률관계-헌법적 접근", 「의료법학」 제2권 제1호(2001), 282면 이하 참조.

58) 이를 역사적으로 설명하는 것은 아니지만 상징적으로 보면 스위스에서 직접민주주의적 의사결정이 복지국가의 형성에 부정적인 영향을 미친 것이 좋은 예이다. 이에 대해서는 Herbert Obinger, "Wohlfahrtsstaat Schweiz; Vom Nachzügler zum Vorbild?", Herbert Obinger/Uwe Wagschal(편), *Der gezügelte Wohlfahrtsstaat* (Campus, 2000), 261면 이하 참조.

59) 이에 대해서는 예컨대 Roy Lubove, *The Struggle for Social Security 1900-1935* (University of Pittsburgh Press, 1986), 25면 이하 참조.

응하는 복지정책이 구상·추진될 것이다. 실제 비교역사적으로 보면 후발복지국가의 경우 공통적으로 민주주의가 일찍 발달한 정치적 배경을 갖는다. 자유주의적 정권이 지배하였으며, 그렇다고 복지생산에 우호적인 기독교 민주주의적 배경이 갖추어져 있지도 않았으며, 또 노동자운동이 취약하였다.[60] 프랑스의 경우 일반적으로 보면 조합주의적 복지생산의 유형에 포함시키지만 프랑스 혁명 후 자유주의 정치이념이 지배하였고, 국가와 교회의 분리를 통하여 복지생산에 기독교적 이념이 영향을 미치지 않았으며, 또 노동조합운동이 발전하지 못했다는 점에서 보면 후발복지국가로 분류될 수도 있다.[61]

3. 복지; 민주주의적 정당성의 계기

위에서 설명한 민주주의와 복지국가의 역사적 상관관계에 관한 설명은 모두 복지국가가 강한 정치적 결정의 산물이라는 점을 알려 준다. 물론 사회적 약자를 배려하는 국가기능이 민주주의에 함몰되어 있는 국가에서는 복지분배의 결정(혹은 무결정)이 갖는 정치적 의미는 약할 것이다. 그러나 일반적으로 보면 추상적이든, 구체적이든 개인의 수요를 충족시키는 못하는 상황이 보편화되는 경우 이는 정치적 위기의 원인이 된다. 이 점을 아래에서 좀 더 자세히 보도록 한다.

현대 사회구조에서 한편으로 시장에서 개인의 경제적 및 사회적 소외는 상존한다. 그리고 다른 한편 전통적인 다기능공동체인 대가족과 연대공동체의 기능은 점점 더 이상 기대할 수 없다.[62] 따라서 사회질서의 포괄적인 책임을 부담하는 국가는 이들을 직접 혹은 간접적인 방법으로 사회정책적 조치를 취하여 보호하여야 한다. 이러한 구조 속에서 사회정

60) 이 점에 대해서는 Bernhard Kittel/Herbert Obinger/Uwe Wagschal, "Die gezügelten Wohlfahrtsstaaten im internationalen Vergleich; politisch-institutionelle Faktoren der Entstehung und Entwicklungsdynamik", Herbert Obinger/Uwe Wagschal(편), *Der gezügelte Wohlfahrtsstaat* (Campus, 2000), 335면 이하 참조.

61) 이 점에 대해서는 예컨대 Franz-Xaver Kaufmann, 위 각주 7의 책, 205면 이하 참조.

62) 우리나라의 경우 이에 관한 실증적인 연구로는 예컨대 김상균/홍경준, "한국 복지체제는 지속가능한가 - 공동체적 결속을 중심으로", 「사회복지연구」 제10집(1997), 특히 76면 이하 참조.

책적 결정들은 정치적 성격을 띠고, 정치적 정당성을 좌우하는 중요한 과제영역이 되었다. 적극적으로 말하면 복지국가는 시장에서 개인의 소외와 이를 계기로 생성되는 계급의 분화, 그리고 사회의 분열을 제어하고, 사회통합을 통하여 정치적 통합을 유도하는 과제를 갖게 되었다.[63] 이러한 관점에서 고용정책 역시 재조명되어야 한다. 적극적 고용정책은 1차적으로는 개인을 노동시장에 편입시키며, 그 결과 노동시장을 균형있게 발전시킨다는 점에서는 사회적 통합에 기여한다. 말을 바꾸어 하면 노동시장에의 접근이 차단되는 노동력이 대규모로 존재한다는 것은 정치적 불안정의 원인이 되며, 따라서 적극적 고용정책은 복지국가의 정치적 정당성을 유지하는 데 기여한다. 오늘날 적극적 고용정책이 보험료를 재원으로 운영되는 사회보험이 아니라 조세를 재원으로 일반적인 서비스행정을 통하여 이루어져야 한다고 주장되고 있다.[64] 이는 전체 국민을 대상으로 하는 고용정책이 갖는 정치적 통합의 측면을 주목한 결과이다.

역사적으로 보면 국가가 사회질서 전체에 대한 포괄적인 책임을 부담하는 전통이 강할수록 정치적 효용성이 복지국가를 추진하는 원동력이 된다. 독일이 여기에 해당하는 예이다. 반면 미국은 정치적 효용성보다는 경제적 효용성이 보다 지배적이었던 대표적인 국가이다. 그렇기 때문에 기본적으로 시장에서 복지생산이 이루어진다는 이념이 여전히 지배하고 있으며, 복지정책이 민주주의적 정당성에 미치는 영향은 제한적이다.[65]

복지국가의 정치적 통합기능은 국내정치에 한정되어 있는 것은 아니다. 2차 세계대전 이후 연합국은 전후(戰後) 세계질서형성에 있어서 복지국가의 기능에 주목하여 복지국가의 이념을 국제평화의 중요한 계기로서 인식하였다. 이미 1941년 미국 대통령 루스벨트(Franklin D. Roosebelt)와

---

63) 이에 대해서는 예컨대 전광석, “헌법과 국민통합”, 「법제연구」 제30권(2006.6), 7면 이하 참조.

64) 이러한 주장에 대해서는 예컨대 Karin Gottschall/Irene Dingedey, “Arbeitsmarktpolitik im konservativ-korporatistischen Wohlfahrtsstaat; Auf dem Weg zu reflexiver Deregulierung?”, Stephan Leibfried/Uwe Wagschal(편), *Der deutsche Sozialstaat* (Campus, 2000), 323면 이하 참조.

65) 이 점에 대해서는 John Myles, “When Markets fail; Social Welfare in Canada and United States”, Gøsta Esping-Andersen, *Welfare States in Transition* (Sage Publications, 1996), 119면 이하 참조.

영국 수상 처칠(Winston Churchill)은 대서양헌장(Atlantic Charter)을 주도하여 전후(戰後) 복지생산을 통한 평화유지의 의지를 명백히 하였다.[66] 이러한 기조는 1944년 필라델피아 ILO 총회에서 이어졌으며, 여기에서 루즈벨트는 사회보장과 국제평화의 상관관계를 다음과 같이 웅변적으로 말하고 있다. “Poverty anywhere constitutes a danger of prosperity everywhere.”[67]. 또 연합국은 전후(戰後) 복지국가의 이상을 천명하여 전쟁 중 연합국 국민의 단합을 호소하고, 이끌어 내기도 하였다.

Ⅱ. 통합과 분열의 정치

민주주의의 유형 및 역사에 따라서 복지국가의 발전 양상에 차이가 있다는 점을 살펴보았다. 그러나 거꾸로 복지국가의 발전이 민주주의의 형성에 영향을 미치기도 한다. 즉 복지국가가 정치적 통합의 기능을 수행하지만 복지국가의 형성에 따라서는 국민적 분열의 계기가 될 수도 있다. 복지국가는 시장이 기능하기 위하여 필요한 국가의 개입과 시장에서의 분배구조를 사회적 배려에 기초하여 형성하는 과제를 갖는다. 그런데 시장질서 그 자체의 상황과 국가 개입의 다양한 차원에서 분열의 계기가 나타날 수 있다. 앞서 언급했듯이 주로 고용관계를 중심으로 복지생산이 이루어지는 경우 시장에의 접근 여부에 따라 복지생산에 있어서도 ‘insider’와 ‘outsider’의 분열이 발생한다. 이 경우 빈곤은 단순히 물질적 결핍을 징표하는 데 그치지 않고 고용사회로부터의 소외를 의미하게 된다. 이른바 조합주의적 복지국가유형에서 지배적인 담론이다.[68] 최저생활보장을 위한 보편적인 제도가 기능하지 않는 경우 복지국가의 분열은 보다 심화

---

66) 당시 연합국의 복지정책에 관련된 전후구상(戰後構想)에 대해서는 예컨대 Alec L. Parrot, “Social security; Does the wartime dream have to become a peacetime nightmare?”, *International Labour Review* (1992), 367면 이하 참조.

67) Samuel I. Roseman, *The Public Papers and Address of Franklin D. Roosebelt*, Vol. Ⅸ(Victory and the Threshold of Peace)(1950), 127면 참조. 전후 국제기구의 복지정책에 대해서는 전광석, 국제사회보장법론(법문사, 2002), 75면 이하 참조.

68) 이에 대해서는 예컨대 Hilary Silver, “Social exclusion and social security; Three paradigms”, *International Labour Review* (1994), 561면 이하 참조.

된다. 프랑스가 이러한 예에 해당하며, 이른바 포섭과 배제의 논의는 이러한 상황에서 기원하였다.[69] 우리 역사에 있어서도 1987년 민주화 이후 나타난 생산직 근로자의 인력부족과 노동조합의 활성화는 함께 작용하여 고임금근로자와 저임금근로자, 그리고 정규직 근로자와 비정규직 근로자의 분절적인 노동시장구조를 결과하였으며, 이러한 분절은 복지생산에 있어서도 연장되는 현상이 발견된다.[70]

시장에 접근할 수 없는 국민을 대상으로 하는 복지생산이 분열적인 모습을 띨 때 이들의 사회문제는 보다 심화될 수 있다. 물론 이는 이중적으로 평가할 수 있다. 한편으로는 세분화된 기준에 따른 보호가 이루어지는 경우 해당 제도의 목표를 정확히 하고 효율성을 증진시키는 가능성이 있다. 그러나 다른 한편 보호의 대상이 다양한 제도에 분열적으로 위치하게 되면서 객관적이고 종합적인 평가와 정치적 영향력이 그만큼 약화되는 위험이 있다.[71] 예컨대 미국에서 장애인보호가 비교적 광범하게 시행되는 것은 1990년 제정된 미국의 장애인평등법(Americans with Disabilities Act: ADA)이 개별적인 급여체계가 아니라 참여권을 중심으로 장애인이 일반적으로 접근할 수 있는 법체계를 구축하였기 때문이다. 이에 비해서 미국에서 최저보장의 이념과 제도는 파편적으로 전개되어 왔으며, 그 결과 계속성과 보편성이 정착되지 못해 왔다.

복지국가의 기능이 확대될수록 이에 상응하여 갈등의 영역은 다양하

---

69) 위 각주 68의 문헌 참조. 이 밖에 Franz-Xaver Kaufmann, 위 각주 7의 책, 245면 이하 참조.

70) 이 점에 대해서는 정무권, 위 각주 55의 논문, 295면 이하; 안상훈, "한국의 친복지태도 결정요인과 그 경로구조에 관한 탐색적 연구", 「한국사회정책」 제16집 제1호(2009), 163면 이하 등 참조.

71) 이는 아직은 가설의 상태에 있으며 일반화의 가능성 및 확인을 위해서는 좀 더 연구를 필요로 한다. 이에 대해서는 Alexander Graser, "Zur Fragmentierung der Mindestsicherung-Eine Hypothese zum Zusammenhang zwischen dem Geltungsbereich eines sozialrechtlichen Regelwerks und seinem materiellen Schutzgehalt", *Zeitschrift für ausländisches und internationales Arbeits- und Sozialrecht* (2003), 319면 이하 참조. 이 문제에 관한 좀 더 실증적인 연구로는 예컨대 Martin Seeleib-Kaiser, "Kulturelle und politisch-institutionelle Determinanten des US-amerikanischen Wohlfahrtsstaates", Herbert Obinger/Uwe Wagschal(편), *Der gezügelte Wohlfahrtsstaat* (Campus, 2000), 376면 이하 참조.

고 다원화된다. 성별 간, 그리고 세대 간의 갈등 등이 대표적인 새로운 유형의 갈등구조이다. 복지생산을 둘러싼 이러한 갈등과 불신은 구성원 간의 합의를 통하여 복지정책이 결정되는 전통과 제도적 현실이 존재하는 경우 그만큼 감소될 수 있다. 역사적으로는 1899년 덴마크, 1906년 및 1938년 스웨덴, 그리고 1937년 스위스, 1980-90년대 네덜란드가 대표적인 예이다.[72] 사실 세대 간의 갈등은 복지분배에 있어서 세대 간 부담의 형평의 문제가 표면화되기 전에는 민주주의의 공론의 장에서 그렇게 첨예한 것은 아니었다. 또 오늘날에도 이러한 갈등이 계속 잠재해 있는 것은 문제의 한 당사자인 아동 혹은 미래 세대가 한편으로는 아직 복지생산관계의 적극적 행위자가 아니며, 사실은 영원히 될 수 없기 때문이다. 그러나 다른 한편 현재 세대가 이 문제를 충분히 의식하고 있음에도 불구하고 현실적으로 미래 세대를 충실히 배려하지 못하고 있으며, 또 민주주의에서 미래 세대의 이익을 배려할 구조가 결여되어 있는 것은 복지국가에 잠재해 있는 뇌관이다.[73]

국민적 동의가 복지국가를 진전시키는 데에 중요한 전제조건이라는 사실은 우리의 경우에도 발견된다. 1990년대 후반 우리가 겪은 초유의 외환 및 경제위기 속에서 이를 극복하는 데에 모든 역량이 동원되었고, 또 이에 대해서 쉽게 국민적 합의가 이루어졌다. 이는 두 가지 합의를 포함하였다. 첫째, 경제위기를 극복하기 위하여 노동시장의 유연성을 강화하여야 한다. 둘째, 이로 인하여 나타나는 복지공백은 사회안전망을 충실히 형성하여 보호하여야 한다.[74] 당시 정부가 한편으로는 경제정책

72) 이에 대해서는 Franz-Xaver Kaufmann, *Herausforderungen des Sozialstaates* (Suhrkamp, 1997), 38면 이하 참조.

73) 복지국가에서 세대 간 정의와 지속가능성에 대한 논의에 대해서는 예컨대 전광석, “지속가능성과 세대 간 정의”, 「헌법학연구」 제17권 제2호(2011), 281면 이하; Wolfgang Karl, “Staatsziel Nachhaltigkeit und Generationengerechtigkeut”, *Die öffentliche Verwaltung* (2009), 3면 이하; Stefan Huster, “Soziale Sicherung als Zukunftsbewältigung und -gestaltung”, Schriftenreihe des Sozialrechtsverbandes 55. *Sozialrechtsgeltung in der Zeit* (2007), 27면 이하; Winfried Kluth, “Demografischer Wandel und Generationengerechtigkeit”, *VVDStRL* (2009), 270면 이하 등 참조.

74) 이에 대해서는 예컨대 최영기/전광석/이철수/유범상(공저), 한국의 노동법 개정과 노사관계(한국노동연구원, 2000), 239면 이하, 439면 이하 참조.

에 있어서 신자유주의를 추구한다는 비판을 받았음에도 불구하고, 다른 한편 사회정책에 있어서는 고용보험 및 국민연금의 대상 확대, 그리고 국민기초생활보장의 개혁과 같은 정책을 추진할 수 있었던 것은 바로 위와 같은 국민적 동의를 이끌어 낼 수 있었던 상황에 요인이 있었다.

제 3 절 경제적 효용성

Ⅰ. 복지국가와 시장질서

1. 시장질서 정당화 기능

이미 언급했듯이 복지국가는 시장경제질서를 대체하는 것이 아니라 이를 전제로 하며, 또 이를 보충한다. 극단적으로 표현하면 복지국가는 시장종속적인 이념과 제도라고 할 수 있다.[75] 이에 상응하여 복지국가는 자연적인 상태에서 시장경제질서가 갖는 내재적 한계를 극복하면서 시장에 부분적으로 사회적 과제를 부과하고, 그 결과 시장을 정당화하는 효용성을 갖는다. 이 점에서 보면 헌법 제119조 제1항과 제2항의 관계는 결코 원칙과 예외의 관계가 아니며, 제2항은 제1항이 예정하는 시장이 기능하기 위하여 필요한 질서를 유지하는 국가의 과제를 선언한 것으로 이해하여야 한다.[76] 대표적인 예가 독일식의 이른바 사회적 시장경제이다. 사회적 시장경제질서에서는 시장과의 연계성을 보다 강조하여 공정경쟁 및 성장의 목표와 조화될 수 있는 범위 내에서 사회적 조정의 과제를 수용하기 때문이다.[77] 특히 한 나라가 사회보험을 중심으로 복지국가를 형성하는 경우 사회보험은 시장에서 획득한 개인의 기존의 소득수준을 어느 정도 유지시키며, 따라서 시장의 원칙을 충실하게 지지하는 기능을 수행한다.[78] 사회보험은 사용자에게도 친기업적 기능을 수행한다.

---

75) 이 점에 대해서는 전광석, 한국헌법론(집현재, 2011), 191면 이하 참조.

76) 위 각주 42 참조.

77) 이에 대해서는 예컨대 Franz-Xaver Kaufmann, *Sozialpolitisches Denken*(Suhrkamp, 2003), 125면 이하; Hans F. Zacher, “Sozialrecht und soziale Marktwirtschaft”, *Abhandlungen zum Sozialrecht* (C.F. Müller, 1993), 166면 이하 등 참조.

78) 이 점은 사회보장에서 이루어지는 소득재분배의 한계이기도 하다. 사회보험을 중

신자유주의의 지배, 세계화의 진행, 노동조합의 약화에도 불구하고 사회보험에 대한 거부감이 크지 않은 이유는 사회보험이 숙련근로자의 기업충성도를 지지하고, 또 생산관계에서 형성된 정치적 연합을 유지하는 기능이 있기 때문이다. 이 점에서 보면 미국이 자유주의적 복지국가의 유형에 속하지만 복지생산을 위한 수단으로서는 유럽 국가들과 마찬가지로 수혜자가 재원을 부담하는 사회보험을 도입한 것은 우연이라고 할 수 없다.[79]

복지국가의 경제적 유용성은 시장의 한 당사자인 사용자의 이익에 기여하는 경우 더욱 증대하는 것은 물론이다. 거시적으로 보면 사회보험은 자본과 노동의 잠재적인 갈등을 조정하여 사회평화를 실현하는 기능이 있다. 구조적으로 보면 사회보험은 노동자의 사회적 위험을 노사 간에서 직접 해결하지 않고 이를 공적 의사결정에 위임하여 사회화한다는 점에서 사회평화에 기여한다.[80]

좀 더 경제적인 측면에서 보면 복지국가를 정당화하는 사유로 다음 두 가지 예를 들 수 있다. 첫째, 산재보험이다. 산재보험은 한편으로는 산재를 당한 근로자의 피해를 보상하는 기능을 수행하지만, 다른 한편 발생한 피해에 대한 사용자의 책임을 면제한다. 이는 사용자책임을 둘러싸고 발생할 수 있는 법적 분쟁, 그리고 이를 계기로 나타날 수 있는 노사 간의 대립을 사회화하는 기능을 수행한다.[81] 이러한 이유에서 대부분의 국가에서 다른 사회보험과는 달리 산재보험의 도입에는 사용자의 저항이 거의 없었거나 혹은 환영받았다.[82] 둘째, 보다 일반적으로 보면 사

심으로 복지국가가 실현되는 독일 등 (에스핑 앤더슨의 분류에 따르면) 조합주의 국가들에서 소득재분배의 정도가 낮은 이유이다. 이 문제에 대한 헌법적 분석으로는 전광석, "사회보장에 있어서의 소득재분배구조에 대한 헌법적 접근", 전광석, 사회보장법학(한림대 출판부, 1993), 53면 이하 참조.

79) 이 점에 대한 지적으로는 Mark H. Leff, "Historical Perspectives on Old-Age Insurance", Edward D. Berkowitz(편), *Social Security After Fifty-Success and Failure* (Greenwood Press, 1987), 39면 이하 참조.

80) 이에 대해서는 아래 제4절 Ⅱ 참조.

81) 이 점, 그리고 이 점을 기준으로 한 우리 산재보험의 체계에 대한 비판적인 분석으로는 전광석, "산재보험의 기능과 법적 성격", 「연세법학연구」 제11권 제1호(2005), 161면 이하 참조.

82) 이는 사회보험의 도입에 사용자가 저항적이었던 미국에서도 마찬가지였다. 이에 대해서는 Roy Rubove, 위 각주 59의 책, 45면 이하 참조.

회보험이 개인의 직업을 유지시키는 기능은 노동자뿐 아니라 사용자에게도 일정한 편익을 제공한다. 즉 사회보험이 사회적 위험이 발생한 후에도 노동자가 기존의 직업을 계속 수행하는 데에 기여하는 경우 사용자는 새로운 근로자를 고용하는데 따르는 비용과 부담을 경감할 수 있었기 때문이다.[83]

2. 이른바 탈상품화의 이론적 가치

복지국가의 분류기준으로 널리 통용되고 있는 이른바 탈상품화(de-commodification)의 개념은 시장질서와는 독립해서 복지생산이 이루어지는 정도를 나타내는 지표이다.[84] 이는 경우에 따라서는 복지생산의 이상적인 목표로, 또 경우에 따라서는 복지가 남용되는 대표적인 사례로 이중적인 평가를 받아 왔다. 그러나 이론적으로 보더라도 탈상품화의 이론구성을 복지실현의 일반적 지표로 보는 데에는 다음과 같은 한계가 있다.

탈상품화의 논리는 구조적인 문제를 갖는다. 복지국가는 시장경제질서를 전제로 하여, 그 산출물을 새로운 가치기준에 따라 재구성하는 과정을 지도한다. 이러한 관점에서 보면 복지국가는 국민의 노동의 의무, 그리고 노동의 상품화를 전제로 한다.[85] 시장의 복지기능을 부인하고 탈상품화를 관철하려는 경우 복지생산의 측면에서 보면 시장은 국가와 대립구도 속에서 존재하게 되며, 이는 필연적으로 시장의 구성인자들의 이해관계와 충돌한다. 또 이와 같이 시장을 국가와 대립축 속에서 이해하고 탈상품화가 이루어지는 경우 복지수요의 측면에서 보면 탈상품화된 공공재에 누구나 같은 조건으로 접근할 수 있기 때문에 비사회적이라는 평가를 할 수도 있다. 물론 탈상품화는 국민 모두에게 공공재에 접근하

---

83) 이 점에 대해서는 Karin Gottschal/Irene Dingedey, 위 각주 64의 논문, 315면 이하 참조.

84) Gøsta Esping-Andersen, *The Three Worlds of Welfare Capitalism* (Princeton University Press, 1990) 참조.

85) 이에 대해서는 예컨대 Stephan Lessenich, “Relations matter; De-Kommodifizierung als Verteilungsproblem”, Stephan Lessenich/Ilona Ostner(편), *Welten des Wohlfahrtskapitalismus* (Campus, 1998), 91면 이하; Thomas H. Marshall, *Staatsbürgerrechte und soziale Klassen. Zur Soziologie des Wohlfahrtsstaates* (Campus, 1992), 51면 이하, 83면 이하 등 참조.

는 가능성을 보장하고 그 결과 사회적 평등의 이념을 실현한다. 따라서 사회적 평등을 복지생산의 이념으로 하였던 스웨덴 등 북부 유럽 국가들이 탈상품화를 실현하는 대표적인 예로 거론되는 것은 당연하다. 그리고 실제 부분적으로 탈상품화가 복지실현의 유용한 지표가 될 수도 있다. 그러나 탈상품화의 개념은 어느 정도 복지국가의 경제적 효용성과는 충돌하며, 따라서 복지국가를 일반적으로 설명하는 데에는 한계가 있다. 복지생산이 한편으로는 시장에서 독립적인 가치를 갖지만, 다른 한편 복지생산이 정치적 가치에 종속될 가능성이 있기 때문이다. 이는 부수적으로 보면 노동력에 대한 시장에서의 가치와 독립하여 평가가 이루어지면서 노동력의 질이 저하되는 원인이 되기도 하였다.[86] 또 탈상품화의 논리는 사회보험의 체계와 일정한 긴장관계에 있다. 사회보험은 가입자가 소득의 일부를 보험료로 납부하여 급여청구권을 형성하며, 이때 급여청구권은 전반적인 경제성장 및 소득수준의 발전에 참여하는 의미를 갖는다. 즉 사회보험은 기본적으로는 상품화가 지배하는 체계라는 것이다.

탈상품화의 논리는 현실적인 한계를 극복할 수 없다는 문제도 있다. 시장경제가 기능하는 한 모든 공공재를 탈상품화하는 것은 불가능하다. 이는 필연적으로 국가재정의 팽창을 요구하기 때문이다. 1990년대 이후 경제위기를 맞은 스웨덴이 더 이상 공공부문에서 고용창출을 통하여 실업을 방지하는 데 한계를 보이는 것이 좋은 예이다.[87] 그 결과 스웨덴은 노동 유인을 강화하는 적극적 노동시장정책을 추진하였으며, 이는 어떤 의미에서는 재상품화의 경향에 해당한다고 볼 수 있다.

Ⅱ. 복지국가의 내재적 효용성과 고용정책적 과제

보다 적극적인 측면에서 복지국가의 경제적 효용성은 다음과 같이

---

86) 이는 에스핑-앤더슨 자신의 평가이기도 하다. Gøsta Esping-Andersen, “Positive-Sum Sulutions in a World of Trade-Offs”, Gøsta Esping-Andersen(편), *Welfare States in Transition* (Sage Publication, 1996), 264면 참조.

87) 이에 대해서는 Anton Hermerijck, “The Self-Transformation of the European Social Model(s)”, Gøsta Esping-Andersen(편), *Why we need a New Welfare State* (Oxford University Press, 2002), 185면 이하 참조.

정리할 수 있다.

1. 복지국가와 경기변동

시장경제는 필연적으로 경기변동을 겪는다. 그런데 경기가 하강국면에 처하는 경우 복지국가는 적극적인 지출, 즉 급여조치를 통하여 국민들의 구매력을 향상시키고 이로써 경기를 활성화시킬 수 있다. 복지정책이 경제정책의 중요한 수단으로 기능할 수 있다는 것이다.[88] 예컨대 미국에서 대공황을 극복하기 위한 방안으로 사회보장이 구상된 것은 이와 같은 경제적 효용성을 주목한 측면이 크다. 상징적으로 보면 1935년 "Social Security Act"의 産室이었던 위원회는 "Committee on Economic Security"였으며, 이 위원회에 "Economic Security"에 관한 연구가 위탁되었다. 이 연구결과가 후에, 즉 1935년에 "Social Security Act"로 개명되어 공포되었다.[89]

2. 복지국가와 노동력의 재생산

시장경제는 가치를 창출하는 노동력의 지속적인 공급에 의존해 있다. 복지국가는 적극적인 노동시장정책을 통하여 시장의 기능조건에 기여한다. 이는 두 가지로 나누어 설명 · 평가할 수 있다.

전통적인 사회보험도 적정한 노동력의 공급에 기여한다. 예컨대 사회보험은 사회적 위험이 발생한 후에도 어느 정도 기존의 소득수준을 보장하는 목표를 갖는다. 사회보험은 소극적으로는 상실된 소득을 보상하며, 적극적으로는 소득상실의 원인이 되는 위험을 사전에 예방하고, 또 위험이 발생한 후에도 기존의 소득활동을 계속 수행할 수 있도록 하여야 한다. 이로써 사회보험은 직업보호의 기능을 수행한다. 다른 한편 이러한 조치들은 사회보험의 재정에 긍정적 영향을 미친다. 지속적인 복지급

---

88) 이는 예산의 경제정책적 기능과 비교될 수 있다. 이에 대해서는 전광석, "국가재정운영에 있어서 정부와 국회의 기능분담", 「법학연구」(연세대 법학연구소) 제17권 제3호(2007), 8면 이하 참조.

89) 이에 대해서는 예컨대 Edward D. Berkowitz, "The Historical Development of Social Security in the United States", Eric R. Kingson/James H. Schutz (편), *Social Security in the 21st Century* (Oxford University Press, 1997), 22면 이하 참조.

여의 부담을 축소시키기 때문이다.

보다 적극적인 차원에서 보면 오늘날 복지정책은 고용정책과 밀접한 관련을 가지며 상호 보완하는 관계에 있다. 직업교육, 고용알선조치 등 적극적인 고용조치를 복지정책에 포섭할수록 복지국가는 거시적으로는 경제성장에 기여하고, 미시적으로는 기업의 노동력 수요를 적절히 충족시키면서 경제적 효용성은 증대된다.

역사적으로 보면 극단적으로 고용정책적 동기가 작용한 대표적인 예가 1935년 미국의 사회보장법(Social Security Act)이다. 당시 집권세력은 사회보장법을 정당화하는 논거로서 다음 세 가지를 들었다.[90] 첫째, 장기간 생산활동에 종사한 근로자는 적정 연령에 은퇴할 권리를 갖는다. 둘째, 근로자는 노령에 이르면서 생산성을 점차 상실하게 된다. 셋째, 노인인구가 경제활동을 계속하게 되면 젊은 근로자가 안정적으로 직장에 취업하여 직업기술을 습득하고, 경험을 쌓으며, 승진의 기회를 갖는 데에 장애가 된다. 이러한 논리들은 사회보장법이 사회적 위험인 노령을 보호한다는 관점과 함께 생산성 있는 인구에게 고용기회를 보장하는 데에 비중을 두었다는 것을 보여준다.

제 4 절 사회적 효용성

Ⅰ. 당위적 측면

복지국가의 사회적 효용성에 대한 인식은 위에서 설명한 정치적 및 경제적 효용성에 비해서는 개념 및 기능이 유동적이고, 또 포괄하는 영역이 광범위하다. 그만큼 사회적 효용성은 한편으로는 복지국가를 정당화하지만, 다른 한편 복지국가의 자기정당화를 위한 과제이기도 하다. 다음과 같은 예를 들어 보자. 복지국가의 형성단계에서 복지생산은 주로 사회적 위험이 발생하여 상실된 임금을 보상하는 기능을 주목하였다. 그

90) 이에 대해서는 Jill Quadagro/Joseph Quinn, “Does Social Security disencourage Work?”, Eric R. Kingson/James H. Schulz(편), *Social Security in the 21st Century* (Oxford University Press, 1997), 140면 참조.

러나 개인 생활이 국가의 복지생산에 의존하는 현상이 보편화되면서 복지생산은 경제적 기능 외에 사회통합을 위한 국가과제가 되었다. 이에 복지국가는 소득보장 외에 다양한 사회적 수요를 서비스, 현물 등 다양한 방법으로 보장하여야 했으며, 또 그때 비로소 정당성을 갖게 되었다. 그 결과 오늘날 복지생산을 위한 국가개입의 유형은 법적 개입, 경제적 급여 및 서비스급여를 통한 개입, 이들 급여가 실효성을 갖기 위하여 필요한 주변 환경에 대한 개입, 그리고 나아가서 개인이 복지생산의 기제에 적응할 수 있도록 하는 교육적 개입 등 광범위한 모습을 띠게 되었다.[91] 그리고 그만큼 복지국가의 사회적 효용성에 대한 논의구조는 전체 사회질서 속으로 확대되었다.

Ⅱ. 갈등의 제도화를 통한 사회평화

역사적으로 보면 특히 사회보험 중심의 복지생산은 자본이 독자성을 유지하면서 노동을 순화시키려는 정치적 목적을 가졌다. 자본이 노동력을 제공하는 근로자의 사회적 상황을 생산과정에서 전적으로 배려하는 데에는 한계가 있다. 그런데 근로자의 입장에서 보면 임금은 가장 중요한 경제적 기초이기 때문에 노동자운동은 필연적으로 자본과의 임금협상을 중심으로 이루어진다. 사회보험은 이러한 상황에서 사회적 위험의 보호에 관한 의제를 자본과 노동의 직접적인 관계에서 분리하여 독립시키고, 이를 민주주의적 의사결정에 위임한다.[92] 이로써 노동의 요구는 국가를 지향하게 되었고, 국가는 자본과 노동의 대립을 완화하여 노사평화, 넓게는 사회평화를 통하여 사회통합을 도모하는 기능을 수행하여야 한다. 일반적인 사회보험 외에 특히 산재보험에서 이 점은 뚜렷하게 나타난다.[93]

사실 위와 같은 사회보험의 기능은 복지생산의 경제적 효용성에 관

91) 이에 대해서는 아래 각주 100 참조.
92) 이 점에 대해서는 예컨대 Manfred G. Schmidt, “Ursachen und Folgen wohlfahrtsstaatlicher Politik; Ein internationaler Vergleich”, Manfred G. Schmidt(편), *Wohlfahrtsstaatliche Politik* (Opladen, 2001), 46면 이하 참조.
93) 위 각주 81 참조.

한 설명이기도 하다. 그런데 이러한 경제적 효용성이 사회적 효용성과는 마찰을 일으키는 구조도 나타난다. 예컨대 파편화하여 발전한 사회보험에서 내부자의 이익을 보호하기 위하여 재정부담을 전가하는 가능성이 얼마든지 있다("shifting strategy").[94] 사회보험의 재정을 간접세 수입에 의존하게 하는 경우가 대표적인 예이다. 또 보호무역을 통하여 국내산업이 외부경쟁으로부터 보호될 수 있다면 보험료의 부담을 소비자에게 전가하는 것도 가능하다. 이 경우 경제적 효용성은 소비자인 국민 일반의 희생과 교환되는 결과가 된다.[95]

Ⅲ. 고용정책으로의 중점 이동

오늘날 복지국가는 고용정책의 지원을 받으며 형성되고, 또 고용관계 그 자체를 보호한다. 이러한 연결고리에 위치하고 있는 이른바 적극적인 노동시장정책은 사회통합의 중요한 기제이다. 고용은 개인에게 경제적 기초가 된다는 경제적 의미 외에 일상생활에서 시간의 정상적인 배분, 공동체에의 참여의식, 자기정체성, 안정적이고 규칙적인 활동의 가능성을 부여한다. 그렇기 때문에 실업은 경제적인 효과 외에 사회와 의사소통을 차단시키고, 그 결과 사회적 소외를 낳는다.[96] 고용관계의 경제적인 측면뿐 아니라 이와 같은 사회적 측면을 오늘날의 복지국가는 적극적으로 반영하여야 한다.

---

94) 이에 대해서는 예컨대 Fritz W. Scharpf, "The Viability of advanced welfare states in the international economy. Vulnerabilities and options", Stephan Leibfried(편), *Welfare State Futures* (Cambridge University Press, 2001), 130면 이하 참조.

95) 실제 이러한 문제는 남미 국가들의 현실에서 관찰되었다. 이에 대해서는 Evelyne Huber, "Options for Social Policy in Latin America; Neoliberal versus Social Democratic Model", Gøsta Esping-Andersen, *Welfare States in Transition* (Sage Publication, 1996), 143면 이하 참조. 이 밖에 Carlo Mesa-Largo, "Social Security and Extreme Poverty in Latin America", *Journal of Development Economics* 12(1983), 89면 이하 참조.

96) 이와 같은 실업의 다양한 의미에 대해서는 예컨대 Duncan Gallie, "The Quality of Working Life in Welfare Strategy", Gøsta Esping-Andersen(편), *Why we need a New Welfare State*(Oxford University Press, 2002), 99면 이하 참조.

스웨덴 등 북부 유럽 국가들은 노동자 및 빈곤 문제보다는 구성원 간의 사회적 평등을 복지국가의 이념적 출발점으로 하였으며, 이러한 이념적 배경 하에서 적극적 노동시장정책이 형성될 수 있었다. 이러한 사회적 평등의 이념은 개인 생활의 중요한 국면, 그리고 개인이 활동하는 중요한 생활영역을 사회화하는 과정을 통하여 실현된다. 북부 유럽 국가에서 가족부담이 일찍이 사회화되었고, 또 공공부문에서 여성고용을 통하여 남녀평등을 실현시킨 것 등이 좋은 예이다.[97]

이와 같이 노동 및 직업은 사회통합을 위한 중요한 매체이다. 이 점은 전통적인, 특히 유럽적인 복지국가유형에서는 직업보호의 차원에서 접근하였다. 그러나 세계화 이후 노동의 수요가 축소하고, 또 고용유형이 다양화하면서 직업보호의 관점은 점점 후퇴하게 되었다. 고용촉진에는 당사자에게 노동의 의무를 강화하는 경향이 수반되었다.[98] 이는 특히 사회부조 및 실업보호의 영역에서 뚜렷하게 나타났다. 상징적으로 독일의 사회법전 제2권 구직자 기초보장(Grundsicherung für Arbeitssuchende)은 '기초보장의 과제'와 '노동의 의무'("Fördern und Fordern")를 동등한 원칙으로 선언하였으며, 사회법전 제3권 고용촉진법(Arbeitsförderungsgesetz)은 실업자에게 수행이 기대되는 노동의무의 정도를 강화하였다. 이에 직업보호의 사회적 효용성과 노동의무의 경제적 관점이 긴장관계에 들어서게 된다. 이는 개인적으로는 급여의 삭감으로 나타나며, 제도적으로는 예방적 노동시장정책으로 나타난다. 이러한 긴장관계 속에서 다음과 같은 문제는 여전히 남는다. 즉 적극적 노동시장정책을 통하여 개인에게 직업수행능력을 일정한 범위와 수준으로 갖추게 한 후 실제 고용 여부에 대한 부담은 누가 질 것인가 하는 문제이다.[99]

---

97) 이에 대해서는 Stein Kuhnle, "The Nordic Welfare state in a European context; dealing with new economic and ideological challenges in the 1990s", Stephan Leibfried(편), *Welfare State Futures* (Oxford University Press, 2001), 115면 이하 참조.

98) 이에 대해서는 전광석, 독일 사회정책과 사회보장법(박영사, 2008), 212면 이하 참조.

99) 이러한 문제점에 대해서는 예컨대 Stefan Sedl, "Arbeitsmarktpolitik-vom langsamen Sterben eines guten Absichts oder Renaissance im Markt des aktivierenden Sozialstaats", Frank-Schulz/Giesela Schewe(편), *Sozialpolitische*

Ⅳ. 법제화, 관료화, 하부구조의 문제

인적 자본의 재생산과 사회통합은 복지국가의 구체적인 실현에 있어서도 반영되어야 한다. 즉 복지국가는 개인의 구체적인 상황을 충실히 파악하여 수혜자 중심으로 실현되어야 한다. 법제화와 관료화가 이 점에 있어서 중요한 고려의 대상이다.

법제화는 필연적으로 주로 복지급여를 취득할 능력이 있는 자를 대상으로 한다. 자기기여에 대한 반대급여는 비교적 수월하게 법제화될 수 있으며, 또 법제화의 장점, 즉 개인이 급여에 대한 구체적인 청구권을 갖는다는 점이 나타난다. 이에 비해서 법제화에는 다음과 같은 문제가 내재해 있다. 첫째, 국가의 일방적인 급여를 법제화하는 데에는 한계가 있다. 이 경우 급여의 기준이 추상적이며, 가치결정적 국가작용에 의하여 비로소 구체화될 수 있기 때문이다. 사회보장법체계에서 보면 공공부조가, 그리고 대상을 중심으로 보면 장애인, 빈민 등이 이러한 예에 속한다.[100] 둘째, 급여의 종류 중 현물 및 서비스급여의 경우 법제화에 한계가 있다. 이러한 급여는 필연적으로 급여가 일정한 매체, 그리고 매체에서의 결정을 거쳐 지급되기 때문이다. 그런데 인적 자본의 재생산이라는 명제에 있어서는 바로 현금급여의 손길이 미치지 못하는 자를 보호하기 위하여 필요한 서비스급여가 중요성을 갖는다. 셋째, 법제화의 형태에 따라서는, 규범적 상황이 복잡한 경우 오히려 개인이 자신의 법적 지

Trends im Deutschland in den letzten drei Dekaden (Duncker & Humblot, 2000), 161면 이하 참조.

100) 이에 대해서는 전광석, "사회복지법의 규범체계와 과제", 「법제연구」 제41호(2011), 특히 19면 이하 참조. 이 밖에 전광석, "공공거버넌스와 공법이론; 구조이해와 기능", 「공법연구」 제38집 제3호(2010), 185면 이하; Franz-Xaver Kaufmann, "Steuerung wohlfahrtsstaatlicher Abläufe durch Recht", *Jahrbuch für Rechtssoziologie und Rechtstheorie* Bd.13(1988), 71면 이하; Volker Neumann, "Die institutionelle Förderung als Instrument der Sozialplanung und Steuerung der Leistungserbringer", Schriftenreihe des Sozialrechtsverbandes 43, *Institutionelle Förderung im Sozialrecht* (1997), 7면 이하; Hans F. Zacher, "Verrechtlichung im Bereich des Sozialrechts", Friedrich Kübler(편), *Verrechtlichung von Wirtschaft, Arbeit und sozialer Solidarität* (Suhrkamp, 1985), 11면 이하 등 참조.

위를 인식하고 관철시킬 수 없는 어려움이 나타날 수 있다.

관료화 역시 비슷한 문제를 겪는다. 관료화는 한편으로는 전문지식에 기초하여 효율적인 행정이 이루어지며, 또 근거리의 적극적인 행정을 통하여 수혜자가 정보의 공백을 극복하게 된다는 점에서 복지국가의 사회적 기능에 기여한다. 그러나 다른 한편 관료화는 그 형성과 작용에 따라서는 수혜자 개인의 구체적인 상황을 유형화하여 기계적이고 형식적인, 그리고 경우에 따라서는 비전문적 복지행정이 나타날 위험, 또 복지급여에 낙인효과(stigma)를 부여하는 위험을 내포하고 있다.[101] 이러한 낙인효과는 개인이 서비스와 직접적인 접촉을 하는 경우, 그리고 그 급여가 국가의 일방적인 급여인 경우에는 보다 크게 나타난다.

수혜자 중심의 복지생산이 이루어지기 위해서는 하부구조를 충실히 형성하여야 한다. 적극적으로는 교육 및 주거환경을 조성하고, 의료시설을 확충하여 적시에 적절한 급여에 접근할 수 있어야 한다. 또 이러한 하드웨어적 구조에서 실제 보호를 받기 위하여 필요한 소프트웨어적 하부구조가 동시에 충실히 구축되어야 한다. 일반적인 홍보와 정보제공에서부터, 개별적인 정보제공, 상담, 통지 등이 이러한 예에 해당한다. 하부구조의 구축은 복지 외에 평등의 이념에 기여한다. 급여의 조건과 내용이 법제화되어 있더라도 해당 보호를 받기 위한 하드웨어 및 소프트웨어에 대한 접근가능성이 없거나 차별적이라면 실제 복지생산은 차별적으로 이루어질 것이기 때문이다. 2008년 시행된 장애인차별금지법이 추구하는 목표, 즉 장애상태에서도 비장애인과 마찬가지로 정상적인 일상생활 및 사회활동, 그리고 직업활동을 할 수 있도록 하부구조를 갖추어야 한다는 요청이 여기에 해당하는 대표적인 예이다.[102]

---

101) 이 점에 대해서는 예컨대 Rainer Pitschas, "Die Infrastruktur sozialer Dienste als Wirkungsbedingungen der Sozialrechtsentwicklung", *Vierteljahresschrift für Sozialrecht* (1990), 3면 이하 참조.

102) 이에 대해서는 예컨대 전광석, "장애인차별금지법의 제정방향", 「장애인고용」 2004년 가을호. 5면 이하; 전광석, "헌법과 장애인정책; 복지와 평등의 이념적 보완관계를 중심으로", 전광석(편), 한국사회와 장애인정책 – 복지와 차별금지 – (인간과 복지, 2011), 35면 이하 등 참조.

V. 가족의 기능

근대사회는 개별적인 체계의 기능에 기여하는 개인의 의사와 능력에 그 존속과 발전이 의존하여 있다. 예컨대 국가의 존속은 재정능력과 국방능력을 전제로 하며, 이는 국민의 납세의 의무, 그리고 국방의 의무에 의하여 실현된다.[103] 성인이 되어 노동을 수행하고 소득의 일부를 세금으로 납부할 의지와 능력, 그리고 신체적 · 정신적 능력에 적합하게 병역의 의무 등 국방의 의무를 이행할 의지와 능력이 일반화되어 있지 않다면 국가는 존속할 수 없다. 그리고 지속적으로 사회체계가 기능하기 위해서는 이러한 속성을 갖는 인적 자본의 재생산을 필요로 한다.

가족은 인적 자본의 재생산이 이루어지는 최소단위이다. 가족은 세대생산의 물리적 기능을 수행할 뿐 아니라 사회에서 필요로 하는 인격이 양성되는 사회공동체이다.[104] 복지국가가 인적 자본의 재생산기능에 충실하기 위해서는 한편으로는 가족의 기능을 유지시키기 위한 적극적인 보호조치가 필요하다. 가족 그 자체가 복지생산의 기반이기 때문이다. 따라서 가족 내에서 가족구성원 상호 간의 부양에 대해서 법적 및 경제적 가치를 부여하여야 한다. 다른 한편 복지국가는 이러한 가족부담을 사회화하여야 한다.[105] 서부 유럽 국가들은 오랜 동안 복지생산이 전통적인 성인 남성 중심의 가족구조 속에서 이루어진다고 전제하였다. 이러한 정책지향은 오늘날 가족구조의 변화 속에서 한계를 보이고 있다. 이에 비해서 스웨덴 등 북부 유럽의 복지국가는 비교적 일찍이 이러한 모델에서 탈피하여 가족구성원을 독립적으로 보호하는 데 복지정책의 중점을 두어 왔다.[106]

---

103) 이에 대해서는 전광석, 한국헌법론(집현재, 2011), 450면 이하 참조.

104) 가족의 다양한 기능에 대해서는 전광석, 위 각주 103의 책, 408면 이하 참조.

105) 이러한 사회보장과 가족의 이중적 관계에 대해서는 예컨대 전광석, "가족의 사회보장기능과 사회보장법의 가족보호기능", 「사회보장연구」 제12권 제1호(1996), 177면 이하 참조.

106) 이 점에 대해서는 John D. Stephen, "The Scandinavian Welfare States; Achievement, Crisis and Prospects"; Gøsta Esping-Andersen, "Welfare States without Work; the Impasse of Labour Schedding and Familianism in Continental European Social Policy" 참조. 이 두 논문은 Gøsta Esping-

Ⅵ. 사회의 자율성과 효율성

국가와 사회가 복지생산을 분담하는 경우 복지국가의 사회통합기능은 보다 제고된다. 이는 다음과 같은 두 가지 측면에서 그러하다. 첫째, 사회의 자발적인 조직이 복지생산의 기능을 담당할 경우 이는 위에서 언급한 바 있는 법제화와 관료화의 경향이 내포하고 있는 위험을 상쇄한다. 비교역사적으로 보면 위에서 언급한 바와 같이 독일 사회보험은 이념적으로는 관권국가에 의한 후견적 복지의 사고에서 출발하였지만, 제도적으로는 사회 자체의 자치적 사고에 기반하여 사회민주주의를 가꾸는 형태로 실현되었다.[107] 또 사회적 단위에서 이루어지는 서비스형태의 복지생산은 법제화가 수반하는 현금급여의 경향을 보충한다. 둘째, 사회의 자발적인 서비스급여는 국가가 담당하는 경우에 비해서는 복지생산의 효용성과 경제성의 측면에서도 장점이 있다. 다만 사회의 복지생산기능은 사회구성원의 자발적인 의지와 능력을 전제로 하며, 이 점에서 보면 불안정하다.[108] 따라서 안정적인 복지생산을 기대하기 위해서는 국가는 이에 대한 규범적 및 사실적 질서를 구축하여야 한다.

Andersen(편), *Welfare States in Transition*(Sage Publications, 1996), 32면 이하 및 66면 이하에 수록되어 있다.

107) 위 각주 50 참조. 이 밖에 이에 대한 근본적인 논의에 대해서는 Hans F. Zacher, "Das soziale Staatsziel" Josef Isensee/Paul Kirchhof(편), *Handbuch des Staatsrechts* Bd. Ⅱ(2004), 676면 이하 참조.

108) 장기요양보험을 도입하면서 가족의 복지생산기능을 강조하여 在家療養(häusliche Pflege)을 원칙으로 하고 가족에 의한 요양에 대해서 현금보상을 하는 독일의 경우와 현금보상을 하는 경우 결국 여성이 이러한 기능을 담당하게 될 것이며, 따라서 여성의 사회적 기능이 희생된다는 생각에서 다른 원칙을 채택한 일본의 경우 이 점에서 비교된다. 이에 대해서는 예컨대 석재은, "한국 장기요양서비스의 복지혼합; OECD 국가들과의 비교적 접근", 「사회보장연구」 제24권 제4호(2008), 197면 이하; Miyoko Motozawa, "Probleme der japanischen Pflegeversicherung", *Zeitschrift für ausländisches und internationales Arbeits- und Sozialrecht* (2003), 79면 등 이하 참조.

제 3 편

복지국가의 기원
-개편논의의 유형화를 위한 기초-

제3편 복지국가의 기원
- 개편논의의 유형화를 위한 기초 -

제1장 시혜적 빈민구호

어느 사회, 그리고 어떠한 역사적 발전단계에서나 오늘날 복지국가가 보호하는 사회적 위험이라는 현상은 존재하였다. 다만 이들 위험은 개인이 속해있는 공동체, 즉 가족 · 지역공동체 · 종교단체 등에 의해서 비공식적인 혹은 비형식적인 방법을 통해서 보호되었다. 이러한 시기에 개인의 운명은 공동체에 소속 여부, 또 해당 공동체의 전체적인 상황에 종속되어 있었다. 어떠한 공동체에도 소속되지 못한 개인은 결국 빈민으로 전락할 수밖에 없으며 사회문제로 부각되지 않는 한 이들을 보호하는 특별한 제도는 존재하지 않았다. 이들에 대한 국가적 혹은 사회적 대응은 다음과 같은 몇 가지 형태이다.

첫째, 국가가 이들을 보호하는 경우이다. 이러한 국가의 기능은 국가 자체의 존속을 보호하고 질서를 안정화하는 데에 1차적인 목적이 있었다. 빈민은 필연적으로 잠재적인 범죄의 원인이라고 이해되었기 때문에 범죄예방 및 사회적 안전을 위하여 보호의 대상이 되었다. 많은 국가에서 빈곤문제를 관할하는 부서가 내무성이었던 사실이 이를 상징적으로 보여주고 있다. 질병에 대한 보호 혹은 아동에 대한 보호 역시 같은 맥락에서 이해되었다. 질병, 그리고 아동 혹사는 국민 일반의 건강과 사회질서, 그리고 아동의 육체적 발육을 저해하며, 따라서 국방을 위해서 필요한 군사력을 유지하는데 장애가 된다고 판단하였다. 둘째, 스스로의 능력으로 혹은 가족공동체에서 기능분담을 통해서 생계 혹은 생활유지의 능력이 없는 빈민은 종교단체 등 사회의 자선활동에 의존할 수밖에 없었다.

근대 이전에는 인간다운 생활 그 자체를 보호하는 것이 국가의 과제에 속하지 않았다. 국가의 권위가 국민의 지지에 의존하지 않았기 때문에 개인의 상황은 국가의 정당성을 좌우하는 의미를 갖지 못했다. 개인의 구체적인 상황이 국가, 그리고 국가적 정당성을 자극하기 위해서는 국가의 기능에 대한 새로운 이해와 이러한 새로운 이해에 기초한 빈민 혹은 노동자계급의 저항, 그리고 국가의 위기상황에 대한 인식이 필요했다.

제 2 장 사회문제의 출현, 정치적 인식

사회적 문제로서 인식된 일반적인 개인의 상황은 역사적으로 보면 빈곤문제와 노동자문제이다. 이 밖에 북부 유럽에서 사회문제에 대한 특유한 인식계기는 사회적 평등이었다.

제 1 절 빈곤문제(영국의 예)

산업화 시대에 고용사회가 정착하고 노동자의 유동성이 증대하면서 전통적인 가족공동체는 기존의 기능을 수행하지 못하게 되었다. 이에 개인은 새로운 경제생활유형인 고용관계에 포섭될 수 없으면 경제적으로 소외될 밖에 없었다. 그리고 이들의 규모가 국가의 대응을 필요로 할 정도로 대량화하였다. 빈곤문제를 사회적 문제로서 인식하고 국가적 대응을 한 대표적인 예가 영국이다.[1] 1834년의 개정 구빈법(Poor Law)은 새로운 형태의 대량빈민을 보호하기 위한 목적에서 제정된 최초의 체계적인 입법이었다. 이 법은 사회질서의 안정 혹은 범죄예방을 위한 수단으로서 아니라 빈곤 그 자체를 보호하는 목적을 가졌다. 다만 이 법이 아

1) 이에 대해서는 예컨대 Robert Pinker, "Armut, Sozialpolitik, Soziologie. Der englische Weg von der industriellen Revolution zum modernen Wohlfahrtsstaat (1830 bis 1950)", Stephan Leibfried/Wolfgang Voges(편), *Armut im modernen Wohlfahrtsstaat* (Westdeutscher Verlag, 1992), 124면 이하 참조.

직 빈곤을 사회적 환경 속에서 파악하지는 않았으며, 빈곤은 개인적 태만의 결과로서 이해하였다.[2] 이에 상응하여 빈민구호에는 노동의 의무가 따랐다. 이러한 노동의 의무는 엄격하였으며, 억압적이었다. 이때 비로소 도덕적 흠결이 치유될 수 있다고 보았기 때문이다. 이 시기, 그리고 19세기 후반에 이르기까지 정치적 주목을 받았던 것은 역시 실업문제였다. 노동능력 있는 빈민의 문제, 실업으로 인한 빈곤의 문제, 그리고 실업의 사회적 성격에 대한 인식은 1905년 실업노동자법(Unemployed Workmen Act)의 제정으로 나타났다. 이후에야 비로소 빈곤은 도덕적 굴레에서 벗어나 소득을 기준으로 하는 사회문제로 인식되었고, 빈민을 노동의무가 아닌 고용보호의 대상으로 하는 변화의 단초가 나타났다.

위와 같은 복지국가의 기원에서 나타나는 전통, 즉 모든 국민에게 최저생활을 보호하는 정책적 전통은 이후 영국의 사회정책을 지배하는 이념으로 정착하였다. 다음과 같은 두 가지 예를 들 수 있다. 첫째, 초기 빈민에 대한 보편적인 의료정책은 2차 세계대전 이후 국민건강제도(National Health Service; NHS)의 기원이 되었다. 둘째, 빈곤에 대한 보호 외에 사회정책, 특히 노동자 생활보장의 과제는 주로 조직된 노동자 단체, 즉 노동조합이 기업 내에서 사용자와의 협상을 통하여 실현하도록 구상하였다.[3] 그리고 그 결과 복지생산에 관한 정치적 관심은 빈곤문제에 집중되었다. 1941년 비버리지 보고서(Beveridge Report)는 기초보장과 보편적인 건강보장, 그리고 고용유지를 국가의 복지생산의 대상 및 목표로 하였다.[4] 이는 위와 같은 영국의 초기 전통이 시간적 간격을 두고 2

2) 이에 대해서는 예컨대 Gerhard A. Ritter, *Der Sozialstaat* (Oldenbourg, 1991), 50면 이하; Hilary Silver, "Social Exclusion and Social Security; Three Paradigms", *International Labour Review* (1994), 555면 이하 등 참조.

3) 영국의 이러한 사회정책의 특징에 대해서는 예컨대 송태수, "주요국 복지국가 형성과정 비교연구", 「한국사회정책」 제13집(2006), 268면 이하 참조. 이 밖에 복지국가와 노동조합의 관계에 대해서는 아래 제3장 제3절 Ⅱ.6. 참조.

4) William Beveridge, *Social Insurance and Allied Services*(1942) 참조. Beveridge Report 발간 50주년을 기념하여 *International Revue für Soziale Sicherheit*는 특집으로 비버리지 보고서의 내용과 영향을 다루는 다음과 같은 논문들을 게재하였다. Brian-Abel Smith, "Der Beveridge-Bericht; Seine Ursprünge und Ergebnisse"; Robert Leaper, "Der Beveridge-Bericht im Rahmen seiner Zeit"; Guy Perrin, "Der Beveridge-Bericht; die grossen

차 세계대전 이후 다시 주목을 받은 결과였다.

제2절 노동자문제(독일의 예)

산업화가 진행되면서 부양의무가 존재하는 생활단위가 사실상, 그리고 규범적으로 소규모화하고 고용이 경제생활의 전형적인 기초가 되면서 실업 및 저임금은 개인의 경제생활에 치명적인 영향을 미치게 되었다. 이러한 현상이 보편화되면서, 변화하는 사회구조 속에서 국가의 기능을 새로이 구성하는 이념이 출현하여 정치적 응집력을 갖게 되었다.[5] 사실 이미 산업화 이전 빈민문제가 사회문제로서 등장하였지만 이들의 정치적 영향력은 이후 노동자집단에 비해서는 약했으며, 따라서 정치적 주목을 받지는 못했다. 이로써 적극적으로 보면 사회정책은 주로 노동보호 및 노동자보험을 중심으로 논의의 장에 나타났으며, 소극적으로 보면 가족의 문제, 평등의 문제 등은 주목을 받지 못했다.[6]

사회문제로서 노동자문제는 기존의 정치세력에게는 새로운 선택의 문제로 다가왔다. 즉 이들 정치화된 사회집단을 정치구도에 포섭하거나, 혹은 이들을 계속해서 정치구도에서 배제하면서 이들의 사회경제적 상황을 적극적으로 배려하는 정책을 통하여 기존의 정치질서를 유지하는 선택이다. 19세기 후반 독일의 경우 사회주의탄압법(Gesetz gegen die gemeinschaftsgefährlichen Bestrebungen der Sozialdemokratie; Sozialisten-

---

Prinzipien"; Peter Baldwin, "Beveridge auf die lange Dauer"; Dorah Mitchel, "Sozialstaaten und Sozialergebnisse in den achtziger Jahren"; Yves Chassard/ Odile Quintin, "Der Sozialschutz in der Europäischen Gemeinschaft; Auf dem Weg zur politischen Konvergenz" 등 참조. 이 밖에 Alec L. Parrot, "Social Security; Does the wartime dream have to become a peacetime nightmare?", *International Labour Review*(1992), 367면 이하 참조.

5) 복지국가의 형성에 있어서 산업화에 수반되는 노동자문제를 강조하는 입장으로는 예컨대 Peter Flora/Jens Alber, "Modernization, Democratization and the Development of Welfare States in Western Europe", Peter Flora/Arnold J. Heideheimer(편), *The Development of Welfare States in Europe and America*(Transaction, 1981), 37면 이하 참조.

6) 이 점에 대해서는 예컨대 Franz-Xaver Kaufmann, *Varianten des Wohlfahrts-staats* (Suhrkamp, 2003), 271면 이하 참조.

gesetz)이 정치적 배제의 정책수단으로, 그리고 사회보험이 사회경제적 포섭의 수단으로 선택되었다.[7] 그러나 사회경제적 포섭에는 곧 정치적 참여의 요구 및 가능성이 수반되었다.[8] 즉 복지국가가 민주주의의 길을 개방하는 계기가 되었다.

제 3 절 사회적 평등(북부 유럽의 예)

스웨덴은 영국과는 달리 이미 20세기 초 국민보험을 창설하여 이른바 국민부양제도를 정착시켰다. 여기에는 산업화 이전 시기 농민들의 정치적 영향력이 강력하였고, 이에 농민들이 복지정책적 배려가 노동자문제에 집중되는 것을 반대했다는 역사적 배경이 작용하였다.[9] 적극적으로 보면 다원적이고 복합적인 이해관계를 가진 집단들의 정치적 타협이 모든 계층을 배려하는 복지생산의 전통으로 발전하였다.[10] 그 결과 스웨덴의 복지생산은 처음부터 전 국민에 대해서 평등한 서비스이용의 기회를 부여하는 형태로 발전하였다.[11] 모든 국민을 대상으로 하는 국민부양제도는 사회민주당이 집권하면서 보장의 목표를 빈곤문제를 넘어서서 소득상실을 보상하는 제도를 발전시키는 기초가 되었다. 이 밖에 사회적 평등은 일찍이 남녀평등의 영역으로 확대되면서 고용 및 복지생산에 있어서 남녀평등이 어떠한 유형의 복지국가에 비해서도 발전하였다.

---

7) 이에 대해서는 예컨대 Gerhard A. Ritter, "Bismarck und Grundlegung des deutschen Sozialstaates", *Festschrift für Hans F. Zacher* (1998), 789면 이하 참조. 이 밖에 이러한 관점에 대해서는 Peter Flora/Jens Alber, 위 각주 5의 논문 참조.

8) 이에 대해서는 위 제2편 각주 54 참조.

9) 이에 대해서는 예컨대 송호근, "스웨덴의 사회정책", 송호근, 시장과 복지정치(나남, 1997), 특히 144면 이하 참조.

10) 이에 대해서는 예컨대 Stein Kuhnle, "The Nordic Model; Ambiguous, but Useful Concept", Herbert Obinger/Elmar Rieger(편), *Wohlfahrtsstaatlichkeit in entwickelten Demokratien* (Campus, 2009), 286면 이하 참조.

11) 이에 대해서는 아래 각주 14 참조.

제3장 정치적 대응

산업화는 복지국가의 기원을 설명하는 중요한 계기이다. 적어도 아직 산업화되지 않은 사회구조에서는 주로 고용관계에 기초한 현대적인 복지생산의 기반이 존재하지 않는다. 또 산업화 이전에는 복지정치적 대응을 필요로 하는 정치권력에 대한 도전이 존재하지도 않았다. 그러나 산업화가 복지국가의 형성과의 관계에서 단일한 원인과 결과의 관계로 설명될 수는 없다.[12] 복지국가의 형성에 있어서 한편으로는 산업화와 같은 공통적인 시대적 배경이 있지만, 다른 한편 각국은 그들이 처한 상황에 따라 사회문제를 인식하는 정도, 그리고 이에 대한 정치적 대응이 다양하였다. 아래에서는 사회문제에 대한 정치적 결정의 유형을 몇 가지 기준에 따라서 정리한다.

제1절 사회정책의 범위와 정도에 따른 유형

Ⅰ. 보편적 유형과 잔여적 유형 (사민주의적 유형; 자유주의적 유형)

1. 보편적 유형

보편적 유형의 복지국가에서는 국가가 국민 전체에 대한 보호를, 따라서 국민 전체의 정치적 및 사회적 통합을 목표로 추구한다. 부분적으로 유보가 있기는 하지만 복지국가의 기원을 중심으로 보면 사회적 평등을 추구하는 북부 유럽의 국가들, 즉 덴마크, 핀란드, 아이슬랜드, 노르웨이, 스웨덴 등이 이러한 유형에 속한다.[13] 분석적으로 보면 이러한 유

---

12) 복지국가의 복합인과적 관계에 대해서는 위 제2편 제1장 참조.

13) 이들 국가들의 복지생산에 있어서의 동질성과 이질성, 그리고 1990년대 이후의 발전에 대해서는 예컨대 Stein Kuhnle, “The Nordic welfare State in a European context; dealing with new economic and ideological challenges in the 1990s”, Stephan Leibfried(편), *Welfare State Futures* (Cambridge University Press, 2001), 103면 이하 참조.

형에서는 국민 전체가 하나의 연대공동체를 형성하고 있거나, 혹은 연대공동체를 형성하는 것을 목표로 하고 있다. 이에 기초하여 다음과 같은 특징이 나타난다.

첫째, 복지생산은 사회적 평등과 사회통합을 목표로 하기 때문에 개인의 경제적 수요뿐 아니라 비물질적인 수요를 포괄한다. 그 결과 서비스 중심의 복지생산이 일찍부터 발달하였다. 이와 관련하여 노령보장에 한정되지 않으며, 청소년 및 근로세대가 함께 복지정책의 중심에 위치해 있다. 복지생산에 시민권적 사고가 적용되고 있다고 할 수 있다(보편적·시민권적 성격).[14] 둘째, 복지국가의 재분배기능이 특히 강조된다. 혹은 적어도 결과적으로 재분배효과가 강하게 나타난다(강한 소득재분배). 셋째, 이와 같이 소득재분배가 광범위하게, 그리고 강하게 이루어지기 때문에 사회경제질서의 형성에 있어서 국민적 합의가 필요하였다. 역사적으로는 1899년 덴마크, 1906년 및 1938년 스웨덴이 대표적인 예이다.[15] 그렇기 때문에 이러한 유형에서는 사회적 합의에 기초한 복지국가의 형성과 발전이 관찰된다. 스웨덴의 예를 들면 사회구조적으로 보면 아직 소수를 형성하고 있는 노동자계급과 고용관계에 포섭될 수 없는 농민집단의 연합이 이러한 복지국가의 유형을 가능하게 하는 중요한 배경이었다(사회합의형 복지국가).[16] 넷째, 위와 같이 선택적 집단이 아니라 전체 국민, 특히 비노동인구를 포괄하기 때문에 복지생산에 있어서 조세가 주요 재원이 된다. 즉 복지재원에서 상대적으로 사회보험 보험료보다 조세가 차지하는 비율이 높다. 역사적으로 이른바 부양국가(Versorgungsstaat)로 출발한 스웨덴이 1913년 국민보험법을 통하여 사회보험법을 도입한 이후에도 주로 조세를 재원으로 유지한 것이 좋은 예이다. 여기에서는

---

14) 이 점에 대해서는 John D. Stephens, "The Scandinavian Welfare States; Achievement, Crisis and Prospects", Gøsta Esping-Andersen, *Welfare States in Transition* (Sage Publication, 1996), 35면 이하 참조. 사회권의 발전에 관한 일반적인 논의로는 예컨대 Thomas H. Marshall, "Citizenship and Social Class", Thomas H. Marshall, *Class, Citizenship and Social Development*(Doubleday, 1964), 65면 이하 참조.

15) 이에 대해서는 Franz-Xaver Kaufmann, *Herausforderungen des Sozialstaates* (Suhrkamp, 1997), 38면 이하 참조.

16) 위 각주 9 참조.

사용자의 보험료 부담이 없이 근로자만이 보험료를 부담하였으며, 그 결과 조세가 주된 재원이 될 수밖에 없었다. 이는 이미 위에서 언급했듯이 근로자 중심의 사회보험의 도입을 반대했던 농민계층의 영향이 크게 작용하였다. 또 조세형성에 있어서 다음과 같은 두 가지 특징이 나타난다. 조세가 반대급부와 연계되어 있지 않고(ability to pay principle), 또 전체 조세부담률이 높다. 특히 덴마크의 경우 이러한 특징이 뚜렷하게 나타난다(조세 중심의 복지재원).[17] 이러한 재원의 특성으로부터 모든 국민은 사회적 시민권을 보유하는 것으로 이해된다. 사회보험국가에서 가입자가 자신이 납부한 보험료에 대한 반대급여로서 급여청구권을 갖는 것과 비교된다. 보편적 유형의 복지국가에서도 기초보장을 보충하는 선택적 기제가 창설되어 운영되는 것이 일반적이다. 이미 복지국가의 초기 발전단계에서 스웨덴, 핀란드, 노르웨이 등이, 그리고 이후 덴마크 등이 보충적인 소득보장제도를 창설하여 운영하고 있다.[18]

2. 잔여적 유형

(1) 내용과 특징

보편적인 유형과 비교되는 유형이 이른바 잔여적 유형이다. 복지국가의 기원을 중심으로 보면 미국, 영국, 일본, 호주, 뉴질랜드, 캐나다, 스위스 등이 이러한 유형에 속한다.[19] 여기에서는 다음과 같은 특징이 나타난다.

첫째, 개인의 경제생활의 기초로서 시장의 기능에 대한 강한 믿음이 있다. 개인이 시장의 복지생산기능에 의존할 수 있을 때 복지국가(사회)가 실현된다는 이념이 지배한다. 따라서 국가의 복지생산은 시장에 대해

---

17) 조세국가의 유형에 대해서는 Uwe Wagschal, “Deutschlands Steuerstaat und die vier Welten der Besteuerung”, Manfred G. Schmidt(편), *Wohlfahrtsstaatliche Politik*(Leske+Budrich, 2001), 124면 이하; Uwe Wagschal, “Besonderheit des gezügelten Sozialstaates”, Herbert Obinger/Uwe Wagschal(편), *Der gezügelte Wohlfahrtsstaat*(Campus, 2000), 48면 이하 등 참조.

18) 이에 관한 비교연구로는 Monika Schlachter/Ulrich Becker/Gerhard Igl(편), *Funktion und rechtliche Ausgestaltung zusätzlicher Alterssicherung* (Nomos, 2005) 참조.

19) 이들 국가에서 복지국가의 형성과 발전에 대해서는 Herbert Obinger/Uwe Wagschal(편), *Der gezügelte Wohlfahrtsstaat* (Campus, 2000) 참조.

서 보충적이며, 시장이 포섭할 수 없는 주변집단이 복지조치의 대상이 된다. 그 결과 국가의 복지생산은 제한적이다.[20] 복지생산은 일반적으로 국가의 일방적인 급여로서 형성되며, 따라서 규범적으로 보면 개인이 급여에 대한 권리를 갖는 것은 아니다. 이 경우 수요 및 자산조사가 따른다(개별적 · 시혜적 성격). 1941년 영국의 비버리지 보고서와 이에 기초하여 시행된 복지생산방식은 보편적이고 시민권적 사고에 의하여 지배되었다는 점에서 잔여적 복지유형과 차이가 있다고도 볼 수 있다. 그러나 기초보장의 보편성에도 불구하고 그 수준이 낮은 경우에는 개인은 자산 및 수요심사를 거쳐 지급되는 공공부조에 의존하여야 했으며, 이 점에서 보면 오히려 자유주의적 전통이 지배적이었다고 볼 수 있다.[21] 둘째, 이러한 유형에서 복지국가는 사회 전체에 대한 재분배질서로서 기능하지 않는다. 임금근로자를 중심으로 복지생산이 이루어지며, 임금은 노동의 대가로서 뿐 아니라 복지의 관점에서 형성된다. 호주 및 뉴질랜드가 좋은 예이다(이른바 "wage earner welfare").[22] 이러한 유형에서는 시장에서 소외된 자에 대한 최저생활보장이 복지국가의 목표로 이해된다.[23] 그 결과 소득재분배는 제한적으로 나타날 뿐이다(약한 소득재분배). 영국의 경우 1978년 보충적인 소득보장을 위한 사회보험을 도입한 바 있다(State Earnings-Related Pension Scheme; SERPS). 그러나 이후 보수당 정권이 보충적인 소득보장제도에 의한 급여수준을 낮추고 제도적 유인을 상실시

---

20) 미국 복지정책의 발전에서 보이는 이러한 문제에 대해서는 예컨대 Roy Lubove, *The Struggle for Social Security 1900-1935* (University of Pittsburgh Press, 1986), 2면 이하 참조.

21) 이에 대해서는 Peter Baldwin, "Beveridge auf die lange Dauer", *Internationale Revue für Soziale Sicherheit* (1992), 특히 67면 이하 참조.

22) 이에 대해서는 Nico A. Siegel, "Der nachzüglende Pionier; Sozialpolitik in Australien zwischen lohnpolitischer Intervention und sozialstaatsinduzierter De-Kommodifizierung", Herbert Obinger/Uwe Wagschal(편), *Der gezügelte Wohlfahrtsstaat* (Campus, 2000), 162면 이하 참조

23) 미국의 연금보험은 도입단계에서는 최저보장을 목표로 하였다. 이후 연금기금이 축적되면서 오늘날의 제도로 발전하였다. 이에 대해서는 Edward D. Berkowitz, "The Historical Development of Social Security in the United States", Eric R. Kingson/James H. Schulz(편), *Social Security in the 21st Century* (Oxford University Press, 1997), 특히 29면 이하 참조.

키는 조치를 취하여('opting out') 영국이 보편적 혹은 선택적 복지국가의 유형으로 발전하는 시도는 좌절되었다. 그리고 기업복지 및 민간보험의 지배적 지위가 다시 확인되었다.[24] 셋째, 자유주의적·잔여적 유형의 복지국가는 정치적으로는 민주주의의 기초가 정착되어 있고, 또 경제적으로 대부분의 국민이 이미 시장경제질서를 생활의 기초로 하고 있는 경우가 많다. 그리고 국가복지에 대한 불신의 경향이 보편적이다. 이러한 유형에서는 복지생산의 현실을 계측하기 위해서는 국가의 활동과 더불어 사회, 즉 기업단위의 생활보장을 위한 조치들이 함께 고려되어야 한다.[25] 이러한 맥락에서 잔여적 복지국가에서는 복지이념으로서 평등이 차지하는 비중은 일반적으로 낮다. 이와 같이 복지생산이 주변 집단에 대해서 선택적·일방적으로 이루어지기 때문에 사회적 합의가 갖는 의미는 그만큼 크지 않다(복지생산에 대한 제한적 합의). 넷째, 국가는 일반적인 과제로서 국민의 최저생활을 보장하기 때문에 복지생산의 주된 재원은 조세이다(조세 중심의 복지재원). 따라서 이들 유형의 국가에서 국민의 조세부담은 보편적인 복지국가유형에 비해서는 낮겠지만 다음에 살펴보는 이른바 조합주의적 복지국가에 비해서는 높은 경우가 자주 발견된다.[26] 조합주의적 복지국가유형에서는 보험료가 복지생산의 주된 재원이기 때문이다.

(2) 예; 미국

영국에서 빈곤문제가 사회문제의 기원이었기 때문에 잔여적 복지국가로 발전하였다는 점에 대해서는 위에서 설명한 바 있다. 미국의 경우에는 복지국가형성에 있어서 다음과 같은 복합적인 원인이 작용하였다.[27] 첫째, 미국은 특히 유럽 국가들과 비교하면 복지국가형성의 중요한

---

24) 이에 대해서는 Karl Hinrichs, "Elephants on the move. Patterns of public pension reform in OECD countries", Stephan Leibfried(편), *Welfare State Futures* (Cambridge University Press, 2001), 81면 이하 참조.

25) 역시 미국이 이에 해당하는 대표적인 국가이다. 이에 대해서는 Martin Seeleib, *Betriebliche Sozialpolitik oder mehr Staat? Das Modell USA revisited* (Zentrum für Sozialpolitik-Arbeitspapier, 12/2002) 참조.

26) 위 각주 17 참조.

27) 이에 대해서는 Nathan Glazer, "The American Welfare State; Exceptional no longer?", Henry Cavanna(편), *Challenges to the Welfare State. Internal and External Dynamics for Change* (Edward Elgar, 1998), 7면 이하 참조.

계기였던 노동운동이 미약하였다. 둘째, 미국에는 적극적인 국가개입에 의한 복지생산을 정치적으로 지향하는 사회주의정당이 존재하지 않았다. 사회주의정당이 존재할 수 없었던 것은 미국의 선거제도와도 밀접한 관계가 있다. 미국 대통령선거에서 이른바 승자독식의 원칙(winner-takes-all)은 좀처럼 공화당과 민주당 외에 제3의 정당의 출현을 허용하지 않았고, 그 결과 사회주의적 정당이 형성될 수 없었다. 셋째, 미국 사회에서는 근로자의 직업적 및 지역적 유동성이 비교적 크기 때문에 복지문제에 대해서 이해관계를 같이 하는 동질성 있는 집단이 활발하게 형성될 수 없었다. 넷째, 미국 사회를 지배하는 민족적 및 인종적 이질성 역시 복지문제에 대해서 동질적인 이해관계를 갖는 집단의 형성에 장애가 되었다.

(3) 예; 영국 비버리지 보고서

잔여적 복지생산의 유형과 관련하여 1941년 영국에서 발간된 비버리지 보고서의 구상, 그리고 정책적 실현은 설명이 필요하다. 비버리지 보고서는 사회적 시민권에 기초하여 모든 국민을 대상으로 소득 및 의료의 기초보장을 목표로 했다는 점에서 보편성과 포괄성을 특징으로 하였다. 그러나 이러한 구상은 기본적으로는 자유주의적 이념에 의하여 지배되었다.[28] 기초보장의 수준은 정책적, 그리고 결국은 정치적으로 결정될 운명에 있다. 그리고 기초보장이 실질적으로 최저생활을 보장하는 수준에 이르지 못하는 경우에는 비버리지보고서에 의한 보편성에 대한 구상은 곧 잔여적 성격을 띨 수밖에 없고, 이제 대부분의 국민이 사적 배려에 의지하거나 혹은 공공부조의 대상이 될 수밖에 없기 때문이다. 실제 비버리지 보고서는 복지생산의 새로운 구상이 개인이 자유로이 생활을 형성할 권리를 존중하며, 이는 민간보험과 같은 사적 배려를 위한 제도를 통하여 실현되어야 할 것을 강조하였다.

---

28) 이에 대해서는 위 각주 4 및 21 참조.

Ⅱ. 선택적 유형과 보편적 유형 (조합주의적 유형; 사민주의적 유형)

이 두 유형은 잔여적 복지국가유형과는 달리 모두 국가의 적극적인 복지생산을 추구한다는 공통점이 있다. 다만 다음과 같은 차이가 있다. 선택적 유형의 복지국가에서는 국민 전체를 연대공동체로 파악하기보다는 사회경제적 동질성을 기준으로 신분 혹은 직업별로 연대공동체의 범위를 획정·제한한다. 독일이 이러한 특징이 가장 뚜렷하게 나타나는 국가에 속한다. 노동자문제에서 기원하여 복지생산이 형성되는 경우 이러한 특징이 나타난다. 이에 비해서 프랑스는 국민적 연대감이 지배하였지만 이러한 이념이 노동자문제로 구체적으로 의제화하지는 못했다. 다만 인구정책적 고려에서 가족보호가 사회정책에서 일찍이 주목을 받았다.[29] 보편적 유형의 복지국가와는 달리 선택적 유형의 복지국가에서는 전체 사회구성원의 평등실현이 국가의 과제는 아니다. 그 결과 국민 간의 소득재분배보다는 개인의 생애에 있어서 정상적인 소득활동을 저해하는 사회적 위험에 대한 보호에 중점을 둔다. 또 소득재분배보다는 기여와 급여 간의 형평이 보다 지배적인 이념으로 작용한다.

이러한 유형의 복지국가에서 사회적 평등을 실현하기 위한 소득재분배는 필연적으로 국민의 생활을 국가에 포괄적으로 종속시켜 자유를 희생시킨다는 관념이 지배한다.[30] 다만 복지국가가 팽창하면서 기존에 노동자를 대상으로 사회보험을 발전시켜왔던 국가에서도 자영인 등 거의 모든 국민을 사회보험에 포섭하고 있다. 그 결과 선택적 특징은 점차 사라지고 있다. 그렇더라도 복지국가의 기원(起源)에서 파생하는 보장의 목표, 즉 국가의 복지생산이 기초보장을 넘어서 기존의 생활수준을 차등적

---

29) 이에 대해서는 Franz-Xaver Kaufmann, 위 각주 6의 책, 221면 이하 참조.

30) 예컨대 선택적 유형의 복지국가에 속하는 대표적인 예인 독일에서 전후(戰後) 한때 북부 유럽 방식의 국민부양제도(Staatsbürgerversorgung)를 도입하는 안, 즉 이른바 "Robert Rey Plan"이 논의되었으나 위와 같은 이유에서 이 논의는 곧 소멸하였다. 이에 대해서는 전광석, 독일 사회정책과 사회보장법(박영사, 2008), 48면 이하 참조. 이 밖에 Hans Günter Hockerts, *Sozialpolitische Entscheidungen im Nachkriegsdeutschland. Allierte und deutsche Sozialversicherungspolitik 1945 bis 1957*(1980), 21면 이하 참조.

으로 보호하는 목표는 어느 정도 유지되고 있다. 이러한 유형에서 소득재분배의 범위는 동질성을 갖는 집단 간에 한정적으로 나타난다. 따라서 사회보험의 대상계층이 저소득근로자, 자영인, 농민 등으로 확대되는 경우 소득재분배의 헌법적 가능성과 한계가 중요한 논의의 대상이 된다.[31] 선택적 복지국가의 유형은 다음과 같은 특징을 띤다.

첫째, 복지국가는 시장에서 형성된 분배상황을 개인에게 사회적 위험이 발생한 후에도 계속 유지시키는 기능을 수행한다(고용연계 현상유지). 좀 더 적극적으로 보면 근로자에게 기존의 직업을 계속 수행할 것을 보장하는 기능이 기대되었다(이른바 "Berufsprinzip"). 즉, 고용이 복지생산과 연계되어 있다. 따라서 고용관계에 있지 않은 자에 대한 보호가 공론화되기 어렵고, 또 실제 취약하다(이른바 "insider-outsider"의 문제).[32] 이러한 유형에서는 보편적인 권리로서 사회적 시민권이 자리잡을 여지는 그만큼 취약하다. 같은 맥락에서 복지국가의 분열, 즉 insider와 outsider 간에, 그리고 사회보험수급자와 공공부조대상자 간의 분열이 비판적으로 논의되고 있다.[33] 체계 및 제도의 이질성에도 불구하고 독일과 프랑스에서 공통적으로 나타나는 현상이었다. 특히 프랑스의 경우 아직 최저생활을 보장하는 보편적인 제도가 형성되지 못하고 있기 때문에 복지의 불평등의 문제는 보다 첨예하다.[34] 이러한 유형에서는 고용정책과 사회보험정책이 밀접히 연계되어 있기 때문에 상호 부담을 전가하는 가능성이 존재하며, 또 현실적으로 나타나기도 한다. 예컨대 1980년대 노동시장에 청소년의 진입을 촉진하기 위하여 기존근로자가 조기에 퇴직할 수 있도

---

31) 이에 관한 독일의 예에 대해서는 Josef Isensee, "Sozialversicherungsfreiheit bei geringfügiger Beschäftigung", *Zeitschrift für Rechtspolitik* (1982), 140면 이하; Michael Kloepfer, "Sozialversicherungsbeiträge und Gruppensolidarität", *Vierteljahresschrift für Sozialrecht* (1974), 160면 이하 등 참조.

32) 위 제2편 각주 68 참조. 이 밖에 이 점에 대해서는 Franz-Xaver Kaufmann, "Der deutsche Sozialstaat als Standortbelastung? Vergleichende Perspektiven", Stephan Leibfried/Uwe Wagschal(편), *Der deutsche Sozialstaat*(Campus, 2000), 195면 이하 참조.

33) 이 점에 대한 집중적인 논의에 대해서는 예컨대 Stephan Leibfried/Florian Tennstedt(편), *Politik der Armut und die Spaltung des Sozialstaates* (Suhrkamp, 1985) 참조.

34) Franz-Xaver Kaufmann, 위 각주 6의 책, 285면 이하 참조.

록 연금수급연령을 조정하고 이에 수반되는 비용을 연금보험에 부담시킨 것이 좋은 예이다.[35]

둘째, 제도적으로는 보면 사회보험 중심으로 복지생산이 이루어진다. 따라서 복지생산의 재원은 주로 보험료에 의존한다(사회보험 중심, 보험료 재원). 이와 같이 목적기속적인 보험료를 재원으로 하는 경우 한편으로 비교적 정치중립적인 복지생산이 이루어진다는 장점이 있다. 보험료가 다른 일반정책을 위한 목적으로 지출될 수는 없기 때문이다. 또 보험료를 재원으로 복지생산이 이루어지는 경우 복지생산의 비용을 둘러싼 중앙과 지방, 연방과 주 및 지방 간의 재정적 및 정치적 갈등이 완화될 수 있으며, 그 결과 복지정책이 비교적 조세정책에서 독립하여 형성되기 때문에 권력균형관계에 주는 영향이 완화될 수 있다.[36] 그러나 다른 한편 사회보험정책과 고용정책, 그리고 심지어는 사회보험정책과 일반정책이 정치적 고려에 의하여 혼재하는 경우도 나타난다. 사회보험정책과 고용정책의 관계는 위에서 살펴보았다. 사회보험정책과 일반정책의 관계는 동서독 통일과정에서 중요한 의제였다. 통일에 따르는 비용부담에도 불구하고 조세부담을 증가시키지 않는다는 정치적 공언에 충실하기 위하여 국가적 과제에 해당하는 통일비용을 목적기속적인 제도인 사회보험에 부담시킨 것이 문제였다.[37] 이는 국민 계층 간에는 전체 국민의 부담을 결

---

35) 이에 대해서는 예컨대 Werner Sesselmeier, "Die Entwicklung der gesetzlichen Rentenversicherung im Lichte der sozioökonomischen Veränderungen", Frank Schulz-Nieswandt/Giesela Schewe(편), *Sozialpolitische Trends in Deutschland in den letzten drei Dekaden* (Duncker & Humblot, 2000), 21면 이하 참조. 독일은 1992년 연금개혁을 통하여 이 제도를 폐지한 바 있다. 위 같은 책, 23면 참조. 이 밖에 이 점에 대해서는 Sven Jochem, "Reformpolitik im deutschen Sozialversicherungsstaat", Manfred G. Schmidt(편), *Wohlfahrtsstaatliche Politik*(Leske + Budrich, 2001), 194면 이하 참조.

36) 이 점에 대해서는 Philip Manow, "Germany; co-operative federalism and the overgrazing of the fiscal commons", Herbert Obinger/Stephan Leibfried/Francis G. Castles(편), *Federalism and the Welfare State* (Cambridge University Press, 2005), 239면 이하 참조.

37) 예컨대 사회보험은 동독 지역에 대해서 소비적 이전비용의 약 20%를 부담하였다. 이에 대해서는 예컨대 Ulrich Heilemann, "Die Finanzierung der deutschen Einheit", *Sozialer Fortschritt* (2000), 253면 이하 참조. 이에 대한 보다 포괄적인 서술로는 Gerhard A. Ritter, *Der Preis der deutschen Einheit*

과적으로 사회보험 가입자에게 부담시키며, 일반근로자는 사회보험 대상자가 아닌 공무원 및 자영인에 비해서 가중된 부담을 지게 되었다는 의미를 갖기도 한다. 또 자본의 수익은 과세의 대상인 반면 보험료는 근로자의 임금에 부과된다는 점에서 보면 통일의 비용을 사회보험에 전가한 것은 자본에 비해서 노동에 더욱 부담을 지우는 결과가 된다. 이러한 통일비용에 대한 재원조달방식은 소득역진적 효과를 갖기도 한다. 사회보험 보험료는 조세에 비해서 누진적 부과방식을 채택하고 있지 않기 때문이다.

이 밖에 일반적으로 조세증가는 납세자의 저항을 일으키는 반면, 보험료는 어느 정도 반대급여를 예정한 공과금이기 때문에 그만큼 저항이 약하다는 점에 착안하여 국가의 일반과제를 조세가 아닌 보험료로 재정충당하는 유인이 생긴다.[38] 예컨대 독일은 사회보험을 중심으로 복지를 생산하는 국가이며, 또 연방국가로서 위와 같은 조세와 보험료의 특징적인 관계가 상징적으로 나타나는 국가이다. 한 조사에 따르면 1965년부터 2002년까지 국민의 재정부담은 국내총생산의 32.8%에서 38.2%로 완만하게 상승하였다. 그런데 이 중 조세부담은 오히려 23%에서 20.8%로 감소하였다. 이에 비해서 사회보험 보험료는 9.8%에서 17.4%로 2배 이상 상승하였다.

셋째, 위와 같은 특징을 종합하여 보면 이러한 복지국가유형에서 소득재분배는 제한적이다(약한 소득재분배). 보험료는 경제활동 기간 중의 소득을 기준으로 산정되며, 이것이 사회적 위험이 발생한 후 지급되는 급여의 산정기초가 되기 때문이다. 그 결과 복지생산은 어떤 의미에서는 분배과정에서의 불평등을 재생산하는 효과를 갖는다. 즉 복지생산이 보수주의적·현상유지적 이념에 의해서 지배된다. 이와 같이 사회보험급여는 국가의 일방적인 급여가 아니라 가입자가 납부한 보험료에 대한 반대급여이기 때문에 재산권 등에 의한 헌법적 보호가 이루어진다.[39] 그만큼

(C.H. Beck, 2007) 참조.

38) 이에 대해서는 Philip Manow, 위 각주 36의 논문, 252면 이하 참조.

39) 다만 이때 재산권적 보호의 대상은 정확히는 보험료가 아니라 보험료산정의 기초가 되는 소득을 기준으로 형성되는 급여이며, 이 점이 사회보장급여에 대한 재산권적 논의에 있어서 특징으로 나타난다. 이 점에 대해서는 Friedrich Schnapp, "Sozialstaatlichkeit im Spannungsfeld von Eigenverantwortung und Fürsorge",

소득재분배를 위한 처분가능성이 제한적이다. 다만 이는 구조적인 특징에 기초한 평가이며, 이러한 구조적 특징이 어느 정도 소득재분배정책에 실질적으로 헌법적 장애로서 기능하는가는 별개의 문제이다. 우리 헌법재판소도 사회보험청구권을 재산권적 보호의 범위에 포함시켰지만 재산권을 근거로 입법형성권을 통제하는 예는 드물다.[40]

넷째, 선택적 복지국가의 유형에서는 성인 남성의 소득이 가족을 유지하는 경제적 기초라는 관념이 지배한다(성인 남성 중심의 복지생산). 따라서 주로 소득상실을 보상하는 방법으로 복지생산이 이루어진다. 또 정도의 차이가 있지만 기독교 윤리에 기초한, 이른바 보충성의 원칙(Subsidiaritätsprinzip)이 적용된다. 이는 유럽 대륙국가에 일반적이지만 기독교적 전통이 강한 남부 유럽에서도 관찰된다.[41] 여기에서는 소득상실로 인한 위험 이외에 가족의 유지에 필요한 서비스는 가족 내에서 구성원 간의 기능분담을 통하여 해결된다고 전제된다. 이와 같이 가족에 기대되는 사회적 기능이 높기 때문에 조세정책에 있어서도 특히 1인 소득가정이 배려된다. 예컨대 가족에 대한 세법적 배려라는 기준만을 보면 독일이 스웨덴에 비해서 오히려 강하다. 스웨덴과는 달리 독일의 경우 가족 그 자체에 대한 보호가 보편적으로 사회화되어 있지 않으며, 따라서 개별적인 조세법적 조치의 필요성이 크기 때문이다.[42] 이러한 개별적인 배려를 제외하면 가족에서 부양기능이 수행된다는 전제가 더 이상 충족될 수 없는 경우 선택적 유형의 복지국가는 아동양육, 장기요양, 교육정책 등 서비스수요에 취약한 문제를 드러낸다.[43] 예컨대 독일에서 다른

Deutsches Verwaltungsblatt (2004), 1058면 이하 참조.

40) 독일에서의 이러한 지적에 대해서는 예컨대 Ingwer Ebsen, "Das Verfassungsrecht als Steuerungsinstrument für die Balance von Bestandssicherung und Flexibilität in der gesetzlichen Rentenversicherung", *Festschrift für Franz Ruland* (2007), 91면 이하 참조.

41) 이에 대해서는 예컨대 Gøsta Esping-Andersen, "Welfare States without Work; the Impasse of Labour Shedding and Familianism in Central European Social Policy", Gøsta Esping-Andersen(편), *Welfare States in Transition* (Sage Publication, 1996), 66면 이하 참조.

42) 이 점에 대해서는 Uwe Wagschal, 위 각주 17의 논문, 132면 이하 참조.

43) 이에 대한 일반적인 지적으로는 Manfred G. Schmidt, "Reformen der Sozialpolitik in Deutschland; Lehren aus historischen und internationalen

유럽 국가에 비해서 장기요양문제에 대한 정책적 대응이 지체되었던 것은 현금급여 중심의 복지생산구조가 영향을 미쳤다.[44] 또 전통적으로 고용관계에 있으면서 가족의 부양을 부담하는 남성을 중심으로 복지생산이 이루어지기 때문에 여성 및 아동에 대한 복지배려가 부족하고, 결과적으로 가족의 유지를 종합적으로 보호하는 데에 취약하다.[45]

제2절 경제정책과 사회정책의 기능분담의 유형 :경제의 사회정책적 책임의 유형

시장과 복지생산의 관계는 크게 보면 두 가지 유형으로 나타난다. 첫째, 시장에서 자연적으로 복지가 생산되며, 따라서 국가의 인위적 개입은 필요하지 않다는 이념과 제도에 기초한 유형이다. 둘째, 시장은 어느 정도 복지생산의 과제를 가지며, 따라서 이러한 과제를 실현할 수 있도록 국가가 직접 혹은 간접으로 시장에 개입할 수 있어야 한다는 입장이다. 이 두 유형을 보기에 앞서 이러한 관계에 관한 사회주의의 실험과 평가를 살펴본다.

Ⅰ. 사회주의의 실험

시장경제질서를 부인하고 국가가 생산과정 전체를 지배하고 이러한 과정에서 포괄적으로 사회적 배려를 하는, 그리고 이로써 사회문제는 극복된다고 이해한 사회주의적 실험은 실패로 끝났다.[46] 사회주의국가에서

Vergleichen", Stephan Leibfried/Uwe Wagschal(편), *Der deutsche Sozialstaat* (Campus, 2000), 165면 이하 참조.

44) 이 점에 대해서는 예컨대 Gerhard Igl, *Pflegebedürfigkeit und Behinderung im Recht der sozialen Sicherheit* (Nomos, 1987); Bertram Schulin, "Landesbericht Bundesrepublik Deutschland", *Soziale Sicherung bei Pflegebedürftigkeit; Bestandsaufnahme und Reformbestrebungen*, Schriftenreihe des Deutschen Sozialrechtsverbandes Bd.XXIX(1987), 8면 이하 등 참조.

45) 이러한 복지생산의 유형이 갖는 새로운 문제발생의 구조에 대해서는 예컨대 Gøsta Esping-Andersen, 위 각주 41의 논문 참조.

46) 사회주의국가의 복지생산구조에 대해서는 Franz-Xaver Kaufmann, 위 각주 6

는 시장이 독자적인 질서를 형성하고 있지 않았기 때문에 (시장에서의) 분배와 (국가의 복지생산에 의한) 재분배의 기능분담이 필요하지 않았고, 복지생산은 철저히 고용관계를 중심으로 이루어졌다. 심지어는 일반정책적 성격을 갖는 아동에 대한 보호 역시 고용관계 내부에서 배려되었다. 이러한 복지생산의 방식은 완전고용과 이를 뒷받침하는 지속적인 경제성장을 전제로 할 때 비로소 실현될 수 있다.47) 그런데 완전고용은 처음부터 현실적으로 실현될 수 없었고, 경제성장 역시 지체되고, 또 특히 오늘날 전 지구적 경쟁사회에서는 더욱더 위 두 가지 조건이 충족될 수 없게 되었다.

실제 사회주의국가 후기의 복지생산은 다음과 같은 문제에 시달렸다. 명목적으로는 완전고용이 실현되었지만 실질적으로는 기업 내 실업의 문제가 불가피하게 나타났고, 이는 필연적으로 생산성을 하락시키는 원인이 되었다. 이로써 기업의 복지생산이 한계에 다다랐다. 이에 복지수준은 실질수요를 훨씬 미달하였다. 연금의 경우 명목수준 자체가 낮았고, 또 실질수요에 상응하는 조정이 이루어지지도 않았다.48) 여기에 더하여 사회주의경제를 지탱하였던 중요한 축이었던 공공재에 대한 가격통제도 경제성장의 지체로 인하여 더 이상 유지될 수 없었다. 국가의 보조금 지원능력이 감소 혹은 상실되었기 때문이다. 국민의 입장에서 보면 거의 유일한 탈출구는 암시장(暗市場)에 의존하는 방법이었다. 그러나 이러한 방법으로는 경제질서 자체, 그리고 경제질서에 철저히 종속되어 있던 복지체제가 더 이상 기능할 수 없었다.

오늘날 정도의 차이가 있을 뿐 복지국가는 시장경제질서를 보충하는 기능을 수행하며, 따라서 시장경제질서를 전제로 한다. 1990년대 이후 자유화 및 개방화를 실현하는 과정에 있는 이전 동구권 국가들의 복지개혁은 기본적으로는 사회문제를 고용관계에서 독립시켜서 국가의 독자적

의 책, 54면 이하; Hans F. Zacher, "Sozialpolitik in den sozialistischen Ländern Osteuropas", *Jahrbuch für Ostrecht* (1982), 331면 이하 등 참조.

47) 사회주의국가의 복지생산의 조건과 현실에 대해서는 예컨대 Guy Standing, "Social Protection in Central and Eastern Europe; a Tale of Slipping Anchors and Torn Safety Nets", Gøsta Esping-Andersen(편), *Welfare States in Transition* (Sage Publication, 2000), 227면 이하 참조.

48) 예컨대 통일 전 동독지역에서 나타난 이러한 문제에 대해서는 전광석, "동서독통일과 사회보장법", 전광석, 사회보장법학(한림대 출판부, 1993), 292면 이하 참조.

인 정책영역으로 형성하는 데에 출발점이 있다.[49]

Ⅱ. 시장 자율적 복지생산

이는 시장의 자율을 최대한 보장하며, 개인의 사회적 위험에 대한 배려 역시 시장의 기제에 위임하는 유형이다. 이 경우 복지생산은 시장에서 효율성을 기준으로 사용자와 근로자 간에 자율적으로 결정된다. 이러한 유형에서는 국가의 직접적인 개입을 통한 복지생산에 대해서는 강한 불신이 존재한다. 미국이 여기에 해당하는 대표적인 예이다. 초기 미국의 복지정책은 재정부담자인 국민에게는 정당성 없는 개입으로 인식되었으며, 이러한 조치가 수혜자에게는 의존적 성향을 강화하여 사회의 침체를 가져온다는 생각이 지배하였다(이른바 '사회적 다윈주의(social darwinism)').[50] 이러한 유형에서는 고용관계는 여기에 포섭되어 있는 개인에게는 안정적인 생활기반이 될 수 있다. 그러나 그렇지 못한 자는 최저생활을 보장하는 국가의 기능에 의존할 수밖에 없다. 경제질서에 복지생산의 사회적 책임이 수반된다는 인식은 생소하다. 위에서 지적한 바 있는 시장의 기능적 한계가 그대로 나타난다.[51] 이는 국가의 복지생산의 범위와 정도를 기준으로 보면 위에서 살펴본 잔여적 유형과 유사하다. 여기에 해당하는 국가인 미국의 예에 대해서는 위에서 이미 살펴보았다.[52]

---

49) 기존 사회주의국가에서의 체제전환의 다양한 유형에 대해서는 Ulrike Götting/ Stephan Lessenich, "Sphären sozialer Sicherheit. Wohlfahrtsstaatliche Regimeforschung und gesellschaftliche Transformation", Stephan Lessenich/ Ilona Ostner(편), *Welten des Wohlfahrtskapatalismus* (Campus, 1998), 271면 이하; Bernd von Maydell/Eva-Maria Hohnerlein(편), *Die Umgestaltung der Systeme sozialer Sicherheit in den Staaten Mittel- und Osteuropas; Fragen und Lösungsansätze* (Duncker & Humblot, 1993); Bernd von Maydell/ Angelika Nussberger(편), *Transformation von Systemen sozialer Sicherheit in Mittel- und Osteuropa. Bestandsaufnahme und kritische Analyse aus der Sicht der Rechtswissenschaft* (Duncker & Humblot, 2000) 등 참조.

50) 이에 대해서는 예컨대 Roy Lubove, *The Struggle for Social Security 1900-1935* (University of Pittsburgh Press, 1986), 25면 이하 참조.

51) 위 제2편 각주 42 참조.

52) 위 제3편 제3장 제1절 Ⅰ. 2. (2) 참조.

Ⅲ. 시장의 복지생산과제

이는 경제질서 자체에 복지생산의 책임이 수반된다는 인식에 기초해 있는 유형이다. 이러한 유형에서는 이미 거시경제적 차원에서 국가의 규제가 요청되고, 또 정당화된다. 우리 헌법 제119조 제2항이 여기에 해당하는 대표적인 예이다.[53] 그러나 국가가 시장의 사회적 기능을 위한 방법과 내용에 대해서 구체적인 결정을 전적으로 할 수는 없으며, 국가는 대강의 경제운용의 원칙과 관련하여 조정의 권한을 보유 · 행사한다. 시장의 복지생산에 있어서 기능과 정도를 기준으로 다음과 같이 세 가지 유형이 있다.

1. 경영참여

미시적인 기업에서의 결정에 당사자에게, 즉 근로자에게 참여의 권리를 부여하는 유형이다. 독일 등의 국가에서 실현되고 있는 공동결정제도(betriebliche Mitbestimmumg)가 여기에 해당한다.[54] 이러한 방법이 직접적으로 경제에 복지책임을 부담시키는 것은 아니다. 그러나 결과적으로 기업복지가 공동결정에 있어서 의제로 등장하며, 이로써 시장에서의 복지분배에 중요한 영향을 미친다.

2. 시장의 합의, 국가의 보장

근로자와 사용자 간의 교섭에 있어서 국가가 참여하지는 않지만 교섭의 결과인 합의의 이행을 국가가 담보하는 형태로 복지생산이 이루어지는 유형이다. 1938년 살츠요바덴 협약(Saltsjöbaden agreement)으로 상징되는 스웨덴의 복지생산이 여기에 해당하는 대표적인 예이다. 스웨덴은 이러한 복지생산구조가 형성되던 당시 개방형 시장구조를 띠고 있었고, 특히 수출의존성이 높았다. 이러한 상황에서 스웨덴 경제는 임금억

---

53) 이에 대해서는 전광석, "헌법 제119조", 헌법 주석서(법제처, 2010), 460면 이하 참조.

54) 각국의 공동결정제도의 비교 및 평가에 대해서는 조우현(편), 세계의 노동자 경영참가(창작과 비평사, 1995) 참조. 이에 대한 헌법적 평가로는 *BVerfGE* 50, 290면 이하; Peter Badura, *Paritätische Mitbestimmumg und Verfassung* (C.H. Beck, 1985) 등 참조.

제를 통하여 국제경쟁력을 향상시킬 필요가 있었다.[55] 강한 노동조합의 전통을 가졌던 스웨덴의 사회구조에서 노동조합은 임금억제를 수용하는 대신 완전고용을 반대급부로서 보장받을 필요가 있었고, 이를 국가가 담보하는 형태로 노사정 간에 합의가 이루어졌다.

우리나라에서도 이러한 예를 볼 수 있다. 비록 지속적으로 운용되고 있지는 않지만 1997년 말 외환위기를 계기로 설치된 노사정위원회에서 노동 및 복지관계에 대한 합의를 이룬 것이 대표적인 예이다. 그리고 국가는 법률 및 행정적 결정의 형태로 이러한 합의의 내용을 실현하였다.[56]

3. 국가 주도의 시장중심적 복지생산

여기에서는 현상적으로 보면 시장에서 고용관계를 중심으로 복지생산이 이루어진다. 그리고 국가의 복지생산은 고용관계에 포섭되지 못하는 국민을 대상으로 하고 최저보장의 목표에 한정된다. 이 점에서 위에서 설명한 시장자율적 복지생산의 유형과 유사한 외형을 갖는다. 그러나 다음과 같이 중요한 차이가 있다. 첫째, 시장에서 실제 충실한 복지생산이 이루어진다. 예컨대 임금은 가족의 수요를 충족시키는 기능(family wage)을 수행할 정도를 유지한다("wage earner welfare"). 이와 함께 국가는 외국으로부터 값싼 노동력의 유입을 막는 이민정책을 통하여 국내 노동력을 보호하였다. 둘째, 이 과정에서 국가는 다음과 같은 정치적 조치들을 취하여 복지생산기능을 지원한다.[57] 즉 한편으로는 노사 간에 임금협상이 결렬되는 경우 국가가 강력한 중재자로서의 역할을 수행한다. 다른 한편 국가는 사용자의 이익을 보호하기 위한 정책을 충실히 수행한다. 외국 기업과의 관계에서 경쟁을 보호하기 위하여 수입에 높은 관세

55) 이와 같은 국제관계와 복지생산의 상관관계에 대해서는 위 제2편 제1장 제2절 Ⅱ 참조.

56) 이에 대해서는 최영기/전광석/이철수/유범상, 한국의 노동법 개정과 노사관계(한국노동연구원, 2000), 351면 이하 참조.

57) 이에 대해서는 Nico A. Siegel, 위 각주 22의 논문; Gaby Ramia, "Arbeitsbeziehungen und Wohlfahrtsstaat; Warum ist Neuseeland ein Nachzügler?", Herbert Obinger/Uwe Wagschal(편), *Der gezügelte Wohlfahrtsstaat* (Campus, 2000), 210면 이하 등 참조.

를 부과하는 것이 대표적인 조치이다. 호주와 뉴질랜드가 여기에 해당하는 예이다.58)

제3절 정치권력적 및 정치과정론적 유형

Ⅰ. 정치권력적 유형

복지국가의 형성 및 발전은 기본적으로 사회문제에 대한 정치적 대응의 결과이다. 권력쟁취 혹은 권력유지를 목표로 하는 정치적 관점은 복지국가의 발전에 중요한 변수로서 작용한다. 그러나 이와 같이 복지국가가 정치적 관점에 종속될 경우 복지국가의 안정성은 그만큼 약화된다. 사실 민주주의는 기본적으로 유권자인 국민 다수의 정당성에 기초해 있는 국가형태이기 때문에 어떠한 복지국가도 정치적 구도에서 자유로울 수는 없다.59) 다만 정도의 차이가 있을 뿐이다. 이와 같은 기준에 따라 몇 가지 유형이 분류될 수 있다.

1. 외견적 복지국가

이는 정치적 처분에 가장 취약하게 노출되어 있는 복지국가유형이다. 여기에서는 국가가 다른 목적을 추구하는 과정에서 이에 대한 정당성을 유도하기 위하여 상징적으로 복지국가를, 그리고 실제에 있어서 최소한의 복지국가를 지향한다. 이러한 복지국가적 지향은 명목적이며, 정치적 의지가 있는 것도 아니기 때문에 안정성이 결여되어 있다. 우리나라에서 1961년 5·16 군사쿠데타 이후 군사정권이 정치적 정당성의 흠결을 상쇄하기 위한 목적으로 한때 포괄적인 사회정책의 시행을 검토하였다. 그러나 이후 경제성장에 우선적 가치를 두면서 사회정책에 대한 관심은 소홀히 되고 최소한의 범위에서 시행된 것이 좋은 예

---

58) 이에 대해서는 Farncis G. Castles, "Need-Based Strategy of Social Protection in Australia and New Zealand", Gøsta Esping-Andersen(편), *Welfare States in Transition* (Sage Publications, 1996), 92면 이하 참조.

59) 민주주의와 복지국가의 역사적 발전에 있어서 선후(先後)관계가 복지국가의 형성에 미치는 영향에 대해서는 위 제2편 제3장 제2절 I. 2. 참조.

이다.[60] 이 경우 사회정책의 강령을 담은 법은 실질적으로 정책을 선도하는 규범적 기능이 기대될 수 없다. 1963년 제정된 「사회보장에 관한 법률」이 이러한 예에 속한다.[61]

2. 정치종속적 복지국가

정치권력의 정당성에 강한 영향을 미치는 제한된 범위의 인적 집단으로부터 정치적 지원을 유지하기 위하여 복지생산이 이루어지는 유형이다. 공무원, 그 중에서도 권력집단의 사회보장을 우선적으로 배려하였던 이전 동구권 국가 혹은 남미의 사회정책이 이러한 유형에 속하였다. 예컨대 통일 전 동독에서는 일정한 범위의 당원, 국방부 및 국가안전기획부 등의 일부 공무원이 특별부양제도(Sonderversorgung)에, 그리고 일정한 범위의 지식계층, 학자, 의사, 과학자 등이 부가부양제도(Zusatz-versorgung)에 가입되어 특권적 복지혜택을 누렸다.[62] 남미 국가들 중 특히 식민지 독립전쟁의 경험을 겪은 국가들의 경우 군부통치가 일반적이었다. 이에 군부집단이 우선적인 복지수혜자로 나타났으며, 이후 중산층 및 조직노동자계급이 복지체제에 포섭되었다. 그 후에야 비로소 일반근로자가 복지정책의 대상이 되었다.[63]

---

60) 이에 대해서는 예컨대 권문일, "1960년대의 사회보험", 하상락(편), 한국사회복지사론(박영사, 1991), 특히 472면 이하; 성경륭, "한국의 정치체제변동과 사회정책의 변화", 성경륭, 체제변동의 정치사회학(한울, 1995), 318면 이하; 차흥봉, "한국의료보험정책의 형성 및 변화에 관한 이론적 고찰", 「비교사회복지」 제1집(1991), 특히 61면 이하 등 참조.

61) 이 점에 대해서는 전광석, "사회정책과 사회보장법-사회보장기본법과 개별 사회보장법의 관계를 중심으로", 「사회보장법학」 제1권 제1호(2012), 36면 이하 참조.

62) 이에 대해서는 전광석, 위 각주 48의 논문, 295면 이하 참조. 이 제도들은 통일 후 폐지되도록 예정되어 있었으며, 폐지를 둘러싸고 헌법적 분쟁이 이루어졌다. 이에 대해서는 예컨대 Udo Seiner, "Verfassungsrechtliche Fragen der Überleitung des Alterssicherungssystems der Deutschen Demokratischen Republik in die gesamtdeutsche gesetzliche Rentenversicherung", *Festschrift für Franz Ruland* (2007), 315면 이하 참조.

63) 남미 국가들의 특수성에 대해서는 Evelyne Huber, "Options for Social Policy in Latin America; Neoliberal versus Social Democratic Models", Gøsta Esping-Andersen(편), *Welfare States in Transition* (Sage Publications, 1996), 141면 이하; Carmelo Mesa-Lago, *Social Security in Latin America, Pressure Groups, Stratifation and Inequality* (Pittsburgh University Press,

3. 민주주의 종속적 복지국가

이념과 제도에 있어서 편향되어 있는 것은 아니지만 민주주의의 현실적 한계에서 유권자를 중심으로 복지생산이 이루어지는 유형이다. 사실 복지국가는 대부분의 경우 초기에는 사회적 약자에 대한 기초보장을 목표로 하였다. 이후 모든 국민을 보호대상으로 하는 인식이 정착되었고, 이는 국민 다수의 지지에 의존하는 민주주의적 현실 인식에 의하여 뒷받침되었다. 소득활동인구를 대상으로 하는 사회보험과 보충적인 제도인 공공부조를 이원적으로 운영하는 경우 현실적으로 민주주의적 한계는 다음과 같은 두 가지 형태로 나타난다. 첫째, 공공부조가 사회보험에 비해서 소홀히 된다.[64] 공공부조의 대상계층은 숫적으로 소수일 뿐 아니라 정치적 영향력이 제한적이기 때문이다. 둘째, 사회보험 내부에서 점점 복지보다는 평등의 이념이 정치적 주목을 받게 된다.[65] 이로써 사회보험체계 내부에서 가입자의 범위, 그리고 보호되는 사회적 위험의 종류와 내용이 제도 간에 서로 자극을 받으면서 넓어지고 충실해졌다. 반면 공공부조는 사회보험과 비교의 대상에서 배제되었다.[66]

4. 민주주의와 복지국가의 균형 형성

위와 같은 민주주의의 정치적 한계를 복지국가의 정책적 기준에 따라 비판적으로 평가할 수 있는 구조를 갖는 유형이다. 여기에서는 민주주의적 합의에 기초하여 복지생산이 이루어지지만 복지생산은 독자적인 가치기준을 가지고, 민주주의적 의사결정에 영향을 미친다. 예컨대 전통적으로 스웨덴에서 보편적 사회정책이 지속적이고 안정적으로 실현되었던 것은 그곳의 정치구조와 밀접한 관련성이 있다. 노동계급을 대표하는 사민당의 존재와 노동계급과 지배정당과의 긴밀한 협력관계, 노동조합에 대한 노동계급의 높은 지지도 등이 민주주의를 균형 있게 실현하게 하는 상황들이다.[67] 다원적 이해관계의 당사자들, 전문가들이 합의기구를 구성

1978) 등 참조.

64) 이에 대해서는 위 각주 33의 문헌 참조.

65) 이에 대한 근본적인 논의에 대해서는 예컨대 Hans F. Zacher, “Das europäische Projekt des Sozialen”, *Festschrift für Herbert Szurgacz* (2012) 참조.

66) 프랑스의 경험에 대해서는 위 각주 34 참조.

67) 이에 대해서는 예컨대 송호근, 위 각주 9의 논문, 특히 144면 이하 참조.

하여 민주주의적 결정을 통제하는 기능을 수행하여 왔다는 전통 역시 일반정치와 복지정치의 균형을 유지할 수 있는 요소였다.

역사적으로 보면 이익집단 혹은 전문가집단의 참여를 통하여 민주주의의 균형발전을 이루고자 하는 시도는 예컨대 독일 바이마르헌법의 위원회민주주의(Rätedemokratie)를 통하여 시도되었다.[68] 그러나 바이마르 공화국의 역사가 말해 주듯이 사회정책적 가치를 민주주의 정치체제에 '제도화'하는 데에는 한계가 있으며, 위에서 언급한 합의형 민주주의의 전통이 결여되어 있는 경우 헌법적 결정 그 자체만으로는 실현될 수 없다는 것을 알 수 있다.[69]

민주주의가 이미 확립되어 있는 경우 외견적 혹은 정치종속적 복지국가유형에 대한 논의는 무의미하다. 이는 민주주의의 정당성과 정면으로 충돌하기 때문이다. 따라서 복지국가의 민주주의적 상관성과 관련하여 주로 복지국가와 민주주의를 어떻게 일방적인 관계가 아니라 상호 영향을 주면서 조화롭게 실현할 수 있는가에 논의가 집중되어야 한다. 이 점은 아래에서 보듯이 정치적 의사결정의 구조에 유형적으로 나타난다.

Ⅱ. 정치과정론적인 유형

관권국가의 체제를 유지하기 위한 목적에서 복지국가가 기원하는 역사적 배경에서는 복지정치의 과정은 상대적으로 단순하다.[70] 이에 비해

---

68) 이에 대해서는 예컨대 Christoph Gusy, *Die Weimarer Reichsverfassung* (Mohr Siebeck, 1997), 364면 이하, Gerhard A. Ritter, "Die Entstehung des Räteartikels 165 der Weimarer Reichsverfassung", *Historische Zeitschrift* (1994), 73면 이하 등 참조.

69) 이후 독일에서 노동자위원회를 구체화하는 구상으로서 직능대표위원회, 국회와 병행하는 노동자위원회, 그리고 기업 내 노사공동위원회 등을 중심으로 논의되었으나 결국 가장 정치적 의미가 약한 노사공동위원회를 제도화하는 데 그쳤다. 이 점이 헌법의 정당성에 대한 신뢰가 상실되는 원인 중 하나였다. 이에 대해서는 Walter Pauly, *Grundrechtslaboratorium Weimar* (Mohr Siebeck, 2004), 52면 이하 참조. 바이마르헌법이 기능하기 위한 현실적 전제조건의 결여에서 바이마르의 실패를 설명하는 견해로는 예컨대 Ernst-Wolfgang Böckenförde, "Weimar- vom Scheitern zu früh gekommenen Demokratie", *Die öffentliche Verwaltung* (1981), 946면 이하 참조.

70) 위 제2편 각주 48 참조.

서 이미 민주주의적 의사결정의 현실과 제도가 확립되어 있는 경우 복지정치의 과정은 복잡하다. 국가형태에 있어서 연방국가와 단일국가, 정부형태에 있어서 대통령중심제와 의원내각제, 국회구성에 있어서 단원제와 양원제, 정당구도에 있어서 양당제국가와 다당제국가, 국회 구성에 있어서 비례대표선거제도와 다수대표선거제도, 직접민주주의적 요소의 가미정도, 정당의 분포에 있어서 사회주의 혹은 사회민주주의정당과 자유민주주의정당의 관계, 노동조합을 포함한 이익단체의 활성화 여부 및 이들의 정치적 의사결정에의 참여 정도 등이 모두 복지정치의 과정에 복합적으로 영향을 미친다. 이들 요소들은 단순화해서 유형화하면 다음과 같다.

1. 연방국가와 단일국가

(1) 이 론

연방국가에서는 기본적으로 단일국가에 비해서 주 단위의 이해관계가 중요한 역할을 하기 때문에 복지정치의 결정은 다양한 기준에 종속되어 있다. 이른바 저지세력의 문제(veto point thesis)와 관할경쟁의 문제(competition of jurisdiction)가 연방국가에서 복지정치에 미치는 영향을 설명하는 대표적인 기준이다.

전자의 이론에 의하면 단일국가와는 달리 연방국가에서는 연방과 주, 그리고 상원과 하원 등 복잡한 의사결정절차를 거치며, 이 과정에서 연립정권이 수립되어 있는 경우에는 연립정권 내부에서 참여 정당들 간에 협의적(consensual) 저지가, 그리고 집권당과 야당과의 관계에서는 경쟁적(competitive) 저지가 이루어진다. 그 결과 의사결정이 지체되고, 그만큼 현상유지의 가능성이 크다. 국가조직의 구성에 있어서 여러 단계에서, 그리고 자주 선거가 이루어진다는 점은 연방의 입장에서 보면 복지문제에 대한 비난을 피할 수 있는 여지를 주는 효과가 있다(retrench by stealth).

관할경쟁의 문제구조에서는 주들 간에 복지지출을 줄이고, 경제적 우위를 확보하려는 경쟁이 나타나며, 그 결과 연방국가의 구조는 복지국가의 형성에 부정적인 영향을 미친다. 그러나 보다 구체적으로 관찰하면 이러한 기준이 일률적으로 타당한 것은 아니다. 연방국가에서 복지생산의 유형은 다음과 같은 두 가지이다.

(2) 경쟁적 연방국가

이른바 경쟁적 연방국가(interstate federalism; competitive federalism)에서 복지생산의 권한배분에서 다음과 같은 현상이 나타나는 경우 이는 복지국가를 지체시키는 원인이 된다.[71] 첫째, 연방국가에서 연방이 복지입법을 위한 헌법적 권한을 결여하고 있는 경우이다. 실제 1930년대 미국 연방대법원은 연방 의회에서 제정된 복지 관련법률에 대해서 연방의 관할권이 없다는 이유로 위헌결정을 한 바 있다.[72] 스위스도 이러한 문제를 갖고 있었으며, 따라서 헌법 개정을 필요로 하였다.[73] 둘째, 연방정부에 대한 불신이 뿌리 깊이 전통으로 자리잡고 있는 경우이다. 헌법적 문제와 함께 연방에 대한 불신이 존재하는 경우 복지국가의 형성은 지체될 수밖에 없다. 또 주들 간의 복지생산구조를 균등하게 형성하는 것을 기대할 수는 없다. 셋째, 정치적 의사결정이 다원화되어 있어 여러 차원에서 거부세력이 영향을 미치는 상황이다. 미국과 특히 스위스가 여기에 해당하는 국가들이다.[74] 이러한 연방국가의 문제는 복지국가의 형성뿐 아니라 복지국가의 합리화를 내용으로 하는 개편에 있어서도 나타난다.

이러한 상황에서 제한적이지만 연방의 권한을 적극적으로 확보하는 방법은 두 가지이다. 연방의 묵시적 권한(implied power)에 관한 이론구성을 통하여 연방의 권한이 확대될 가능성이 있다.[75] 또 국가의 적극적

---

71) 이에 대해서는 Herbert Obinger/Stephan Leibfried/Francis G. Castles(편), *Federalism and the Welfare State* (Cambridge University Press, 2005), 31면 이하 참조.

72) 이에 대해서는 Jürgen Heideking, "Arbeitsgesetzgebung und Supreme Court während des New Deal", *Der Staat* (1984), 86면 이하 참조.

73) 이에 대해서는 Herbert Obinger/Klaus Armingeon/Giuliano Bonoli/Fabio Bertozzi, "Switzerland. The marriage of direct democracy and federalism", 위 각주 71의 책, 266면 이하 등 참조.

74) 이에 대해서는 Stephan Leibfried/Francis G. Castles/Herbert Obinger, "'Old' and 'new' politics in federal welfare states", 위 각주 71의 책, 307면 이하 참조. 특히 스위스에 대해서는 Herbert Obinger, "Wohlfahrtsstaat Schweiz; Vom Nachzügler zum Vorbild?", Herbert Obinger/Uwe Wagschal(편), *Der gezügelte Wohlfahrtsstaat* (Campus, 2000), 252면 이하 참조.

75) 이에 대해서는 예컨대 Vicki Lens, "The Supreme Court, Federalism and Social Policy", *Social Service Review* vol.75 (2001), 318면 이하 참조.

인 복지생산을 위한 헌법논의는 후발적으로 복지국가로 전환하는 중요한 계기가 된다. 스위스에서 복지생산에 관한 헌법 개정안이 국민투표에서 대부분 부결되기는 하였지만 이러한 경험은 역설적으로 복지생산의 방식에 대한 헌법적 지지가 필요하다는 점을 인식하는 계기가 되었다. 이에 스위스에서 1972년 이른바 3층구조의 연금체계가 헌법적으로 도입되었다.[76] 그리고 이 점이 스위스 복지국가의 특징으로 자리잡게 되었다.[77]

위와 같은 특징을 갖는 경쟁적 연방국가의 유형에서 복지생산은 다음과 같은 발전경향을 보인다. 한편으로 주가 경제적 경쟁력에 있어서 우위에 서기 위하여 복지지출을 경쟁적으로 축소하는 경향이 발견된다. 반대로 주가 복지생산에 있어서 선도적인 역할을 수행할 수도 있다. 그 결과 주들 간에 정책의 이질성이 관찰된다. 후자와 같은 연방국가의 특징은 복지정책의 수립과 실현에 긍정적인 요소가 될 수도 있다. 연방 차원에서 통일적인 복지정책적 결정이 이루어질 수는 없지만 연방 법률과 제도의 채택 여부에 대해서 각 주에게 결정권을 유보하는 가능성(opt-out)을 부여하여 유연하게 복지정책을 확장하는 관례가 형성될 수 있다. 이 경우 주는 복지정책의 실험장이 된다. 미국이 여기에 해당하는 예이다.[78] 다만 이에 대한 결정은 각 주에 유보되어 있기 때문에 조화로운 복지정책의 결여, 예컨대 고용과 교육, 그리고 사회보장 및 조세정책이 밀접히 기능적으로 조정되지 못하는 문제는 여전히 남는다.[79] 이에 비해서 캐나다는 위에서 언급한 바와 같은 경쟁적 복지실험이 복지개혁을 이끌었고, 그 결과 복지국가의 형성에 긍정적으로 작용한 예에 속한다.[80]

---

76) 위 제1편 각주 17 및 제2편 각주 32 등 참조.

77) 이와 같은 스위스의 특징에 대해서는 위 각주 73의 논문, 281면 이하 참조.

78) 이에 대해서는 Kenneth Finegold, "The United States; Federalism and its counter-factuals", Herbert Obinger/Stephan Leibfried/Francis G. Castles(편), 위 각주 71의 책, 138면 이하, 144면 이하 참조.

79) 스위스에 관한 이러한 지적에 대해서는 위 각주 73의 논문, 294면 이하, 299면 이하 참조.

80) 이 점에 대해서는 Alain Noël/Peter Grafe, "Aus dem Schatten des Nachbarn; Der Wohlfahrtsstaat in Kanada", Herbert Obinger/Uwe Wagschal(편), *Der gezügelte Wohlfahrtsstaat* (Campus, 2000), 148면 이하 참조.

(3) 협력적 연방국가

경쟁적 연방국가에 특유한 위에서 지적한 바와 같은 장애요소가 존재하지 않는다면 연방국가의 의사결정구조가 복지국가의 형성에 부정적 영향을 주는 것은 아니다. 이른바 협력적 연방국가(intra-state federalism; cooperative federalism)의 유형이 여기에 해당한다. 독일이 여기에 해당하는 대표적인 국가이다.

일반정치적으로, 그리고 기원적으로 보면 독일의 연방주의는 지분국가(Land)의 참여를 보장하는 목적보다는 통일국가를 건설하는 가장 적합한 방법으로 구상되었다.[81] 이에 연방을 구성하는 주들 간에 생활수준을 어느 정도 균등하게 형성하는 것은 독일 연방국가에 내재하는 과제였다. 이러한 태도는 현행 독일 헌법에도 그대로 이어지고 있다. 독일 헌법 제72조 제2항에 의하면 연방에서 균등한 생활수준을 형성(Herstellung gleichwertiger Lebensverhältnisse)하기 위하여 필요한 경우 연방은 입법권을 갖는다. 그 결과 복지정책의 주체로서 주(Land)는 적합한 정치단위가 아니라는 인식이 보편적으로 받아들여졌다. 그렇다고 주의 입장에서 연방이 복지정치에서 독점적 지위를 차지하는 것을 용인하지도 않았다. 여기에는 복지재원을 조세로 하는 경우 연방이 과세독점권을 갖는다는 우려가 작용하였다. 이에 다음과 같은 절충이 이루어졌다. 첫째, 주요 사회보장의 입법권은 연방이 보유한다. 이는 현행 독일 헌법에서도 그대로 이어지고 있다. 헌법 제74조에 따르면 연방은 사회보험입법에 있어서 주와 경합적인 입법권을 갖는다(konkurrierende Gesetzgebung). 실제 연방은 이러한 입법권을 주도하고 있다.[82] 둘째, 사회보장의 집행은 연방도 주도 아닌 자치운영의 원칙(Selbstverwaltungsprinzip)에 따라 조직·운영되는 제3자기관이 관할한다. 이러한 조직은 공법상의 법인으로서의 지위를 갖는다.[83] 이러한 조직법적 특징은 로렌츠 폰 슈타인(Lorenz von

---

81) 이에 대해서는 Philip Manow, 위 각주 36의 논문, 236면 이하 참조.

82) 이에 대해서는 CHEON Kwang Seok, *Das Recht der sozialen Sicherheit und seine verfassungsrechtlichen Rahmenbedingungen in der Bundesrepublik Deutschland und in der Republik Korea* (Nomos, 1990), 150면 이하 참조.

83) 이에 대해서는 Ulrich Becker, "Organisation und Selbstverwaltung der Sozialversicherung", von Maydell/Ruland/Becker(편), *Sozialrechtshandbuch*

Stein)에서 유래하는 자치적(自治的) 사고에 전통을 둔 것이기도 하였다.[84] 셋째, 사회보험의 재원을 보험료로 하고, 이로써 연방의 과세독점권을 견제한다. 사실 이는 비스마르크의 정책구상에서는 벗어난 것이었다. 비스마르크는 조세를 재원으로 운영하는 사회보험을 창설하고, 이를 위하여 연초세(Tabaksteuer)를 독점하고, 그 결과 연방의 재정권한을 강화하려는 의도를 가지고 있었기 때문이다.

독일의 연방국가에서도 일반적인 의사결정에 있어서는 이른바 저지세력(veto player)이 다원적으로 존재한다. 그러나 이러한 저지세력이 복지정책결정에 있어서는 특별히 기능하지 않았다. 이는 연방국가의 이해 및 구성에 있어서 위와 같은 독일 특유의 역사적 배경이 작용했기 때문이다. 이 밖에 독일의 경우 정국을 주도하는 두 개의 거대 정당, 즉 기독교민주당(CDU)과 사회민주당(SPD)이 모두 복지정책에 우호적이었다는 사실이 연방국가의 결정구조가 복지정책에 장애가 되지 않은 중요한 변수였다.[85]

2. 정부형태

대통령 중심제 정부형태에서 대통령은 독임제 최고의사결정기관이다. 또 대통령은 국회에 대해서 정책적 책임을 부담하는 것도 아니다. 따라서 행정부만을 기준으로 보면 비교적 단순한 의사결정구조가 나타난다. 물론 대통령이 소속한 정당이 국회를 지배할 수 없는 이른바 분리정부(divided government)의 경우 대통령은 국회와 타협을 필요로 한다. 그러나 이 경우에도 대통령은 선도적 기능을 수행하며, 국회가 자신의 정책을 관철하는 것은 예외적이다. 국회가 선도적 기능을 수행할 경우 대통령은 법률안거부권을 행사하는 형태로 대응할 수 있다.[86]

(Nomos, 2008), 645면 이하 참조.

84) 이에 대해서는 Franz-Xaver Kaufmann, *Sozialpolitisches Denken* (Suhrkamp, 2003), 24면 이하 참조.

85) 이에 대해서는 아래 각주 96 참조.

86) 우리나라에서 1989년 국회가 국민의료보험법안을 의결하여 의료보험의 조직을 통합하려는 시도에 대해서 대통령이 거부권을 행사한 것이 좋은 예이다. 이에 대해서는 최영기/전광석/이철수/유범상, 한국의 노동법개정과 노사관계(한국노동연구원, 2000), 95면 이하 참조.

이에 비해서 의원내각제 정부형태에서 행정부의 수반은 국회에 직접적인 정치적 및 정책적 책임을 부담하며, 따라서 국회의 구도가 정책결정에 있어서 핵심변수이다. 국회의 구도에는 양원제와 단원제, 정당의 구도 등이 포함된다. 또 행정부가 연립정권을 구성하는 경우 행정부는 국회와의 관계에서, 즉 야당과 (경쟁적) 관계에서뿐 아니라, 행정부 내에서 연립정부의 파트너인 정당과 (협력적) 타협과 절충의 정치과정을 거쳐야 한다. 이 경우 의사결정이 신속·투명하지 못하고, 또 타협과 절충을 위하여 체계를 일탈하는 위험도 있다.

3. 양원제와 단원제

국회의 구성방법은 연방국가의 구조와 밀접히 연관되어 있다. 연방국가는 대부분의 경우 양원제를 채택하고 있다.[87] 양원제 국회에서도 상원에 해당하는 院의 권한이 약한 경우에는 양원제의 상황은 정치적 의사결정에 거의 영향을 미치지 않는다. 영국과 일본이 이러한 예에 해당한다. 반면 상원이 하원과 대등한 권한을 갖는 경우, 특히 상원의 구성방법이 하원과는 다르며, 따라서 각 院이 정당성의 실질적인 기반을 달리하는 경우에는 이는 하원과 상원에서 의사결정의 기준에도 차별적으로 작용한다. 그리고 그만큼 의사결정에 있어서 양원제의 국회구도는 장애요소가 된다. 하나의 정당이 상원과 하원 모두를 지배하는 경우에도 지역적 이익을 대표하는 상원이 독자적인 판단을 하는 상황에서는 상원과 하원의 대립구도가 나타난다.

4. 정당구도 및 정당이념의 분포

정당구도에 있어서 양당제와 다당제 역시 복지생산에 영향을 미치는 중요한 요소이다.[88] 양당제 국가에서는 각 정당은 다수를 획득하는 데에

---

87) 양원제의 다양한 구성과 권한관계에 관한 비교법적 고찰로는 송석윤, "양원제의 도입방안에 관한 연구", 「헌법학연구」 제14권 제4호(2008), 313면 이하; 한태연, "근대 헌법에 있어서의 양원제 - 권력분립의 원리에 있어서의 또 하나의 과제", 「고시연구」(2001.9), 167면 이하 등 참조.

88) 이에 관한 이론적 분석으로는 예컨대 Herbert Obinger/Uwe Wagschal, "Ökonomie, Institutionen und Politik; Determinanten der gebremsten Sozialstaatlichkeit im Überblick", Herbert Obinger/Uwe Wagschal(편), *Der gezügelte Wohlfahrts-*

필요한 중점계층의 지지를 획득하려는 노력을 한다. 양당제 국가에서는 일반적으로 연립정권을 구성할 필요가 없으며, 다수결의 원칙에 기초하여 비교적 신속한 의사결정이 이루어질 수 있다. 이와 같이 정당성이 편중되어 있기 때문에 복지지출이 다당제 국가에 비해서는 낮은 것이 일반적이다. 다당제 국가의 경우 사회의 정치이념이 분산되어 있으며, 특히 연립정권이 구성되어 있는 경우에는 이들의 지지기반인 계층 모두가 정책결정에 있어서 배려되어야 한다. 그 결과 복지지출이 상대적으로 높은 경향을 보인다. 여기에서는 합의에 의한 의사결정이 이루어지며, 그만큼 상대적으로는 복지국가의 신속한 의사결정에 장애가 된다. 극단적인 예가 프랑스 제3공화국 및 제4공화국이다. 이 시기 프랑스는 연립정권에서 극히 소수가 이탈하는 경우에도 정권이 유지될 수 없는 정당구도를 가졌으며, 이러한 경우 새로운 정책결정을 기대하기는 어렵다.[89]

선거제도에 있어서 비례대표제와 다수대표제는 정당구도와 밀접한 관련성을 갖는다. 비례대표선거에 의하여 국회가 구성되는 경우 합의형 의사결정의 현실이 나타날 가능성이 높다.[90] 영국은 양당제 국가이며, 동시에 다수대표선거제도를 채택하고 있다. 이러한 정치구도의 기반 위에서 1970년대 후반 이후 오랜 동안 보수당이 집권하였다. 이는 복지축소의 정치결정이 신속히 이루어지고 집행될 수 있는 환경이었다.[91] 그럼에도 불구하고 실제 영국이 복지생산이 축소되는 전형적인 예에 속한다고 볼 수는 없다.[92] 이는 우리에게 두 가지 명제를 제공한다. 첫째, 복지국가의 기원 및 형성이 어느 한정된 요소만으로는 설명될 수 없다는 사실이다. 즉 복지국가의 기원 및 형성에 영향을 주는 요소들이 각각 독립해서는 한정적인 설명능력만을 가지며, 종합적인 고찰이 필요하다. 둘째, 복지국가의 확대과정과 축소과정에 미치는 환경적 요소들은 얼마든지 다

---

staat (Campus, 2000), 382면 이하 참조.

89) 이 점에 대해서는 Franz-Xaver Kaufmann, 위 각주 6의 책, 206면 이하 참조.

90) 선거제도와 의사결정유형의 상관관계에 대해서는 전광석, 한국헌법론(집현재, 2011), 467면 이하 참조.

91) 이에 대해서는 예컨대 Eberhard Eichenhofer, *Der Thatcherismus und die Sozialpolitik; Wohlfahrtsstaatlichkeit zu marktwirtschaftlichen Bedingungen* (Nomos, 1999) 참조.

92) 이에 대해서는 제1편 각주 11 참조.

를 수 있다.[93] 영국과 같은 정치구도에서 사회주의적 정당이 지배하는 것은 복지확대에 중요한 기반이었지만 보수당 정권이 집권하였다고 해서 이것이 곧 복지축소로 이어지지는 않는다는 것이다.

정당이념의 분포는 복지국가의 형성 및 성격에 중요한 영향을 준다. 사회주의 혹은 사회민주주의 정당이 지속적으로 지배하는 경우 복지국가는 전체 국민을 하나의 연대공동체로 이해하여 보편적이고 일반적인 복지생산이 이루어진다. 스웨덴 등 북부 유럽의 국가들이 대부분 이러한 유형에 속한다. 물론 보다 일반적으로 보면 북부 유럽 국가의 합의적 의사결정의 정치적 전통이 이에 상응하는 복지생산의 유형이 성립되는 환경이었다.[94] 그러나 사회민주주의의 정치적 이념이 오랜 동안 지배하면서 보편적 복지생산이 보다 공고히 되었다.[95] 기독교민주주의정당이 지배하는 유형에서는 특히 성인 남성인 부양의무자를 중심으로 하는 가족의 부양공동체로서의 성격과 기능이 강조되며, 이를 재생산하는 데에 복지생산의 중점이 놓여져 왔다. 이에 복지생산은 가족의 주부양자인 성인 남성의 소득상실을 보상하는 형태로 이루어진다. 이러한 유형에서는 전통적으로 일반국민에 대한 배려는 소홀히 되었다. 따라서 이들 국가에서는 사회구조의 변화에 따라 아동양육, 여성의 직업보호 등이 적극적인 대응을 필요로 하는 영역으로 부각되고 있다. 서부 유럽 국가들이 대부분 이러한 유형에 속한다. 특히 독일의 경우 정권의 변화에도 불구하고 동질성 있는 복지생산의 유형이 지속하였던 것은 거대 정당인 기독교민주당(CDU)과 사회민주당(SPD)이 모두 기독교적 윤리(CDU의 경우) 혹은 노동조합과의 연계 속에서(SPD의 경우) 복지에 우호적이었다는 사실이 결정적인 역할을 하였다.[96]

---

93) 영국과 관련하여 이 점에 대해서는 Paul Pierson, "The New Politics of the Welfare State", *World Politics* Vol.48 (1996), 특히 159면 이하 참조.

94) 정치이념보다는 합의의 정치적 기반을 보다 강조하는 입장으로는 예컨대 Stein Kuhnle, 위 각주 10의 논문 참조.

95) 이에 대해서는 Gøsta Esping-Andersen, *The Three Worlds of Welfare Capitalism* (Princeton University Press, 1998) 참조. 이 밖에 송호근/홍경준, 복지국가의 태동(나남, 2006), 76면 이하 참조.

96) 이 점에 대해서는 예컨대 Manfred G. Schmidt, 위 각주 43의 논문, 158면 이하 참조.

자유주의적 이념이 지배하는 국가에서 복지정책은 일반적으로 잔여적이고, 부분적이다. 국가복지에 대한 불신이 강하며, 상대적으로 기업복지에 의존하는 정도가 높다. 또 기업복지에 포섭될 수 없는 국민들은 민간 차원에서 이루어지는 자선적 복지생산에 의존할 수밖에 없다. 미국과 일본이 대표적인 예이다.[97] 미국의 경우 대통령선거에서 이른바 승자독식의 원칙(winner-takes-all)이 적용되어 사회주의 혹은 사회민주주의를 지향하는 제3의 정당이 출현할 수 없었다는 점에 대해서는 위에서 설명한 바 있다.[98] 자유주의적 이념이 지배하는 경우 국가는 사실상 일방적인 급여의 주체로서, 그리고 수요 및 자산조사가 선행되는 공공부조의 주체로서 기능하는 데에 그친다. 건강보장에 있어서도 공적 사회보험을 운용하지 않는 미국의 경우 공공부조로서 의료보호(medicaid)가 시행될 뿐이다. 이 경우 복지생산은 전체 사회질서를 형성한다고 볼 수는 없다. 오히려 복지생산은 시장에서 보이지 않는 손에 의하여 이루어질 것이 기대되고, 그만큼 복지생산의 사회통합기능은 생소하다. 민주주의가 소수의 보호를 중요한 가치로 하고 있다는 점을 고려하면 이러한 국가의 무관심은 복지의 불균형을 낳고, 또 민주주의적 정당성에 의문을 제기하게 한다. 이 점에서 예컨대 미국의 경우 보편적으로 겪는 복지국가의 문제 외에 민주주의의 흠결이 보다 근본적인 문제로서 제기되고 있다.[99]

5. 직접민주주의적 요소의 영향

직접민주주의적 요소는 복지생산의 확대 및 축소에 있어서 의사결정을 어렵게 한다는 것이 직접민주주의가 시행되는 대표적인 국가인 스위스의 경험이다.[100] 결국 직접민주주의적 요소는 일반적으로는 현상유지적인 기능을 수행한다. 스위스의 경우 우파정당은 복지정책법안을 자주 임의적 국민투표에 회부하였다. 그리고 이는 대부분 부결되었다. 실제

97) 일본의 예에 대해서는 예컨대 Martin Seeleib-Kaiser, *Globalisierung und Sozialpolitik*(Campus, 2001), 155면 이하 참조.

98) 제3편 제3장 제1절 I.2.(2) 참조.

99) 이 점에 대해서는 John Myles, “When Markets fail; Social Welfare in Canada and United States”, Gøsta Esping-Andersen, *Welfare States in Transition* (Sage Publications, 1996), 119면 이하 참조.

100) 이에 대해서 자세한 분석으로는 Paul Pierson, 위 각주 93의 논문, 174면 참조.

1874년에서 2000년까지 사회정책과 관련된 63개의 의안이 국민투표에 회부되었으며, 이들은 대부분 부결되었다. 구체적으로 보면 임의적으로 회부된 국민투표 27건 중 사회보장의 팽창을 내용으로 하는 의안은 3분의 2가 부결되었고, 복지의 축소를 내용으로 하는 국민투표는 모두 부결되었다.[101] 이와 같은 국민투표의 결과는 다음과 같이 복합적인 영향을 남긴다. 첫째, 이로써 당연히 해당 복지조치의 시행이 지체된다. 둘째, 이와 같은 지체로 인하여 시간이 흐르면서 본래의 구상이 간혹 결정적인 변화를 겪는 경우가 있다. 국가 중심의 실업보험에 대한 구상이 국민투표에서 부결되면서, 벨기에에서 기원하는 이른바 겐트체계(Ghent system), 즉 노동조합이 관할하는 실업보험체계로 전환되었던 경험이 좋은 예이다.[102]

국민투표에서 의안이 부결되어 정책이 관철되지 못하는 경우 헌법개정의 계기가 되기도 하였다. 다음이 좋은 예이다. 1931년 스위스는 사회보험과 공공부조가 복지생산의 방법으로 논의되었으며, 이때 다수는 후자를 선택하는 결정을 하였다. 즉 빈곤극복이 복지생산의 목표로 선호되었다. 오늘날 스위스 사회보장을 특징짓는 이른바 3층구조의 원칙이 1972년 헌법에 삽입된 것은 위와 같이 국민투표가 정책전환에 장애가 되었다는 경험을 반영한 것이다.[103] 즉 국가의 복지생산을 위한 결정이 좌절되자 이제 헌법에 3층구조의 원칙을 명시하여 국가의 과제를 명확히 하였다. 이는 스위스가 빈곤극복으로부터 기존 생활수준의 보장으로 복지생산의 목표를 전환하는 결정이었다. 이는 이미 위에서 언급했듯이 스위스 경제의 국제경쟁력을 증진시키기 위하여 근로임금을 억제하는 대신 복지생산의 방법으로 사회보험을 헌법적으로 보장하기 위한 조치로서의 의미를 갖기도 하였다.[104]

---

101) 이에 대해서는 Herbert Obinger, "Wohlfahrtsstaat Schweiz; Vom Nachzügler zum Vorbild?", Herbert Obinger/Uwe Wagschal(편), *Der gezügelte Wohlfahrtsstaat* (Campus, 2000), 261면 이하 참조.

102) 이에 대해서는 위 각주 73의 논문, 275면 이하 참조.

103) 이에 대해서는 위 각주 73의 논문, 302면 이하 참조.

104) 이에 대해서는 위 제2편 각주 32 참조.

6. 노동조합의 기능

복지국가에서 노동조합의 기능은 이중적이다. 강한 노동조합이 존재하는 경우에 다음과 같은 두 가지 유형이 발견된다.

첫째, 노동조합이 이미 노동자의 복지를 담당하고 있는 경우 노동조합은 국가 중심의 복지정책에 저지세력으로 나타난다. 국가가 복지생산의 주체가 되는 경우 노동조합의 역할이 그만큼 약화되며, 근로자의 노동조합에의 의존도, 그리고 그 결과 충성도가 낮아질 것이기 때문이다. 영국과 미국이 이러한 유형에 속한다. 이러한 시각에서는 간접적인 국가조직이라고 할 수 있는 사회보험에 노동자가 포섭될 경우 이는 노동운동을 통제하는 계기가 된다고 보았다.[105] 둘째, 이에 비해서 노동조합이 국가복지의 형성에 사용자와 대등한 당사자로 참여하고, 또 노동조합이 기존의 정당과 정체성을 같이 하면서 국가복지의 형성에 적극적으로 영향력을 행사하는 유형이다. 스웨덴이 이러한 유형에 속한다.[106]

둘째, 노동조합이 활성화되지 못하고, 노동운동이 발달하지 못한 경우 국가는 그만큼 복지인식에 둔감할 수밖에 없다. 캐나다가 이러한 유형에 해당한다.[107] 캐나다의 경우 복지욕구를 매개하는 좌파정당이 발달하지 못했다는 점이 함께 복지국가의 지체에 영향을 미쳤다. 프랑스 역시 같은 유형에 속한다.[108]

복지국가의 거시적인 구성요소로서 노동조합은 특히 1990년대 이후 세계화의 발전과정에서 점차 그 위치가 취약해지고 있다. 경제환경의 변화로 인하여 전통적인 투쟁목표였던 임금안정 및 인상은 물론이고, 새로운 목표인 고용안정 역시 실현되기 어려운 상황에 처해졌기 때문이다. 복지생산의 결정에 있어서도 노동조합의 입지는 점점 좁아지고 있다. 복지의 구조가 변화되고 있기 때문이다. 일반적으로 복지재원으로 조세가

---

105) 이에 대해서는 Roy Lubove, 위 각주 50의 책, 15면 이하 등 참조.

106) 노동조합의 역할에 대한 유형적 분석으로는 Roger Lawson, "Gegensätzliche Tendenzen in der sozialen Sicherheit; Ein Vergleich zwischen Grossbritannien und Schweden", *Zeitschrift für ausländisches und internationales Arbeits- und Sozialrecht* (1988), 23면 이하 참조. 이 밖에 스웨덴의 예에 대해서는 위 각주 9 참조.

107) 이 점에 대해서는 Alain Noël/Peter Grafe, 위 각주 80의 논문, 130면 이하 참조.

108) Franz-Xaver Kaufmann, 위 각주 6의 책, 216면 이하 참조.

차지하는 비중이 높아지고 있다.[109] 사회보험의 지속가능성을 담보하는 이른바 세대 간 정의의 이념이 고령사회가 심화되고, 인구구조가 불균형하게 변화하면서 더 이상 사회보험 보험료를 재원으로 해서는 실현될 수 없다는 인식도 작용하였다.[110] 근로자와 사용자가 공동으로 보험료의 형태로 재원을 부담했던 사회보험에서 기업의 국제경쟁력을 보호하기 위하여 사용자의 부담을 줄이거나 혹은 전면 폐지하는 예들이 나타나고 있기도 하다. 1997년 프랑스가 건강보험의 재원으로서 사용자의 보험료 부담을 폐지하고 (그 명칭과는 달리) 실질적으로는 조세에 해당하는 일반사회보험료(contribution sociale généralisée; CSG)를 도입한 것이 좋은 예이다.[111] 이와 같이 조세가 복지재원에 있어서 상대적으로 중요한 비중을 차지하게 되면서 사용자와 함께 조합주의적 합의의 당사자로서 복지생산에 영향을 미쳐왔던 노동조합의 영향력은 감소할 수밖에 없게 되었다.

제4절 규범적 유형과 제도적 유형

사회문제에 대한 정치적 대응의 방법론은 규범적 유형과 제도적 유형으로 분류할 수 있다. 전자에 따르면 복지생산의 조건 및 내용이 법제화되며, 따라서 개인은 국가와 구체적인 법률관계를 형성한다. 이러한 법률관계에서 개인은 복지급여에 대한 구체적인 권리를 갖는다. 공공부조와 같은 국가의 일방적인 급여에 대해서도 그 조건과 내용이 법제화된 범위 내에서는 개인은 구체적인 권리를 갖는다.[112] 이와 같이 규범적 유

---

109) 이에 대해서는 위 각주 17의 문헌 참조.

110) 이에 대해서는 예컨대 전광석, “지속가능성과 복지국가”, 「법학연구」(연세대 법학연구원) 제22권 제2호(2012), 23면 이하; Michael Stolleis, “Einschnitte und Übergänge sozialrechtlicher Entwicklung”, Schriftenreihe des Sozialrechtsverbandes 55, *Sozialrechtsgeltung in der Zeit* (2007), 164면 이하 등 참조.

111) 이에 대해서는 Giuliano Bonoli/Bruno Palier, “How do welfare states change? Institutions and their impacts on the politics of welfare state reform in Western Europe”, Stephan Leibfried(편), *Welfare State Futures* (Cambridge University Press, 2001), 69면 이하 참조.

112) 독일의 경우 이미 1954년 연방행정법원은 이를 명확히 하였으며, 이후 입법자

형의 복지국가에서 급여의 조건과 내용이 법제화되기 때문에 복지생산은 일반적으로 선택적인 성격을 띠게 된다. 이로써 한편으로는 법적 권리가 보장되기 때문에 복지배려가 안정성을 갖는다. 그러나 다른 한편 법적 권리를 부여하는 법제화는 항상 선택의 과정이므로 포섭과 배제를 통한 차별의 문제를 발생시킨다.

복지생산과 관련된 규범적 선택은 다음과 같은 절대적, 그리고 상대적 의미를 갖는다. 첫째, 단계적으로 규범적 선택이 확대되는 경우에는 선택적 특징은 점차 사라지고 전 국민이 복지정책의 대상이 될 수 있다. 둘째, 선택은 정치적으로 이루어지며 이에 대한 평가는 다양하다. 사회적 약자에 대한 집중적인 선택이 이루어질 수 있으며, 이 경우 복지이념이 실현된다. 그러나 일반정치적 고려가 지배하는 선택이 이루어질 수도 있으며 이 경우 위에서 언급한 복지국가의 민주주의적 한계가 작용하여 분배에 있어서의 불평등은 재분배과정에서 보다 심화될 위험이 있다.[113]

제도적 사회보장에서는 일반적으로 사회적 위험으로 인식된 상황을 극복하기 위해서 필요한 제도를 창설하고 이에 대한 접근을 포괄적으로 보호한다. 무상교육을 위한 교육시설의 설치, 무상의료를 제공하기 위한 의료기관의 설치 등이 좋은 예이다. 영국의 국민건강제도(NHS)가 이러한 유형에 속한다.[114] 제도적 복지생산은 모든 국민이 접근할 수 있도록 형성된다. 위에서 설명한 규범적 유형에서는 경우에 따라서 규범적 선택이 사회적 혹은 비사회적일 수 있으며, 이 점이 정책적 평가의 기준이 된다. 그러나 제도적 유형에 있어서는 보호되는 위험 혹은 상황의 선택은 사회적이지만 구체적인 보호의 여부는 사회적 관점을 기준으로 결정되는 것은 아니다. 그 결과 규범적 복지국가에서와는 정반대의 문제가 발생한다. 즉 모든 국민에게 제도에의 접근을 보장한다는 점에서 사회적 평등

는 이를 법제화하였다. *BVerwGE* 1, 159면 이하 참조. 독일 사회법전 제12권 제17조 참조.

113) 위 제3편 제3장 제3절 I.3. 참조.

114) 국민건강제도의 내용 자체 및 사회보험방식과의 비교에 대해서는 이두호 외, 국민의료보장론(나남, 1992), 209면 이하; 이종찬, "외국의 의료보장정책과 제도에 대한 주체적 인식-영국의 NHS를 중심으로", 「사회보장연구」 제14권 제2호(1998), 1면 이하; 전광석, "국민건강보험의 법률관계 - 헌법적 접근의 가능성", 「의료법학」 제2권 제1호(2001), 279면 이하 등 참조.

의 이념을 실현하는데 유리한 환경이 조성된다. 이에 비해서 제도적 복지는 일종의 영조물이용관계 속에서 실현되기 때문에 구체적인 권리의무관계가 존재하지 않고, 따라서 그만큼 정치적으로 주목을 받지 못하는 문제를 내포하고 있다. 예컨대 건강보험에서 국가와 개인 간의 구체적인 법률관계를 중심으로 보호가 이루어지기 때문에 공중보건과 같은 제도적 접근이 그 필요성과 효율성에도 불구하고 소홀히 되는 것이 좋은 예이다.[115]

115) 이 점에 대해서는 예컨대 Stefan Huster, "Gesundheitsgerechtigkeit; Public Health im Sozialstaat" *Juristenzeitung* (2008), 859면 이하 참조.

제 4 편

복지국가의 보편화와 독자화

제 4 편 복지국가의 보편화와 독자화

제 1 장 보편화의 경향

19세기 후반 이후 각국은 그들이 처한 정치적 · 경제적 및 사회적 상황에 따라 사회문제에 다양한 제도적 대응을 하였다. 그 결과 다양한 유형의 복지국가가 형성되어 왔다. 이 점은 위 제3편에서 서술하였다. 그런데 이와 같이 일단 인식, 그리고 정착된 복지국가의 이념과 제도, 그리고 국가의 복지과제는 그 유형에 차이가 있을 뿐 곧 보편화하였다. 그리고 각국에서 복지국가가 팽창하는 경향 역시 보편화하였다. 복지급여의 수준이 향상되고, 대상자의 범위가 확대되었다. 사회보험의 경우 의무가입자의 범위, 그리고 그 결과 급여에 대한 법적 청구권을 갖는 국민의 범위가 확대되었다. 이는 시기적으로는 서구 사회를 중심으로 보면 1950년대 및 60년대에 해당한다. 여기에는 헌법, 평등, 정의와 같은 규범적 및 이념적 상황이 작용하였다.

제 1 절 헌법의 문제 – 사회권의 등장, 참여민주주의의 이상

19세기 후반 이후 복지국가의 발전은 헌법의 이념 및 제도로서 반영되었다. 사회권의 도입과 보장, 그리고 참여민주주의의 확대는 복지국가의 팽창을 유도하면서 중요한 영향을 미쳤다. 이는 직접, 그리고 구체적으로 헌법 개정의 방법을 취하고 그 결과로서 나타나 는 경우도 있었다. 스위스의 예에 대해서는 위에서 설명한 바 있다.[1] 그러나 이와 같이 헌

1) 스위스의 예에 대해서는 위 제3편 각주 103, 104 참조. 이 밖에 헌법이 구체적

법 개정을 하지 않더라도 전반적으로 헌법에 대한 이해가 변화하여 국가의 복지생산을 규범적으로 뒷받침하였다.

Ⅰ. 사 회 권

자유권적 기본권은 국가의 개입을 저지하는 전통적인 기능 외에 자유의 조건을 보장하도록 이론구성을 하면서 효력이 강화되었다.[2] 이로써 자유권에 사회적 과제가 투영되었다. 1919년 독일 바이마르헌법의 사회적 기본권에 대한 실험은 현실적으로는 바이마르헌법의 짧은 수명, 그리고 사회적 기본권 자체가 갖는 규범적 및 현실적 한계로 인하여 성공할 수 없었다. 그럼에도 불구하고 사회적 기본권으로 표현된 국가의 사회적 과제에 관한 이념은 각국에서 승인을 받게 되었다. 그 결과 여러 나라들이 헌법의 기본권 목록에 전통적인 자유권적 기본권과 더불어 사회적 기본권을 도입하였다. 혹은 아래에서 살펴보는 바와 같이 사회적 기본권이 갖는 실현의 한계를 인식하고 객관적 규범의 형태로 사회적 과제를 법제화하였다.[3]

사회적 기본권은 자유권적 기본권과는 달리 그 실현에 있어서 규범적 및 사실적인 한계가 있다.[4] 국가의 부작위를 요구하는 자유권적 기본권과는 달리 사회적 기본권은 국가의 적극적인 행위를 필요로 한다. 이 경우 국가작용의 내용 및 방법론에 대한 다양한 차원 및 영역에서의 결정이 필요하다. 그러나 이에 대한 구체적인 지침이 헌법에서 직접 도출될 수는 없다. 장기적인 과정 속에서 그때 그때의 사회적 문제에 대한

인 복지생산을 규정한 예로 1961년 코스타리카(Costa Rica) 헌법을 들 수 있다. 이에 따르면 국가는 10년 이내에 사회보험에 의한 보호의 범위를 보편화하여야 한다.

2) 자유권을 참여권으로 이론구성하는 시도였던 독일 연방헌법재판소의 결정이 대표적인 예이다. *BVerfGE* 33, 303면 이하 참조. 이 밖에 이에 대한 일반적인 논의로는 전광석, 한국헌법론(집현재, 2011), 210면 이하 참조.

3) 헌법의 사회적 강령을 법제화하는 다양한 방법론에 대해서는 Jörg Lücke, "Soziale Grundrechte als Staatszielbestimmung und Gesetzgebungsaufträge", *Archiv des öffentlichen Rechts* (1982), 26면 이하 참조.

4) 이에 대해서 자세히는 전광석, "사회적 기본권의 실현구조", 「세계헌법연구」 제12권 제1호(2006), 271면 이하 참조.

처방으로서 입법적으로 구체화되어야 할 문제를 헌법이 직접 구체적으로 결정하는 경우 헌법의 정치개방적 기능이 상실될 위험이 있기 때문이다.[5] 그만큼 사회권의 실현은 입법적 형성에 위임되어 있다. 이와 같이 헌법의 사회적 강령이 갖는 실현의 한계에도 불구하고 사회적 기본권은 복지국가의 확대에 다음과 같은 두 가지 측면에서 중요한 역할을 수행하였다.

첫째, 정도의 차이가 있지만 국가의 복지생산이 민주적 정당성을 판단하는 실체적 기준으로 기능하게 되었다.[6] 복지생산의 내용과 방법의 문제는 여전히 개방되어 있지만, 적어도 복지국가의 과제는 "국민을 위한 정치"로 이해되는 민주주의를 평가하는 요소가 되었다.[7]

둘째, 이념으로서의 사회적 권리이다. 예컨대 영국과 같이 헌법이, 그리고 성문화된 기본권이 존재하지 않는 경우에도 사회적 시민권의 이념은 널리 보급되어 왔다[8]. 또 국제법의 영역에서도 인권규정이 보편화되면서 특히 국제연합(UN)을 중심으로 사회권은 인권규약에서 확고한 위치를 갖게 되었다.[9] 개인의 운명이 시장에 일방적으로 종속되는 것이 아니라 시장은 개인의 수요를 어느 정도 보호하는 사회적 과제를 갖는다고 이해되었다. 경우에 따라서는 노동시장에의 접근 여부에 관계 없이, 즉 자신의 노동력을 시장에서 교환할 수 없는 상황에서도 사회적 위험으로

---

5) 헌법의 정치개방적 기능에 대해서는 Dieter Grimm, "Ursprung und Wandel der Verfassung", Josef Isensee/Paul Kirchhof(편), *Handbuch des Staaatsrechts* Bd.I (C.F. Müller, 2003), 17면 이하 참조.

6) 복지국가와 민주주의의 역사적 先後關係에 따라 나타나는 상호작용에 대해서는 위 제3편 제3장 제2절 I.2. 참조.

7) 미국의 복지상황이 민주주의의 문제로 귀속되는 것이 좋은 예이다. 이에 대해서는 위 제3편 각주 99 참조.

8) 사회권의 이념적 승인에 이르는 사회적 상황의 발전에 대해서는 예컨대 Thomas H. Marshall, *Bürgerrechte und soziale Klassen*(Campus, 1992), 33면 이하 및 95면 이하 등 참조. 이 책의 원전은 Thomas H. Marshall, *Citizenship and Social Class* (Pluto Press, 1981) 이다.

9) 인권 및 사회권의 국제화에 대해서는 예컨대 전광석, 국제사회보장법론(법문사, 2002), 42면 이하; Bruno Simma, "Soziale Grundrechte und das Völkerrecht", *Festschrift für Peter Lerche* (1993), 특히 90면 이하 참조. 2차 세계대전 후 연합국의 세계질서구상에서 사회보장이 차지하는 위치에 대해서는 위 제2편 각주 66, 67 참조.

부터 자유로운 생활을 형성할 수 있는 권리가 사회권으로 이해되기도 하였다. 이에 대한 극단적인 이론구성이 이른바 탈상품화(de-commodification)의 논리였다.[10]

Ⅱ. 참여민주주의

복지국가의 확대에 기여한 또 하나의 헌법적 이념은 이른바 참여민주주의에 대한 인식 및 제도화이다. 이는 다음과 같이 미시적인, 그리고 거시적인 측면으로 나누어 볼 수 있다.

미시적인 측면에서 볼 때 정치원리인 민주주의를 다른 생활영역에 확대하려는 시도가 활발하게 이루어졌다.[11] 경제 및 사회정책의 형성에 있어서 국회와는 다른 구성원리에 따라서 조직·기능하는 합의체위원회에서 실질적인 사회경제적 정책결정이 이루어지는 경우가 빈번해졌으며, 또 이러한 제도가 여러 시각에서 정당화되기도 하였다.[12] 또 노동복지의 상당 부분이 기업 내 노동자와 사용자 간의 참여에 의한 합의에 맡겨지게 되었다.[13] 사실 이러한 의사결정의 유형은 민주주의원리에 의하여 요청되는 것도, 또 정당화되는 것도 아니다. 그러나 이러한 제도화는 실질적이고 최종적인 결정이 입법권에 유보되어 있는 한 적어도 정책적 수용력을 제고하는 데 기여하였다. 그리고 이들 당사자들이 유권자집단에서 양적, 그리고 질적으로 중요한 비중을 차지하고 있기 때문에 합의체에서의 결정이 민주주의원리와 긴장관계에 있을 수 있음에도 불구하고 이러한 문제가 표면화되지는 않았다.

---

10) 탈상품화논리의 내용과 문제점에 대해서는 위 제2편 제1장 제3절 I.2. 참조.

11) 독일 바이마르헌법에서 이 문제에 대한 논의 및 시행을 위한 시도에 대해서는 Franz-Xaver Kaufmann, *Sozialpolitisches Denken* (Suhrkamp, 2003), 92면 이하 참조.

12) 우리나라에서 노사정위원회의 예에 대해서는 위 제2편 각주 74 참조. 독일에서는 건강보험에서 다수당사자가 참여하는 위원회가 국회 대신 실질적으로 규범을 제정하는 기능을 수행하는 점이 비판적으로 검토되고 있다. 독일에서 이러한 논의에 대해서는 Eberhard Schmidt-Assmann, "Verfassungsfragen der Gesundheitsreform", *Neue Juristische Wochenschrift* (2004), 1692면 이하 참조.

13) 이에 대해서는 위 제3편 제3장 제2절 Ⅲ. 참조.

참여민주주의는 거시적으로는 모든 개인이 사회 전체의 부(富)의 증가에 참여하여야 한다는 이념 및 제도로 발전하게 되었다. 이는 수직적 측면과 수평적 측면 모두에서 발견된다.

'수평적 측면'에서는 세대 내 평등(intra-generational equality)의 이념에 의하여 분배과정에서 노동력 외에 개인의 복지상황이 배려되어야 했다. 또 분배과정에서 나타난 불평등은 개인이 전체 사회의 부의 증가에 참여할 수 있도록 재분배과정이 형성되어 어느 정도 조정될 수 있도록 하였다. 그 결과 특히 현금이전을 통한 복지생산에 있어서 사회적 타당성의 원칙이 강조·강화되었다. 보험료 등 자기기여가 아니라 기존의 소득수준이 급여산정의 기초가 되었다. 급여에는 급여청구권자뿐 아니라 가족의 수요를 반영하였다.

'수직적 측면'에서는 현세대의 부의 축적에는 이전세대가 일정 부분 기여하였다는 이념에 의하여 이전세대가 현세대의 부의 성장에 참여하는 방법이 고안되었다(inter-generational equality). 이는 독일의 경우 1957년 연금개혁에 의하여 재정방식을 기존의 적립방식에서 부과방식으로 전환하여 실현되었다.[14] 여기에는 연금수준이 경제성장 및 소득수준의 향상에 맞추어 조정되어야 하는 요청이 재산권적으로 보호되는가 하는 문제가 뒤따랐다.[15] 이러한 문제의식은 급여가 조정되어야 할 필요성이 강하게 나타난 1990년대 이후 보다 시사성을 갖고 논의되었다. 미국의 경우 1930년대 후반 이후, 특히 1970년에 들어오면서 사회적 관점이 보험적 사고에 우선하면서 소득활동에서 은퇴한 노령인구를 포함하여 사회 전체가 경제성장에 어느 정도 참여할 수 있어야 한다는, 즉 경제성장의 수혜

---

14) 이에 대해서는 전광석, 독일 사회보장법과 사회정책(박영사, 2008), 49면 이하 참조.

15) 이 문제에 대해서 독일의 연방헌법재판소는 아직 명확한 결론을 내리지 않고 있다. 예컨대 *BVerfGE* 87, 97ff; 100, 1(44) 등 참조. 이를 긍정하는 견해로는 예컨대 Ingwer Ebsen, "Das Verfassungsrecht als Steuerungsinstrument für die Balance von Bestandssicherung und Flexibilität in der gesetzlichen Rentenversicherung", *Festschrift für Franz Ruland* (2007), 91면 이하; Rainer Pitschas, "Verfassungsvoraussetzungen für die Entstaatlichung der gesetzlichen Rentenversicherung in Deutschland", *Festschrift für Franz Ruland* (2007), 116면 이하 등 참조.

자가 되어야 한다는 사고가 지배하게 되었다.[16] 이는 1990년대 이후 현세대를 위한 복지팽창이 미래세대에 부담으로 작용하여 이 점이 또 다른 의미에서 세대 간 정의의 문제로 의제화되는 점과 비교된다.[17] 제6편에서 살펴보듯이 이제 세대 간 정의는 인구구조의 불균형이라는 문제에 직면하여 자기기여와 반대급여 간에 형평을 유지하는 요청을 중심으로 논의되고 있다.

전체적으로 보면 이러한 발전은 복지생산의 계기를 보험료 납부 등 원인관계에서 어느 정도 독립하여 사회적 보호라는 목적론적 관점을 강조하는 경향으로 나타났다. 이러한 경향이 이 후 시기에 복지성장이 한계에 부딪쳤을 때 복지부담의 원인으로 주목받았으며, 그 결과 합리화의 우선적 대상으로 논의되었다.[18]

제 2 절 평등의 문제
-선거권의 일반화, 일반적 국가기능의 확대, 동등한 보상의 욕구

Ⅰ. 선거권의 일반화

복지국가의 보편화 경향은 평등의 보편화와 궤를 같이 한다. 특히 선거권의 일반화, 즉 보통선거의 원칙이 확립되었다는 사실이 결정적인

16) 이에 대해서는 Edward D. Berkowitz, "The First Advisory Concil and the 1939 Amendments", Edward D. Berkowitz(편), *Social Security After Fifty-Success and Failure* (Greenwood Press, 1987), 29면 이하, 55면 이하; Marilyn Moon, "Are Social Security Benefits too high or too low?", Eric R. Kingson/James H. Schulz(편), *Social Security in the 21st Century* (Oxford University Press, 1997), 64면 이하 참조.

17) 제2편 각주 73 참조.

18) 독일의 예에 대해서는 Jens Alber, "Der deutsche Sozialstaat in der Ära Kohl; Diagnosen und Daten", Stephan Leibfried/Uwe Wagschal(편), *Der deutsche Sozialstaat* (Campus, 2000), 262면 이하 참조. 일부 국가에서 1990년대 이후 사회보험에 적용되던 확정급여방식(defined benefits)을 확정기여방식(defined contribution)으로 전환한 것은 위와 같이 복지팽창의 시대에 실현되었던 사회보험원리에 대한 반작용이었다. 이에 대해서는 아래 제6편 제4장 제3절 Ⅱ. 참조.

영향을 미쳤다. 대중집단인 노동자계급, 그리고 여성의 선거참여와 여성정치의 활성화는 노동복지 및 여성복지의 발전과 밀접한 상관관계가 있다. 이러한 선거권의 일반화, 그리고 선거주기가 단기적으로 반복되는 것은 민주주의에 필연적이지만 복지국가의 형성에는 다음과 같은 영향을 미쳤다. 첫째, 복지국가가 유권자 다수를 중심으로 형성되며, 이는 경우에 따라서 복지생산의 불균형을 결과할 수 있다. 둘째, 빈번한 선거의 실시는 복지생산의 결정이 근시안적으로 이루어질 가능성을 내포하고 있다. 이는 복지생산의 확대로 이어지며, 동시에 복지생산의 체계가 상실될 위험을 지니고 있다. 셋째, 빈번한 선거주기뿐 아니라 연방국가에 있어서와 같이 여러 차원에서 국가 및 주 단위의 기구를 조직하기 위한 선거가 이루어지면서 정책에 대한 책임관계가 불분명해지는 문제를 발생시킨다(retrench by stealth).

Ⅱ. 국가기능 및 평등영역의 확대

국가기능이 광범해지면서 평등의 원칙 역시 적용영역이 확대되었다. 국가가 소극적인 기능을 수행하는데 그치는 경우 개인의 운명과 국가활동과의 연계성은 강하지 않다. 개인의 운명은 개인의 능력과 개인이 생래적으로 소속되는 공동체의 운명에 의하여, 그리고 국가가 개입하지 않는 사회경제적 활동을 통하여 형성된다. 그런데 이제 국가기능이 확대되면서 개인의 운명, 이익과 불이익은 국가활동의 결과로서 인식되었다. 즉 개인의 운명이 인위적인 성격을, 그리고 보상의 대상으로서의 성격을 띠게 되었다.[19] 더구나 결핍의 시대에서는 복지의 이념이 지배하고 자원이 평등하게 배분되는 한 소득의 차이 등 불평등에 대해서는 민감하지 않지만 풍요로운 사회에서는 복지보다는 평등의 실현이 훨씬 민감한 주제가 된다는 것이 인류역사의 경험이다.

여기에서 다음과 같은 문제가 발생한다. 국가가 모든 개인에게 평등

---

19) 복지국가의 역사에서 이러한 공통점을 지적하는 견해로는 예컨대 Peter Baldwin, "The Welfare States for Historians", *Comparative Studies in Society and History* (1992), 695면 이하 참조.

한 상황을 일시에 실현할 수는 없으며, 독자적으로 정책의 우선순위에 대한 결정을 하여야 한다. 따라서 역설적으로 보면 평등을 실현하기 위한 작용을 포함하여 모든 국가활동은 (불)평등의 문제를 야기한다.[20] 말을 바꾸어 하면 시장에서 생성되는 불균형을 교정하기 위하여 국가가 복지과제를 갖지만 복지생산이 보편화되면서 시장과는 관계없이 국가의 복지생산 자체가 불평등의 원인이 되는 상황과 인식이 나타난다. 이때 국가가 불평등의 정당성을 설득력 있게 설명할 수 없다면 국가는 자원이 허용하는 범위 내에서 지속적으로 복지를 확대하여야 한다.

여기에서 평등은 다음과 같은 딜레마에 처하게 된다. 첫째, 객관적으로, 그리고 특히 주관적으로 평등이 실현되는 것은 본질적으로 불가능하다. 내재적인 개인의 능력과 능력이 실현되는 외재적인 주변환경이 평등할 수는 없기 때문이다.[21] 둘째, 평등은 헌법의 절대적인 가치가 아니며 자유의 이념과 상호 작용을 하면서 실현된다. 즉 평등은 자유를 실현하는 평등한 기회를 포함하며, 이 점에서 보면 역설적으로 평등은 불평등을 이념적으로 지향한다. 이러한 상황에서 개인은 좀 더 평등에 접근하기 위하여 국가에 대한 기대를 증대시키며, 이러한 개인의 기대와 국가의 대응이 상호 영향을 미치면서 국가의 복지생산은 확대 경향을 띠게 된다. 평등을 실현하는 과정에서 필연적으로 나타나는 객관적, 그리고 주관적 불평등과의 변증법적 발전 속에서 국가의 복지생산은 확대된다. 또 법이론적으로 보면 평등은 불평등을 확인하는 계기가 되지만 그렇더라도 이러한 평가가 곧 입법권을 적극적으로, 즉 입법적으로 구체적인 청구권을 형성하는 방향으로 기속하는 것은 아니다. 평등은 적극적으로 뿐 아니라 소극적으로 실현될 수도 있기 때문이다.[22] 다만 평등은 특히 풍요의 시대에는 정치적으로 보면 복지팽창의 결정적인 계기가 된다. 입

---

20) 이는 평등을 기준으로 한 헌법적 심사의 한계이기도 하다. 이 점에 대해서는 예컨대 전광석, 위 각주 2의 책, 256면 이하 참조.

21) 이에 대해서는 Amartya Sen, *Inequality Reexamined* (Havard University Press, 1995), 39면 이하 참조.

22) 이러한 이유에서 평등이념이 갖는 현실선도적 기능의 한계에 대해서는 예컨대 Peter Westen, "The Empty Idea of Equality", *Hardvard Law Review* (1982), 특히 569면 이하 참조.

법자가 기존의 보호의 대상인 인적 범위, 그리고 사회적 위험을 축소하는 방향으로 정책을 형성하는 것은 현실적으로 불가능하기 때문이다.

Ⅲ. 보상사고의 일반화

복지국가에 좀 더 특유한 다음과 같은 상황이 전개된다. 개인의 생활이 국가활동에 종속되면서 개인이 처하게 되는 모든 혹은 대부분의 불이익한 상황은 인위적으로 조성된 것이거나 혹은 국가의 책임에 귀속되는 것으로 인식되는 경향, 따라서 이에 대한 국가적 보상이 뒤따라야 한다는 인식이 나타난다.[23] 국가의 불법행위로 인하여 발생한 손해는 물론이거니와 국가의 간접적인 책임이 존재하는 경우, 혹은 국가가 위험의 발생에 거의 영향을 미칠 수 없는 경우에도 국가의 보상의무가 있다고 인식되게 되었다. 자연적 불평등이 방치되는 복지의 공백 역시 보상이 필요한 대상으로 인식되었다.

그 결과 넓게는 사회보장체계 전체가, 그리고 좁게는 특히 사회보상체계가 단일의 이념에 의하여 지배된다고 볼 수 없을 만큼 확대되고 체계를 상실하게 되었다.[24] 보다 일반적으로 보면 국가기능이 확대되고 개인의 운명이 국가활동에 종속되면서 정상을 일탈하는 생활상황이 한편으로는 평등실현을 위한 상대적 조치의 대상으로 주목되었지만, 절대적인 차원에서 보면 이는 국가의 책임에 귀속되며, 따라서 보상이 필요한 것으로 인식되었다. 이러한 확대된 국가의 보상책임은 경제성장의 시대에 성장의 분배가 가능할 때에는 실현될 수 있었다. 그러나 경제성장이 지체되고 복지생산이 축소되는 시대에는 조정이 필요한 영역으로 대두되었다. 이 경우 국가가 보상책임을 여전히 부담하되 정상적인 상황을 회복

---

23) 서구 복지국가 발전에 있어서 이러한 경향에 대해서는 Niklas Luhmann, *Politische Theorie des Wohlfahrtsstaates* (Olzog, 1981), 8면 이하 참조. 이밖에 위 각주 19의 문헌 참조.

24) 우리나라에서 사회보상과 관련된 이 점에 대한 논의에 대해서는 전광석, "국가유공자보상의 범위결정 및 보상의 원칙", 「헌법학연구」 제10집 제4호(2004), 225면 이하 참조. 독일에서 같은 취지의 논의에 대해서는 Hans F. Zacher, "Die Frage nach der Entwicklung eines sozialen Entschädigungsrechts", *Die öffentliche Verwaltung* (1972), 461면 이하 참조.

하는 국가조치에 대한 개인의 주관적 기대를 제한하고, 또 개인의 자구노력을 요구하는 방식으로 제도변화가 예정된다. 다만 이미 승인된, 그리고 개인의식에 자리잡은 국가의 보상책임을 국가책임의 정도 및 보호의 필요성을 기준으로 다시 배열하고, 경우에 따라서는 배제하는 것은 정치적으로 보면 거의 불가능하다는 점이 복지국가의 개편에 있어서 겪는 어려움이다.

위와 같은 보상적 사고의 관성력(inertia)은 우리나라의 경우에도 설명능력을 갖는다. 1972년 헌법 하에서 1977년 도입된 의료보험은 헌법의 사회적 강령을 실현하기 위한 사회정책적 고려와 함께 정치상징의 성격을 강하게 띠었다.[25] 보호대상자를 대규모 기업의 근로자에 한정하고 있었으며, 일부 본인부담의 형태로 가입자 개인에게 상당 부분 재정을 부담시켰다. 의료보험급여비용은 의료기관에 대한 국가의 통제에 의하여 손쉽게 억제될 수 있었다. 그러나 의료보험의 시행은 헌법의식에 중요한 변화를 가져왔다. 개인의 질병이 공적 제도를 통하여 보호되면서 이러한 제도는 인간다운 생활을 할 권리를 실현하는 수단으로 이해되었다. 실제 헌법재판소는 헌법에 명시적인 근거 없이 의료보험급여청구권을 헌법상의 기본권으로 인정한 바 있다.[26] 그리고 이에 기초하여 다른 사회적 위험에 대한 보호가 인간다운 생활을 할 권리의 내용으로 보충될 수 있는 헌법형성의 가능성이 생기게 되었다. 이에 상응하여 국가의 복지부작위에 대해서 헌법규범적으로는 아니더라도 적어도 헌법정치적으로 비난할 수 있는 계기가 본격적으로 형성되었다.[27]

---

25) 의료보험도입에 있어서 작용한 정치적 상황에 대해서는 위 제2편 제3장 제2절 Ⅰ.2.(1) 참조.

26) 헌재결 2003.12.18, 2002헌바1, 15-2(하), 449면 참조.

27) 사회보장청구권 등 사회적 기본권의 규범적 및 정치적 의미에 대해서는 예컨대 전광석, "사회적 기본권과 헌법재판", 「헌법논총」 제19집(헌법재판소, 2008), 741면 이하 참조.

제 3 절 사회정의의 문제
-수요충족, 배분적 정의, 기득권 보호

Ⅰ. 정의 개념의 다원성

복지국가는 사회정의의 실현을 목표로 한다.[28] 복지국가는 기본적으로 사회적 약자에 대한 보호를 출발점으로 하였다. 그리고 이 점이 복지국가적 正義의 가장 본질적인 내용이다. 그러나 正義가 이러한 이념만을 포함하는 것은 아니다. 정의의 이념은 다양하며, 특히 복지생산을 중심으로 보면 개인은 자신의 주관적 상황을 기준으로 正義를 이해한다. 이는 위에서 설명한 평등과 마찬가지로 복지국가의 확대를 유도하는 중요한 계기이다.

복지국가는 사회적 위험을 중심으로 이를 극복하고 정상적인 상황을 회복하여 개인의 자유를 보장하는 내용의 正義를 실현하여야 한다. 질병은 의료적 · 경제적 · 사회적, 그리고 사회보장의 형성에 영향을 미치는 다양한 효과를 유발하여 개인의 정상적인 생활을 저해하는 위험이며, 따라서 개인을 적어도 이로부터 해방시키는 것이 正義라고 이해하는 방법이다.[29] 그런데 질병을 사회적 위험으로 선택하는 정치적 결정은 필연적으로 평등의 문제를 야기한다. 왜 같은 비중을 갖고 개인의 정상적인 생활을 저해하는 다른 사회적 위험은 보호되지 않는가 하는 문제가 제기되기 때문이다. 복지국가의 출발점이 노동자문제에 있는 경우, 그리고 보험료를 재원으로 운영하는 사회보험을 중심으로 복지국가가 형성되는 경우 正義는 또 다른 차원에서 이해된다. 이 경우 복지국가는 개인에게 사회적 위험이 발생하면 구체적인 수요에 관계 없이 추상적으로 수요를 의

---

28) 예컨대 독일 사회법전은 사회정의를 사회법의 목표로 명시하였다. 사회법전 제1권(SGB I) 제1조 제1항 참조. 복지국가에서 사회정의에 대한 다양한 이해방법에 대해서는 Eberhard Eichenhofer, "Sozialrecht und soziale Gerechtigkeit", *Juristenzeitung*(2005), 209면 이하; Hans F. Zacher, "Sozialrecht und Gerechtigkeit", *Festschrift für Werner Maihofer* (1988), 669면 이하 등 참조.

29) 질병의 다양한 파급효과에 대해서는 전광석, 한국사회보장법론(집현재, 2012), 241면 이하 참조.

제하여 보호하는 방식으로 실현된다.[30] 그리고 보호급여는 개인의 사전 기여의 정도에 상응하여 형성된다. 이를 통하여 사회보험은 소득활동기간 동안 개인이 형성한 경제적 지위를 계속 유지하기 위한 보호를 행한다. 즉 시장의 분배과정에서 교환적 정의에 의하여 형성된 법적 지위가 재분배과정에서도 지속되어야 한다는 것이 正義의 또 다른 요청이다.

복지국가의 보편화는 새로운 차원의 정의를 출현시켰다. 사회권은 자유를 실현하기 위하여 필요한 조건을 보장하는 과제를 갖지만, 이러한 기초 위에서 실제 자유를 실현하는 결과가 보장되는 것은 아니다. 인위적으로 형성된 기회를 실현하는 과정에서(converting process) 개인의 주어진 배경과 능력이 작용하기 때문이다. 권리를 부여한 경우에도 이를 인식하고 관철하는 능력이 제한되어 있는 장애인이 여기에 해당하는 대표적인 예이다.[31] 이에 복지국가는 기회의 정의뿐 아니라 결과에 있어서의 정의를 어느 정도 실현하여야 하는 과제를 갖는다.

복지국가는 위와 같이 다차원적으로 이해되는 正義를 실현하여야 한다. 정치적으로 보면 다양한 正義의 차원은 대부분 대상계층이 다르기 때문에 국민 다수의 지지를 얻기 위해서는 정도의 차이는 있지만 어느 한 측면을 소홀히 할 수 없다. 그 결과 복지국가는 확대 · 보편화된다.

Ⅱ. 정의 실현의 다층성

위에서 살펴본 바와 같이 복지국가는 다차원적 正義의 문제를 균형있게 배려하여야 한다. 그런데 이러한 다차원적 正義는 복지생산을 규율하는 특유한 법영역(좁은 의미의 사회보장법)뿐 아니라 거의 모든 법영역(넓은 의미에서의 사회보장법)에서 이념으로 작용하며, 또 실현되어야 한다.[32] 이때 正義가 실현되는 장(forum)은 더욱 복잡해진다. 즉 복지국가

30) 사회보험의 기능방식에 대해서는 전광석, 위 각주 29의 책, 90면 이하 참조.

31) 이에 대해서는 예컨대 전광석, "헌법과 장애인정책-복지와 평등의 이념적 보완관계를 중심으로", 전광석, 한국사회와 장애인정책(인간과 복지, 2011), 37면 이하; 전광석, "공공거버넌스와 공법이론; 구조이해와 기능", 「공법연구」 제38집 제3호(2010), 185면 이하 등 참조. 이에 관한 보다 일반적인 논의에 대해서는 전광석, "사회복지법의 규범체계 및 과제", 「법제연구」 제41호(2011), 특히 19면 이하 참조.

32) 이러한 개념 구분에 대해서는 전광석, 위 각주 29의 책, 82면 이하 참조.

는 이미 다른 법영역에서 발전된 正義에 대한 독자적인 이해방법을 배려하여야 한다. 조세법이 이를 보여주는 좋은 예이다.

조세법 역시 일반적인 법이념으로서 정의를 실현하여야 한다(조세정의). 그러나 조세법적 정의와 복지국가적 정의는 구체적인 실현방법에 있어서는 차이가 있다.[33] 개인의 소득이 순수히 자신의 노력에 의하여 성취한 것은 아니다. 즉 이는 일반적으로는 시장경제질서의 기제를 이용하여 경제를 운용(거래)한 결과이다. 그렇기 때문에 국가는 개인이 취득한 소득의 일부를 회수할 권한이 있다는 데에 조세의 정당성이 있다. 따라서 과세의 기준은 기본적으로 시장기제를 통하여 형성된 개인의 경제적 부담능력이다. 이 점에서 조세정의는 국가의 직접적인 복지생산에 적용되는 사회정의와는 어느 정도 원리상의 차이가 있다. 조세정의에 있어서는 기본적으로 개인의 경제적 부담능력을 징표하는 소득 전체가 과세대상이 되고, 이 중 개인이 갖는 사회적 수요, 그리고 이를 위하여 필수적으로 지출되는 비용을 배려하여 일부를 과세대상에서 공제하는 방법으로 실현된다. 이에 비해서 국가의 복지생산을 지배하는 사회정의는 그 내용이 기본적으로 정치적 결정에 유보되어 있다. 이론적으로 보면 소득 전체를 재분배의 대상으로 할 수도 있다. 이 경우 조세정의와 사회정의를 실현함에 있어서 재분배의 대상은 동일하게 된다. 그러나 이러한 방법은 필연적으로 개인이 자기설계에 의하여 복지를 배려하는 자유를 제한하는 위험이 있다.[34] 즉 개인의 인격실현의 권리를 침해할 수 있다. 따라서 국가의 복지생산은 일반적으로는 전체 소득이 아니라 정치적으로 결정된 일정한 소득 부분에 한하여 재분배대상으로 한다.[35]

복지국가는 각 법영역에서 발전되어 온 정의에 대한 다양한 이해방법을 존중하고 이에 충실하게 각각의 법영역이 기능할 수 있도록 배려하여야 한다. 분배과정에서 적용된 正義(교환적 정의)는 한편으로는 분배의 결과, 즉 소득에 대해서 경제적 부담능력을 기준으로 조세법에서 형성된

33) 이 점에 대해서 자세히는 전광석, "사회보장법과 세법의 기능상의 상관관계", 「공법연구」 제32집 제1호(2003), 207면 이하 참조.

34) 이 점에 대한 헌법적 평가로는 예컨대 *BVerfGE* 10, 354(371); 12, 319(323ff.); 29, 221(236ff.) 참조.

35) 국민건강보험법 시행령 제36조 제4항 및 국민연금법 시행령 제5조 참조.

또 다른 正義를 적용하여 보충되어야 하며(조세정의), 다른 한편 복지생산을 위한 재분배를 지배하는 사회적 正義의 이념에 의하여 다시 조정되어야 한다(복지정의). 정의에 대한 이해와 정의의 실현이 복잡한 구조 속에 자리잡고 있다는 것을 다시 한번 알 수 있다.

제 2 장 복지국가의 과제 확대

복지국가의 보편화 경향과 함께 복지국가는 보호의 대상을 확대하고, 기존의 사회적 위험을 새롭게 이해하면서 과제를 확충하여 갔다. 다음과 같이 유형화할 수 있다.

제 1 절 사회적 위험의 보호 –인격실현을 위한 조건의 실현

Ⅰ. 일 반 론

복지국가가 형성되는 초기에 국가는 개인의 정상적인 생활유형을 저해하는 원인이 되는 사회적 위험이 발생한 경우 그로 인한 경제적 파급효과를 경감시키는 과제를 가졌다. 이를 위하여 사회보험이 도입되면서 질병, 산재, 노령 · 장애 · 사망 등이 대표적인 사회적 위험으로 정책적으로 선택 · 보호되었다. 이후 실업의 사회적 및 경제적 성격이 인식되면서 실업이 사회적 위험으로 추가되었다. 사회적 위험의 범위와 내용이 넓어지고 실질화되면서 다음과 같은 두 가지 경향이 나타나기 시작하였다. 첫째, 사회적 위험이 점차 인위적 성격을 강하게 띠게 되었다(Ⅱ). 둘째, 다음과 같은 질문이 제기되었다. 즉 복지국가가 개인의 정상적인 생활을 보장하는 과제를 갖는다면 이제 복지국가는 기존의 생활을 저해하는 위험뿐 아니라 보다 적극적으로 정상적인 생활을 실현하기 위하여 필요한 조건을 보장하여야 한다는 요청이다. 주거, 교육 및 실업에 대한 보호가 대표적인 예이다(Ⅲ).

Ⅱ. 사회적 위험의 인위적 · 제도적 진화; 노령의 예

노령에 이르면 소득활동을 더 이상 할 수 없는 사실관계가 노령을 사회적 보호의 대상으로 한 취지이다. 초기 노령급여의 조건은 신체적으로 실제 소득활동을 할 수 없는 상황인가를 기준으로 형성되었다. 독일 사회보험이 초기 70세를 노령연금의 수급연령으로 한 것이 좋은 예이다.[36] 그러나 이후 노령은 점점 단순히 경제적 관점뿐 아니라 사회적 및 제도적 관점에서 인위적으로 이해되었다. 즉 나라에 따라서는 사회적 관점에서 일정 기간 노동을 행한 노인은 이제 은퇴생활을 향유할 수 있어야 한다는 논리가 적용되었다.[37] 나아가서 노령이 다른 제도와 연계성을 갖게 되면서 조정되었다. 예컨대 일정 연령이 퇴직연령으로 일반적으로 적용되고 있기 때문에 퇴직 이후의 노령보장은 국가의 복지생산을 통하여 실현되어야 한다는 논리가 지배하였다. 1980년대 실업이 사회문제로 심화되면서 청소년에게 고용의 기회를 보장하기 위하여 노인근로자가 조기에 퇴직하는 경우 연금보험에 의하여 상실된 소득을 연금의 형태로 보장하도록 한 것이 노령에 대한 제도적 진화의 또 하나의 대표적인 예이다.[38]

Ⅲ. 또 다른 예: 주거, 교육 및 실업

주거는 개인의 필수적인 생활수요이기는 하지만 전통적으로 이는 가족단위로 충족되어 왔다. 따라서 주거문제는 복지국가가 형성되는 초기에는 사회적 위험으로 인식되지는 않았다. 그러나 산업사회에서 노동자의 이동성이 증가하고 가족단위의 규모가 축소되면서 주거는 개인의 정상적인 생활을 유지하기 위한 필수적인 수요라는 점이 새롭게 인식되었다. 이에 주거에 대한 보호가 일반적으로 복지국가의 과제로 추가되

36) 사회보험 도입 당시 남성 인구 100명 중 70세 이상의 생존자는 17.75%에 불과하였다. 이에 대해서는 예컨대 Gerhard A. Ritter, *Der Sozialstaat* (Oldenbourg, 1991), 83면 이하 참조.

37) 미국의 예에 대해서는 위 제2편 각주 90 참조.

38) 이에 대해서는 위 제3편 각주 35 참조.

었다.[39]

교육은 해당 사회를 지배하는 가치를 공유하는 과정이며, 이러한 가치에 기초하여 공동체를 실현 · 유지하기 위하여 교육은 근대국가의 중요한 관심사였다.[40] 이에 비해서 오늘날 교육은 개인의 경제적 생활의 기초인 고용의 전단계로서 인식되고 있다. 또 특히 사회보험에서 고용은 사회보장청구권을 형성하는 기초이기도 하다. 고용관계에서 취득하는 임금의 일부는 사회보험의 재원으로 납부되고 이를 기초로 사회보장청구권이 형성 · 실현되기 때문이다. 이에 교육이 고용과 연계된다는 점 그 자체, 그리고 복지생산의 간접적이지만 중요한 매체라는 점에서 교육은 복지국가의 과제영역에 포섭되었다.

실업은 복지국가의 기능확대에 결정적인 매체가 되었다. 다음과 같은 두 가지 상황을 들 수 있다. 첫째, 질병, 산재, 장애 · 노령 · 사망 등과 같은 사회적 위험은 기본적으로 개인의 정상적인 생활을 저해하는 원인으로 처음부터 인식되었고, 또 이들은 대부분 통계학적으로 예측할 수 있는 사회적 위험이다. 이에 비해서 실업은 기본적으로 사회구조 및 산업구조적 산물이다. 그만큼 실업은 예측하기 어렵고, 또 지속적으로 보호될 수 없는 속성을 갖고 있다.[41] 따라서 국가는 복잡한 구조 속에서 경제 및 고용환경을 조성하고 다양한 방법론을 통하여 실업을 예방하는 과제에 보다 중점을 두어야 한다. 우리 헌법 제32조 제1항 노동의 권리가 주관적 공권의 외형을 띠고 있지만 국가에게 고용기회를 실현하기에 유리한 환경을 조성하는 과제를 부과하는 객관적 규범으로 이해되고 있

---

39) 예컨대 독일 사회보장법에서 주거에 대한 특유한 보호제도에 대해서는 전광석, 위 각주 14의 책, 233면 이하 참조. 우리나라의 경우 1999년 제정된 국민기초생활보장법에서 비로소 주거에 대한 개별적 수요를 보호할 수 있도록 하였다.

40) 이에 대해서는 예컨대 Dieter Grimm, "Kulturauftrag des Staates", Dieter Grimm, *Recht und Staat der bürgerlichen Gesellschaft* (Suhrkamp, 1987), 104면 이하 참조.

41) 미국 국민을 대상으로 한 사회보장에 대한 신뢰조사에 있어서 실업보호가 가장 신뢰가 떨어진다고 보고되고 있다. 이는 그만큼 실업급여를 본인이 수급하는 가능성에 대한 예측을 할 수 없기 때문이라고 해석할 수 있다. 이에 대해서는 예컨대 Virginia P. Reno/Robert B. Friedland, "Strong Support but Low Confidence", Eric R. Kingson/James H. Schulz(편), *Social Security in the 21st Century* (Oxford University Press, 1997), 178면 이하 참조.

는 이유이다.[42] 둘째, 실업은 개인의 경제적 생활의 기초를 상실시킬 뿐 아니라 인격을 실현하는 경제적 및 심리적 기반을 박탈하는 효과가 있다.[43] 직업은 인격실현의 매체이며, 또 일상생활의 중심에서 생활설계의 기준이 되기 때문이다.[44] 이와 같은 실업의 속성은 모두 국가의 복지생산을 팽창시키는 중요한 계기이다. 고용정책은 소극적으로 상실된 소득을 보장하는 데 그치지 않고, 직업교육을 실시하고 또 직업을 알선하는 적극적인 서비스활동을 필요로 한다. 알선되는 직업은 개인의 기존의 적성과 직업에 어느 정도 상응하는 것이어야 한다. 이때 비로소 인격실현을 조성하고 직업을 보호하는 내용으로 실업보호가 이루어질 수 있기 때문이다.

복지국가의 개편 및 합리화의 시대에는 일반적으로 실업의 경제적 측면을 우선적으로 주목하고, 인격적 실현을 위한 고용 및 직업보호의 이념은 희생되는 경향이 있다. 혹은 양자의 관계가 긴장관계 속에서 논의되고 있다. 예컨대 2000년 이후 독일의 고용촉진제도는 직업보호보다는 개인의 자구노력을 강조하는 방향으로 뚜렷이 변화하여 왔다.[45] 영국의 경우에도 집단적인 속성을 중심으로 실업을 보호하는 전통에서 탈피하여 개인적 상황을 기준으로 노동의 의무와 보호를 부과하고 제공하는 경향를 띠게 되었다.[46]

제 2 절 복지윤리의 문제

사회적 위험의 보호에는 언제나 다음과 같은 윤리적 문제가 뒤따랐다. 즉 사회적 위험의 발생이 어느 정도 개인의 책임에 귀속되며, 이를

42) 헌재결 2002.11.28, 2001헌바50, 14-2, 678면 이하 참조.
43) 실업의 다양한 사회적 위험으로서의 성격에 대해서는 전광석, 한국사회보장법론(집현재, 2012), 435면 이하 참조.
44) 실업이 갖는 이러한 심리적 측면에 대한 논의로는 Duncan Gallie, “The quality of working life in welfare strategy”, Gøsta Esping-Andersen, *Why we need a New Welfare State* (Oxford University Press, 2002), 110면 이하 참조.
45) 이에 대해서는 제2편 각주 99 참조.
46) 이에 대해서는 Franz-Xaver Kaufmann, *Varianten des Wohlfahrtsstaats* (Suhrkamp, 2003), 159면 이하 참조.

보호하는 데에 있어서 국가의 복지책임과 개인의 자기책임이 어느 정도 경합하는가의 문제이다.[47] 특히 빈곤구호에 있어서는 처음부터 이 문제가 논의의 중심에 있었다. 즉 빈곤을 태만과 같은 개인적 속성의 결과로 이해하여 내부적으로는 급여의 조건을 엄격히 하고, 또 노동보호소에 입소하게 하여 노동윤리를 개선시키는 조치가 취해졌으며, 외부적으로는 선거권을 박탈하는 등 정치적 제재를 가하는 현상이 일반적으로 나타났다.[48]

빈곤에 특유한 이러한 문제는 이제는 극복되었다. 그러나 여전히 복지윤리는 복지남용의 문제와 연계되어 본질적인 문제 중의 하나로 논의되고 있다. 다만 복지생산이 확대되는 시대에는 일반적으로 이 점이 도덕적 해이(moral hazard)와 같은 근본적인 논의의 차원에서 쟁점화되지는 않았다. 오히려 이는 복지체계 자체가 해결하여야 할 기술적인 문제로 다루어졌다. 국가가 개인과 사회, 즉 수급자와 재정부담자 간의 갈등의 여지를 내포하는 문제를 쟁점화하지 않아도 될 만큼 복지생산능력을 보유하고 있었기 때문이다. 이와 같이 근본적이지만 잠재해 있던 문제는 1990년대 이후 복지국가개편론에 있어서 개인의 책임을 강화하고 도덕적 해이를 체계에 포섭하면서 새로이 조명이 필요하게 되었다.

제 3 절 사전예방, 재활, 재사회화

사회적 위험을 보호하는 국가의 과제에는 자연스럽게 사회적 위험의 발생 자체를 예방하는 과제가 포섭되었다. 이는 노동입법이 선도하였으며, 특히 산재보호가 선구적인 역할을 하였다. 연금보험에는 소득상실을 야기하는 위험을 사전에 예방하는 과제가 부과되었다. 건강보험에서 국민건강의 보호를 위하여, 또 장기적인 재정안정을 위하여 예방급여가 보편적으로 제공되게 되었다.[49] 특히 일단 발생하면 회복될 수 없는 치아

47) 미국에서 사회보장이 도입되는 초기 특히 이 점이 비중있게 다루어진 바 있다. 이에 대해서는 예컨대 Roy Lubove, *The Struggle for Social Security 1900-1930* (University of Pittsburgh Press, 1986), 1면 이하 참조.

48) 이에 관한 독일과 영국의 예에 대해서는 예컨대 Gerhard A. Ritter, 위 각주 36의 책, 46면 이하 참조.

49) 우리 건강보험법은 1995년 처음으로 건강진단을 급여목록에 추가하였으며, 독일

와 관련된 질병을 사전에 예방하는 조치가 도입되었으며, 그 밖에 건강보험은 난치병인 암, 성인병 등을 사전에 예방하는 과제를 갖게 되었다. 빈곤정책의 영역에서도 현실적으로 발생한 구체적 수요를 보호할 뿐 아니라 빈곤을 사전에 예방하기 위한 조치들이 부분적으로 도입되었다. 우리 국민기초생활보장법상 차상위계층에 대한 보호는 이러한 이념의 연장선상에 있다. 이와 같은 예방의 목적에서 현금급여에 앞서 재활조치를, 그리고 재활조치에 앞서 예방조치를 취하도록 하는 입법례들이 발견된다. 예컨대 독일의 장기요양보험, 그리고 장애인보호법은 이 점을 명백히 하였다(SGB XI 제5조 제2항; SGB IX 제3조 및 제8조).[50]

복지국가는 사회적 위험이 발생한 후에도 개인이 다시 사회에 진입하여 정상적인 생활을 계속할 수 있도록 하는 재사회화 기능을 확대하여 왔다. 이때 재활에는 신체적 재활뿐 아니라, 직업적 및 사회적 재활이 포함된다. 이러한 기능 역시 이중적 의미가 있다. 첫째, 무엇보다도 이때 비로소 복지국가가 목표로 하는 사회통합이 실현될 수 있다. 둘째, 사회적 위험이 발생한 개인이 사회에 다시 진입하여 통합될 수 있다면 복지급여는 더 이상 필요 없으며, 그만큼 복지재정의 안정화에 기여할 수 있다.

재사회화의 문제와 관련하여 개별적인 복지조치와 더불어 차별금지를 통한 사회통합이 각국에서 점차 주목을 받게 되었다. 장애인정책이 대표적인 예이다. 이에 따르면 장애인이 정상적인, 즉 비장애인과 같은 생활을 할 수 없는 것은 장애 그 자체에 원인이 있는 것이 아니라 장애를 배려하는 제도, 그리고 물적 및 시설기반이 갖추어져 있지 않기 때문이라고 이해한다.[51] 여기에는 국제보건기구(WHO)에서 장애에 대한 이해

의 경우 1989년 건강보험법 개혁을 통하여 예방급여를 대폭 도입하였다. 이들 개혁논의에 대해서는 예컨대 전광석, "독일건강보험법의 기본모형과 개혁논의", 「한국의료법학회지」 제12권 제2호(2004), 47면 이하 참조.

50) 이 점에 대해서 자세히는 예컨대 Recht der Rehabilitation und der Teilhabe, *Zeitschrift für Sozialreform* (2004), 473면 이하 참조.

51) 이 점에 대해서는 예컨대 Jerry L. Mashaw, "Disability, Why does the search for good programs continue?", Eric R. Kingson/James H. Schulz (편), *Social Security in the 21st Century* (Oxford University Press, 1997), 105면 이하 참조.

의 변화가 중요한 영향을 미쳤다.[52] 또 유럽연합은 2000년 장애인차별금지에 관한 지침(Richtlinie zur Festlegung eines allgemeinen Rahmens für die Verwirklichung der Gleichbehandlung in Beschäftigung und Beruf sowie ein Aktionsprogramm der Gemeinschaft zur Bekämpfung von Diskriminierungen (2001-2006))을 제정하였으며, 이는 유럽연합 각국에 장애인차별을 금지하는 입법의 동기로서 작용하였다.[53] 이러한 이해에 따르면 장애인의 기본수요를 보호하기 위하여 개별적인 복지급여가 필요하지만, 다른 한편 장애에도 불구하고 정상적인 생활을 할 수 있는 제도 및 환경이 갖추어져야 한다. 이는 국가의 복지생산이 상대적 차원에서 보충·확대되는 계기가 되었다.

제 4 절 새로운 사회적 위험의 인식 및 보호

사회적 위험은 그 개념과 범위가 가변적이며, 또 개방적이다. 따라서 특정한 사회적 위험에 대한 범주를 일반조항 혹은 보충의 가능성을 두어 새로운 현상을 신축성 있게 포섭하기 위하여 개방화하는 입법경향이 나타난다.[54] 그러나 이러한 입법기술에도 불구하고 시대의 변화, 그리고 사회구조 및 경제생활유형의 변화에 따라서 사회적 위험에 대한 새로운 이해가 요청되며, 복지국가는 이러한 사회적 위험을 충실하게 과제영역에 포섭하는 지속적인 입법적 과제를 갖는다. 다음과 같은 두 가지가 좋은 예이다.

---

52) 이에 대해서는 위 각주 31의 논문 참조. 이 밖에 Ulrike Davy, "Das Verbot der Diskriminierung wegen einer Behinderung im deutschen Verfassungsrecht und im Gemeinschaftsrecht", *Die Behinderten in der sozialen Sicherung*. Schriftenreihe des Deutschen Sozialrechtsverbandes Bd.49 (2002), 18면 이하 참조.

53) 이에 대해서 자세히는 Bernd Schulte, "Behindertenpolitik und Behindertenrecht in der Europäischen Union als Gemeinschaftsprojekt", Bernd von Maydell/Rainer Pitschas/Bernd Schulte(편), *Behinderung in Asien und Europa im Politik- und Rechtsvergleich* (Nomos, 2003), 479면 이하 참조.

54) 질병 및 산업재해와 관련한 우리나라의 입법례에 대해서는 전광석, 위 각주 43의 책, 245면 이하 및 386면 이하 참조.

Ⅰ. 2차적 위험의 문제

사회적 위험이 발생하면 그 자체는 이를 특유하게 보호하는 제도가 관할한다. 그런데 사회적 위험이 발생하여 소득이 상실되면 여기에는 다른 사회적 위험을 배려할 수 없는 이른바 2차적 위험이 수반되는데, 이를 누가 부담할 것인가의 문제이다.[55] 질병에 대한 의료수요는 건강보험에 의하여 보호되지만 질병으로 인하여 소득이 상실되는 결과 연금보험에 보험료를 납부할 수 없기 때문에 노후에 대한 배려를 할 수 없는 상황이 좋은 예이다. 이론적으로 보면 한편으로는 해당 2차적 위험을 보호하는 제도, 즉 연금보험과 다른 한편으로는 연금보험에 보험료를 납부할 수 없는 원인을 제공한 사회적 위험을 보호하는 제도, 즉 건강보험이 이 경우 경합하게 된다. 본질적인 문제해결의 방안에 대해서는 논의가 필요하지만 이로써 복지의 과제는 새로운 차원을 맞게 된다. 다만 아직 복지팽창이 이루어지는 시기에는 모든 제도가 이러한 위험을 보호할 의지와 능력이 있었기 때문에 기능분담의 문제가 전면에 등장하지는 않았다.

Ⅱ. 사회적 위험의 재구성

복지팽창이 이루어지면서 사회적 위험에 대한 전혀 다른 이해가 등장하였다. 빈곤이 이에 해당하는 좋은 예이다. 제도적으로 보면 빈곤은 해당 상황을 다른 사회보장제도가 보호하지 못하는 경우에 나타나며, 따라서 빈곤은 최후의 안전망인 공공부조가 보호하여야 한다. 즉 공공부조의 대상에 포섭되면 해당 개인의 빈곤은 극복된다. 그러나 빈곤은 여전히 다음과 같은 구조 속에서 존재하고, 또 심화되는 사실이 새롭게 인식되었다.

빈곤은 필연적으로 비전형적인 상황을 원인으로 하여 발생한다. 그런데 이러한 다양한 상황을 공공부조가 구성요건으로 파악하지 못하는

55) 독일 사회정책에서 이에 관한 논의로는 예컨대 Franz Ruland, "Die Sicherung der Arbeitslosen gegen sekundäre Risiken", *Zeitschrift für Sozialreform* (1984), 463면 이하; Hans F. Zacher, "Der gebeutelte Sozialstaat in der wirtschaftlichen Krise", *Sozialer Fortschritt* (1984), 1면 이하 등 참조.

경우, 혹은 어떠한 이유에서건, 예컨대 제도에 대한 無知 혹은 공공부조가 갖는 낙인효과로 인하여 공공부조청구권이 있음에도 불구하고 이를 청구하지 않는 경우, 또 혹은 부양의무자에게 구상권이 행사될 우려 때문에 이를 청구하지 않는 경우 빈곤은 극복될 수 없다. 또 개인이 1차적으로 의존하는 사회보장제도가 보장의 공백을 보이는 경우에도 빈곤이 발생한다.56) 이에 한편으로는 기존의 사회보장제도를 면밀히 검토하는 계기가 되었다. 예컨대 연금보험급여가 최저생활을 보장하기에도 부족한 경우, 그리고 그 결과 연금보험급여가 최저생계비에 미달하는 경우에 대한 헌법적 평가가 필요하게 되었다.57) 다른 한편으로는 빈곤의 원인이 되는 새로운 상황을 포섭하는 계기가 되었다.58) 초기에는 빈곤이 현금급여를 통하여 극복된다고 이해한 반면, 이제 건강, 교육, 고용 등 새로운 빈곤의 원인 및 상황을 근거리에서 관찰하고 해결하는 과제를 갖게 되었으며, 이 점 역시 복지국가의 과제를 확대하는 계기가 되었다.59)

제 3 장 복지국가발전의 유리한 상황조건들

19세기 후반 이후 발전 · 진화하고 있는 복지국가는 서구 사회에서 특히 전후(戰後) 이른바 황금의 50년대와 60년대를 거치면서 급격히 성장하였다. 이러한 성장은 외부적으로 당시 전 세계적인 경제성장에 힘입

---

56) 이 점에 대해서는 예컨대 Helmut Hartmann, “Armut trotz Sozialhilfe. Zur Nichtinanspruchnahme von Sozialhilfe in der Bundesrepublik”, Stephan Leibfried/Florian Tennstedt(편), *Politik der Armut und die Spaltung des Sozialstaats* (Nomos, 1985), 169면 이하 참조.

57) 이에 대해서는 Ingwer Ebsen, 위 각주 15의 논문, 95면 이하; Rainer Pitschas, 위 각주 15의 논문, 116면 이하 등 참조.

58) 이에 대해서는 예컨대 *Armutsfestigkeit sozialer Sicherung*, Schriftenreihe des Deutschen Sozialrechtsverbandes Bd.56 (2007) 참조.

59) 이 점은 사실 영국에서 20세기 초반 이미 인식된 사실이었다. 이에 대해서는 Sidney and Beatrice Webb, *The Break-up of the Poor Law; Being part one of the Minority Report of the Poor Law Commission* (London, 1909), 6, xii, 516면 참조.

었지만 내부적으로는 1930년대 및 40년대 복지생산에 긍정적인 영향을 미친 다음과 같은 상황들에 영향을 받았다.[60] 경제공황의 시대에 재정의 고갈을 경험한 각국은 복지생산을 위한 재정축적의 필요성을 인식하게 되었다. 또 경제공황은 복지생산 자체의 필요성을 인식시키고 복지체제를 구축하는 계기로 작용하였다. 이는 사회보장입법 초기와는 달리 이제 일반적으로 노동계급이 국가의 복지생산을 추진하는 주체로서 참여하는 변화를 가져왔다. 정치이념적 환경에 있어서도 1920년대 후반 및 1930년대에 많은 유럽 국가들에서 사민주의정당이 집권하여 복지생산의 정치적 동력이 되었다. 이러한 역사적 배경과 경제적 상황에 기초하여 복지성장은 일반적으로 1970년대 초반 혹은 후반까지 지속되었다. 이 시기에 복지국가는 양적으로 성장한 것에 그치지 않는다. 국가의 복지생산이 개인생활의 기초가 되면서 의식의 변화가 뒤따랐으며, 또 사회정책이 자체 동력을 갖고 발전하게 되었다.

제 1 절 정치적 환경

Ⅰ. 사민주의의 지배

1950-60년대는 유럽 전역에서 사회주의 혹은 사회민주주의정당이 독자적으로 혹은 적어도 연립정권의 형태로 정부에 참여하고 있던 시기였다. 이러한 정치적 환경은 이미 1920년대 후반 이후 조성되었다. 그러나 이러한 정치적 지배이념이 복지국가의 성장에 얼마나 직접적인 영향을 미쳤는가의 문제를 쉽게 판단하기는 어렵다. 예컨대 북부 유럽의 복지생산유형과 관련해서는 사민주의의 정치이념적 영향보다는 북부 유럽에 전통적인 합의의 정치가 복지생산에 보다 중요한 요소였다고 볼 수 있기 때문이다.[61] 그렇더라도 사민주의가 실제 지배하였던 북부 유럽 국

---

60) 이에 대해서는 예컨대 Gerhard A. Ritter, 위 각주 36의 책, 108면 이하 참조.

61) 이에 대해서는 제2편 각주 22 참조. 이 밖에 Stein Kuhnle, “The Nordic Welfare State in an European Context; dealing with new economic and ideological challenges in the 1990s”, Stephan Leibfried(편), *Welfare State Futures*

가들의 경우 지배적인 정치이념과 복지의 팽창은 正의 관계에 있다.

독일의 경우 설명이 필요하다. 독일은 사민주의정당이 지속적으로 지배하지는 않았지만 이 시기, 즉 주로 기독교민주당이 집권하였던 시기에 복지국가는 급격히 성장하였다. 이는 기민당(CDU)과 사민당(SPD)이라는 거대 국민정당이 모두 복지생산에 있어서 적극적인 입장을 취했기 때문이다.[62] 사민당은 좌파지향적 노동조합과의 연대 속에서, 그리고 기민당은 기독교 노동운동의 전통 속에서 복지국가에 우호적인 입장을 유지하고 있었다.

이 밖에 사민주의가 지배하지 않은 국가의 경우 적어도 유럽 국가에 비해서 복지 성장은 지체되었다. 미국, 스위스, 일본 등이 여기에 해당하는 대표적인 예이다. 물론 사민주의의 이념이 결여되었다는 사실이 이러한 나라에서 복지국가의 성장이 지체된 결정적인 원인인가에 대해서는 보다 심층적인 분석이 필요하다.[63]

Ⅱ. 동서이념의 대결

1950-60년대는 전후(戰後) 세계질서에서 동서 간의 이념과 체제의 대결이 본격화되고, 또 심화된 시기이다. 사회주의는 국가, 그리고 경제의 포괄적인 사회적 책임, 이에 기초하여 사회적 위험으로부터 개인을 해방한다는 이념을 표방하였고, 이에 상응하는 체제를 구축하였다.[64] 이에 서부 유럽의 국가들은 이념과 체제대결에서 우위에 서기 위하여 보다 충실한 복지국가의 형성에 정책적 관심을 두었다. 그리고 이념과 체제대결에 예민할수록 복지국가는 보다 강한 상징성을 띠게 되었다. 분단국가 독일이 여기에 속하는 대표적인 예이다.[65]

(Cambridge University Press, 2001), 115면 이하 참조.

62) 이에 대해서는 제3편 각주 96 참조.

63) 이에 대해서는 예컨대 Manfred G. Schmidt, “Die sozialpolitischen Nachzüglerstaaten und die Theorie der vergleichenden Staatstätigkeitsforschung”, Herbert Obinger/Uwe Wagschal(편), *Der gezügelte Wohlfahrtsstaat* (Campus, 2000), 22면 이하 참조.

64) 사회주의국가의 복지생산구조에 대해서는 위 제3편 제3장 제2절 I. 참조.

65) 통일 전 분단 시대 서독과 동독의 사회정책 및 사회보장법 비교에 대해서는 예

서구 역사에 비해서는 늦었지만 1977년 우리나라에 도입된 의료보험도 부분적으로 위와 같은 시각에서 설명될 수 있다. 현실 및 현실에 대한 평가를 차치하고 북한 헌법이 무상으로 진료를 받을 권리를 부여한 것이 체제비교에 있어서 상징성을 가질 수 있었다.[66] 물론 우리나라의 경우에도 체제경쟁의 관점이 의료보험의 도입을 둘러싼 환경적 요인들 중의 하나일 뿐 이러한 관점이 차지하는 비중에 대해서는 좀 더 검토를 필요로 한다.[67]

제 2 절 국제기구의 역할

2차 세계대전 후 대서양헌장, 국제노동기구의 헌장 및 유엔 인권선언 등에 나타난 복지국가에 대한 관심과 구상에 대해서는 이미 위에서 서술하였다.[68] 이러한 연장선상에서 1950-60년대 전후 국제질서 개편에 있어서 국제기구의 설치와 활동이 활발하게 이루어졌다. 이 시기에는 전통적인 자유권 이외에 사회권 영역에서 국제기구의 역할이 증대하였다. 국제연합(UN)은 "개발의 60년대"와 동시에 "사회계획"의 필요성을 설파하였다. 국제연합은 1966년 두 개의 중요한 인권규약을 채택한다. 경제적 · 사회적 및 문화적 권리에 관한 인권규약과 정치적 · 시민적 권리에 관한 인권규약이 그것이다. 전자의 규약은 각국에게 복지생산활동을 촉진하는 정치적 효과를 가졌다. 서부 유럽을 중심으로 보면 1950년대 유럽인권규약을 제정한 유럽평의회(The Council of Europe)는 사회권을 인권규약의 형태로 입법하였다. 1954년의 유럽공공부조협약(The European

---

컨대 전광석, "동서독 통일과 사회보장법", 전광석, 사회보장법학(한림대 출판부, 1993), 295면 이하 참조.

66) 북한 헌법 제72조; "공민은 무상으로 치료받을 권리를 가지며 나이 많거나 병 또는 불구로 노동능력을 잃은 사람, 돌볼 사람이 없는 늙은이와 어린이는 물질적 방조를 받을 권리를 가진다. 이 권리는 무상치료제, 계속 늘어나는 병원, 료양소를 비롯한 의료시설, 국가사회보험과 사회보장제에 의하여 보장된다".

67) 의료보험 도입에 대한 헌법적 분석으로는 전광석, "헌법 50년과 사회보장법의 발전"「한림법학FORUM」 제8권(1999), 137면 이하 참조.

68) 위 제2편 각주 66, 67 참조.

Convention on Social and Medical Assistance)과 1961년 유럽사회헌장(The European Social Charter)이 대표적인 예이다.[69]

국제노동기구(ILO)는 보다 포괄적이며, 따라서 전 세계적인 영향을 주었다.[70] 1952년 채택된 「사회보장 최저기준에 관한 협약 제102호」는 두 가지 점에서 복지국가의 보편화에 영향을 미쳤다. 첫째, 국가의 복지과제를 국가는 물론이고, 개인에게 인식시키는 계기가 되었다. 둘째, 협약은 실제 사회보장 최저기준을 구체적으로 제시하여 각국에서 복지생산의 내용과 방향에 영향을 미쳤다. 특히 복지후진국에게 이 협약은 복지국가의 상징적 기준으로 작용하였다.

제 3 절 지속적인 경제성장과 완전고용의 실현

I. 일 반 론

1950-60년대에 戰後 복구를 위하여, 그리고 과학기술의 발전을 기초로 생산활동이 활성화되고 세계질서 개편을 위하여 국제협력이 활발해지면서 (흡스봄(Erich Hobsbawm)의 표현에 따르면) 황금의 시대로 불리울 정도로 고도의 경제성장이 이루어졌다.[71] 이 시기에 거의 완전고용에 가까운 상황이 실현되었다. 시장의 고용창출능력이 오히려 노동력의 생산성을 웃돌았다. 그 결과 임금이 지속적으로 증가하였다. 이는 숙련노동력은 물론이고 비숙련노동력에도 타당하였다. 그 결과 임금의 차별화가 예민한 문제로 인식되지 않았다. 완전고용의 시대가 지나고 시장의 고용창출능력이 저하하면서 시장의 대응은 임금차별화로(예; 미국) 혹은 공공부문의 고용창출능력을 증가시키는 방법으로 대응하였던 점과 비교된다(예; 스웨덴).[72] 이 시기 경제성장은 지속적인 복지생산과 복지의 분배를

---

69) 이에 대해서 자세히는 전광석, 위 각주 9의 책, 230면 이하 참조.

70) 국제노동기구의 사회보장입법에 대해서 자세히는 전광석, 위 각주 9의 책, 148면 이하 참조,

71) Eric Hobsbawm, *The Age of Extremes: The Short Twentieth Century, 1914-1991* (Weidenfeld & Nicolson, 1987) 참조.

72) 그러나 이러한 전략은 1990년대에는 한계에 부딪쳤다. 이에 대해서는 Gøsta

당연한 정치적 과제로 하였으며, 또 이는 정치적으로 쉽게 실현될 수 있었다. 복지를 확대하는 데에는 정치적 저항이 있을 수 없기 때문이다.[73] 완전고용은 사회보험을 중심으로 복지를 생산하는 유형의 국가에서는 재정수입, 그리고 그 결과 복지지출을 증가시킬 수 있는 유리한 상황이었다. 특히 고용보험의 경우 거의 완전고용이 실현되면서 수입은 증가하는 한편 지출은 감소하였다. 이와 같은 경제적 배경 하에서 복지국가는 완전고용사회와 경제성장을 당연한 것으로 전제하고 자기동력에 따른 발전을 하였다.

Ⅱ. 예; 미국

시장의 복지생산능력에 대한 믿음은 미국의 경우 이후 지속하여 시장 중심의 복지생산구조를 유지하는 밑거름이 되었다. 다음과 같은 요인들이 작용하였다.[74] 첫째, 위에서 언급했듯이 지속적으로 실질임금이 상승하고 이에 기초하여 생활수준이 향상되었다. 둘째, 이 시기 숙련노동자뿐 아니라 비숙련노동자에 대한 수요가 지속적으로 존재하였기 때문에 양자 간에 임금격차가 크지 않았다. 셋째, 여기에는 1940년대 전쟁 시기에 일반적이었던 임금통제가 더 이상 이루어지지 않았다는 점도 작용하였다. 이러한 상황은 당시 국회, 그리고 노동조합 등이 시장을 소득보장의 성공적인 기제로 평가하고, 또 사회보장의 확대에 저항하는 배경이 되었다. 이러한 맥락에서 이들은 당시 새롭게 논의되었던 의료보험의 도입을 반대하였다. 이와 같은 구조적 선택이 확고해지면서 이후 복지생산의 확대는 더욱 민간영역을 중심으로 논의되었다.

Esping-Andersen, "After the Golden Age? Welfare State Dilemmas in a Global Economy", Gøsta Esping-Andersen(편), *Welfare States in Transition* (Sage Publication, 1996), 10면 이하 참조.

73) 이에 비해서 복지생산을 긴축하는 데에는 정치적 저항이 수반된다는 점에서 복지국가를 설명하는 틀이 달라질 수밖에 없다. 이 점에 대한 지적으로는 Paul Pierson, "The New Politics of the Welfare State", *World Politics* vol.48 (1996), 143면 이하 참조.

74) 이 점에 대해서는 John Myles, "When Markets fail; Social Welfare in Canada and United States", Gøsta Esping-Andersen, *Welfare States in Transition* (Sage Publications, 1996), 120면 이하 참조.

사실 위와 같은 미국의 전통이 성립하는 배경과 결과는 호주 및 뉴질랜드 등 이른바 노사관계 중심적 복지국가("wage earner welfare")의 형성에도 거의 같은 정도로 적용된다. 다만 후자의 경우 시장이 복지생산의 중심이며, 동시에 국가가 시장의 복지생산을 위한 환경을 적극적으로 조성한다는 차이가 있다.[75]

제 4 절 경제의 복지책임, 경제에 대한 국내적 통제의 가능성

이 시기의 경제성장은 경제의 사회적 책임을 실현하는데 유리한 상황이었다. 이 밖에 경제에 대한 국내정책적 통제가 충분히 이루어질 수 있었다. 즉 이 시기에는 특히 현재 세계화의 진행과 비교하면 경제의 국제화가 진척된 것은 아니었다. 아직 보호무역정책이 실현될 수 있었다. 보호무역과 사회보장의 상관관계는 특히 호주와 뉴질랜드의 예에서 관찰될 수 있다. 즉 국가는 한편으로는 보호무역을 통하여 외국상품의 수입을 통제하여 국내 생산자를 보호하였다. 다른 한편 국가는 고용관계에 사회적 과제를 부과하였고, 이는 노사 간의 분쟁에 강력한 중재제도를 적용하고, 또 최저임금제 등을 도입하여 근로자의 생활기반을 보장하는 형태로 실현되었다.[76]

제 5 절 인구구조

이 시기에는 아직 인구구조의 불균형 혹은 세대 간의 갈등 등의 문제가 본격적으로 제기되지는 않았다. 현재 복지국가의 개편논의에서 인구구조의 불균형이 가장 중요한 의제라는 점을 고려하면 당시에는 지속적인 복지생산이 당연한 국가의 과제이며, 또 이것이 국민의식에 의미있는 저항을 가져오지 않았다는 점을 쉽게 이해할 수 있다.

---

75) 이에 대해서는 위 제3편 제3장 제2절 Ⅲ.3. 참조.
76) 이에 대해서는 위 제3편 제3장 제2절 Ⅱ. 참조.

제 4 장 복지국가의 독자화

이 시기에는 복지국가가 성숙하면서 독자체계로 발전 · 팽창하였다. 이러한 상황은 전체 체계에 구조화하여 다가올 시대에 복지국가를 재조정하는 과정에서 공고한 기초로서 작용하였다. 이를 몇 가지 유형으로 정리하면 다음과 같다.

제 1 절 복지국가의 독자체계화

근대사회에서 사회의 부분체계들은 독자적인 가치에 기초하여 상호작용을 하면서 기능한다. 복지국가가 경제질서에 대한 보충적인 기능을 수행하는 경우 복지국가는 경제체계적 결정의 대상이다.[77] 그러나 복지국가가 진화하면서 공적 복지생산이 이미 개인생활의 중요한 기반이 되었으며, 이는 더 이상 경제질서에 일방적으로 종속되는 관계에 있지 않다. 또 위 제1편에서 설명했듯이 복지생산 자체가 새로운 사회문제가 출현하는 계기가 되었다.[78] 이로써 복지국가는 독자적인 하나의 가치체계를 형성하였다. 즉 복지국가는 독자적인 발전의 동력과 독자적인 판단기준을 갖게 되었다. 복지생산이 되돌릴 수 있는 국가의 과제로 확립되었다는 시대의 성과였다. 학문적으로 복지국가는 더 이상 경제학의 전유물이 아니라 국가론적 연구영역으로 발전하였다.[79]

복지국가가 독자적인 체계를 형성하고 다른 체계와 상호 작용하는 관계 속에서 발전하게 되면서 복지국가의 현실을 파악하기는 그만큼 어려워졌다. 복지국가의 현실을 이해 · 평가하기 위해서는 다른 부분체계와의 상호작용이 모두 파악되어야 하기 때문이다. 복지국가의 역사가 발전할수록 이러한 독자성은 더욱 강화된다.[80]

---

77) 복지국가의 이러한 경제질서 종속성 구조에 대해서는 위 제2편 제2장 제1절 참조.
78) 이에 대해서는 제1편 제1장 참조.
79) 이에 대해서는 전광석, "한국사회보장법학회의 창립과 과제", 「사회보장법학」 제1권 제1호(2012), 23면 이하 참조.
80) 예컨대 빈곤문제에 대한 다층적 이해의 필요성에 대해서는 이주하, "빈곤에 대한

제 2 절 복지국가의 자기동력성

복지국가가 독자적인 체계를 형성하면서 독자적인 가치기준이 형성되고, 이에 의하여 복지국가가 자체적으로 진화하는 경향이 강화된다. 이러한 복지국가의 자기동력성은 복지국가의 개편을 어렵게 하는 요소이기도 하다. 복지생산이 다른 사회체계와 밀접히 연계되면서 복지국가가 단독으로 급격한 체제의 변혁을 할 수는 없기 때문이다. 특히 사회보험의 경우에는 사용자와 근로자, 그리고 국가 등 다원적인 당사자가 의사결정에 참여하고, 그 결과 이들 각각이 저지세력으로 기능할 수 있기 때문에 근본적인 체제 개편에 장애가 있다.[81] 합리적인 체제 개편을 위해서는 넓은 범위에서 정책결정에 참여하는 당사자 간에 합의가 형성되어야 한다. 적어도 다수당의 지지를 얻거나 또 최소한 노동조합을 비롯한 관련 당사자 간에 합의가 형성되어야 한다.[82] 여기에 더하여 사회보험급여는 재산권적 보호의 대상이며, 또 법 개정에는 신뢰보호의 원칙이라는 헌법적인 장애를 극복하여야 하는 문제도 있다.[83] 따라서 복지생산을 둘러싼 주변 환경의 변화, 그리고 새로운 주변 환경에 처하여 필요한 복지국가의 개편은 점진적으로 이루어질 수 있을 뿐이다. 말을 바꾸어 하면 기존 복지국가의 유형은 어느 정도 자기존속력을 갖는다(경로의존성).[84]

정치사회학적 이해", 「한국사회정책」 제18집 제1호(2011), 23면 이하 참조.

81) 이 점에 대해서는 예컨대 Manfred G. Schmitt, "Reformen der Sozialpolitik in Deutschland; Lehren des historischen und internationalen Vergleichs", Stephan Leibfried/Uwe Wagschal(편), *Der deutsche Sozialstaat* (Campus, 2000), 162면 이하 참조.

82) 이러한 관찰에 대해서는 Karl Hinrichs, "Auf dem Weg zur Alterssicherungspoltik-Reformperspektiven in der gesetzlichen Rentenversicherung", Stephan Leibfried/Uwe Wagschal(편), *Der deutsche Sozialstaat* (Campus, 2000), 297면 이하; Lutz Leisering, "Kontinuitätssemantik; Die evolutionäre Transfomation des Sozialstaats im Nachkriegsdeutschland", 같은 책, 98면 이하 등 참조.

83) 이러한 구조적 장애가 실제 저지기능에 있어서 제한적이라는 점에 대해서는 위에서 언급한 바 있다. 위 제3편 각주 40 참조. 이 밖에 전광석, "신뢰보호와 소급입법금지의 원칙", 헌법재판소 헌법재판연구원, 헌법재판 주요 판례연구 I(2012), 305면 이하 참조.

84) 이에 대해서는 예컨대 Giuliano Bonoli/Bruno Palier, "How do welfare states change?. Institutions and their impact on the politics of welfare state

물론 복지생산을 둘러싼 급격한 사회경제적 변화 속에서 체제전환을 겪는 예가 없는 것은 아니다.[85]

제 3 절 개별화의 경향

복지생산은 개인에게 자유를 실현하기 위하여 필요한 조건을 보장하는 과제를 갖는다. 그런데 복지생산이 보편화되면서 필연적으로 개별화의 경향이 진행된다.[86] 복지국가의 객관적 과제가 실현되는 결과 개인의 생활유형은 가족, 지역공동체, 종교단체 등을 중심으로 이러한 공동체에 소속 여부를 기준으로 이루어졌던 기존의 보장기제에 비해서 개별적 보장체계에 보다 의존한다. 이제 개인은 국가와 개별적인 법률관계 속에서 복지를 실현하게 되었다. 그 결과 개인의 사회적 상황에 대한 평가 역시 개별화된다. 이러한 의식은 또 다른 방향으로의 변화를 가져왔다. 즉 복지생산은 한편으로 개인의 사회적 권리라는 인식을, 그리고 다른 한편으로 이 과정에서 부여되는 의무로부터도 자유로워야 한다는 인식을 조성하였다. 복지급여에 대한 재산권적 논의, 인격권적 논의 등 자유권적 기본권이 복지생산을 심사하는 중요한 기준으로 점차 자리잡게 되었다. 복지생산이 특정한 가치를 실현하는 목적을 가지고 출발하였지만, 이제 일반적인 가치들이 실현되는 정치의 장(forum)으로 진입하게 되었다.

복지생산이 개별화될수록 평등 및 불평등에 대한 감수성은 더욱 첨예화한다. 복지국가에서 평등과 불평등의 문제는 복지국가의 본래의 이념으로부터 독립하여 일반적인 평등을 실현하기 위한 계기로서 작용하였다. 집단적, 그리고 유형화된 구조 속에서 이해되었던 사회적 위험이 개별화·구체화되면서 평등에 대한 이해 및 평가는 보다 예민해졌다. 여기에서 이미 위에서 언급한 문제, 즉 일부 사회적 위험은 복지생산의 구조

---

reform in Western Europe", Stephan Leibfried(편), *Welfare State Future* (Cambridge University Press, 2001), 57면 이하 참조.

85) 이에 대해서는 아래 제5편 제2장 제2절 I. 참조.

86) 예컨대 독일에서 복지국가의 발전에 따라 나타난 개인화의 경향에 대해서는 Wolfgang Zapf 외, *Individualisierung und Sicherheit* (C.H. Beck, 1987) 참조.

속에서 새롭게 발생하거나 혹은 재생산되는 현상이 나타난다(사회적 위험의 복지국가적 복제).87)

제 4 절 복지생산의 정치화

복지국가가 자기동력을 갖고 발전하게 되면서 본래의 이념, 즉 개인에게 자유로운 인격실현의 조건을 보장하는 이념은 희석되었다. 이제 거의 모든 개인의, 거의 모든 생활의 국면들이 국가의 복지생산에 의존하게 되고, 이러한 복지생산이 정치과정에서 결정되면서 국가로부터의 자유를 내용으로 하는 "자연적 자유"에 비해서 정치과정에 의해서 비로소 형성되는 "인위적 자유"가 개인의 생활을 지배하게 되었다. 이는 다음과 같은 문제를 야기한다.

첫째, 복지국가가 인위적인 자유를 보다 더 획득하기 위한 투쟁의 장(forum)으로 성격을 변화하여 갔다. 자연적 자유로서 평가되는 국면과 인위적 자유로 보충되어야 하는 영역과의 경계는 언제나 불투명하다. 그런데 이제 문제는 이러한 결정의 대상이 보편화되었고, 또 회색지대에서 이루어지는 결정을 자신 혹은 자신이 소속한 집단에게 유리하게 조정하려는 욕구를 거의 모든 국민이 갖게 되었다. 1990년대 사회과학적으로 중요한 개념으로 등장한 경로의존(path dependency)은 현상적으로 보면 이 시기 복지생산의 정치화가 가져온 유산이라고 볼 수 있다. 경로의존은 복지생산을 둘러싸고 형성된 정치구도, 경로일탈이 가져오는 경제적 전환비용에 거부감, 그리고 기존경로 혹은 체계에 연계되어 취득하는 이익(수급자의 이익, 급여전달자의 이익 등)이 함께 작용하여 나타나는 현상이라고 볼 수 있기 때문이다. 일반적으로 복지생산의 이러한 정치적 성격은 보편적 유형에 비해서 선택적 유형에 있어서 보다 강하게 나타난다.

둘째, 좀 더 우려할 만한 현상은 정치적 투쟁의 의미와 능력이 결여되어 있는 경우에는 일부, 즉 주변집단에게는 복지국가의 이념만으로 복

87) 위 제1편 제1장, 제4편 제2장 제4절 참조. 이 밖에 아래 제5편 제1장 제2절 I.2. 참조.

지정치를 지도할 가능성이 줄어들었다. 모든 국민에게 최저생활을 보장하는 과제가 소홀히 되는 현상이 대표적인 예이다.[88]

위와 같은 복지생산의 정치화가 갖는 문제는 복지팽창의 시대에는 아직 표면화되지 않았다. 경제의 지속적 성장, 이에 상응하는 사회적 수요의 증가 혹은 이에 대한 인식의 발전, 전쟁으로 인한 보상의 필요성, 그리고 실업의 증가에 따른 보호의 필요성 등은 함께 작용하여 복지생산의 증가를 자연스러운 현상으로 받아들였고, 이는 정치적으로도 수용될 수 있었다.[89] 그러나 복지생산의 정치화는 복지축소의 시대에는 복지이념과 정치현실이 갈등을 일으키는 계기로서 잠복해 있었다. 복지수혜의 불평등, 복지수혜로 인한 자기동기의 감소, 도덕적 해이 등의 부담이 이후 세대에 지워졌으며, 그 결과 세대 간의 불평등 및 갈등이 특히 지속가능성의 형태로 새로이 의제화 되었다.[90]

---

88) 위 제2편 제3장 제2절 Ⅱ 참조.

89) 당시 이러한 관찰에 대해서는 Detlef Zöllner, *Öffentliche Sozialleistungen und wirtschaftliche Entwicklung. Ein zeitlicher und internationaler Vergleich* (Berlin, 1963) 참조.

90) 이 점에 대해서는 위 제2편 각주 73 참조.

제 5 편

복지국가의 한계 및 위기론의 등장

제5편 복지국가의 한계 및 위기론의 등장

제1장 논의의 배경

제1절 성장의 한계와 원유파동

1970년대 초 중동전쟁을 계기로 발생한 원유파동은 세계경제에 성장의 한계 및 불안정성을 경고하는 메시지였다. 원유파동이 세계경제, 그리고 간접적으로는 복지국가의 발전에 미친 영향은 기본적으로 다음과 같은 두 가지이다.[1] 첫째, 원유파동으로 인하여 생산비용이 상승하면서 그 파급효과를 임금정책이 흡수하는 데에는 한계가 있었고, 임금 역시 함께 상승하였다. 이는 전 세계적인 인플레이션으로 이어졌다. 둘째, 생산비용의 상승을 임금정책이 수용할 수 없는 지점에서 이제 고용을 감소시키는 정책이 본격적으로 검토되었다. 이는 이전에는 경험하지 못한 규모의 실업문제를 야기시켰으며, 실업문제는 곧 구조화하였다.

위와 같은 상황의 변화에도 불구하고 원유파동이 복지국가의 위기로 직접적으로 이어지지는 않았다.[2] 다음과 같은 요소들이 작용하였다. 첫

---

1) 이 점에 대해서는 예컨대 Fritz W. Scharf, “The Viability of advanced welfare states in the international economy. Vulnerabilities and options”, Stephan Leibfried(편), *Welfare State Futures* (Cambridge University Press, 2001), 123면 이하 참조.

2) 이 점에 대한 분석으로는 예컨대 Francis G. Castles, “The dog that didn't bark; economic development and the postwar welfare state”, Stephan Leibfried (편), *Welfare State Futures* (Cambridge University Press, 2001), 46면 이하; Noco A. Siegel, “Jeseits der Expansion?. Sozialpolitik in westlicher Demokratie 1975-1995”, Manfred G. Schmidt(편), *Wohlfahrtsstaatliche Politik* (Opladen, 2000), 76면 이하 등 참조.

째, 이미 제4편에서 언급했듯이 1950년대와 60년대를 거치면서 자리잡은 복지팽창의 기조는 어느 정도 관성력(inertia)을 갖고 지속되었다. 적어도 복지생산의 체제를 그대로 유지하였으며 다만 일부 세부적인 제도내용에 대한 축소논의가 시작되었다. 이는 실제 이 시기에 일반적으로 복지지출의 증가율이 감소하기는 했지만 예컨대 네덜란드를 제외하고는 각국에서 복지예산 자체가 감소하지는 않았다는 사실에서 확인된다.[3] 둘째, 새로이 실업문제가 사회문제로서 등장하고 구조화하면서 이에 대해서 초기에는 단기적으로 대응하였을 뿐 근본적인 구상의 전환이 이루어지지는 않았다. 그 결과 단기적으로 복지지출은 오히려 증가하였다. 셋째, 일부 국가는 경제위기를 맞아 케인즈식 수요창출을 위하여 오히려 공공지출을 증가시키는 정책을 취하였다.

이와 같이 원유파동이 단기적으로 복지국가의 기조에 영향을 미치지는 않았지만 장기적으로는 다음과 같은 영향을 미쳤다. 즉 임금과 물가가 동시에 상승하면서 공공부문의 임금, 연금 및 그밖에 복지급여가 일반 임금 및 물가수준의 변동에 연동되어 있었기 때문에 복지재정의 부담이 수반하였고, 이에 대한 재검토가 필요하였다. 또 실업을 방지하기 위하여 노동공급을 확대하는 경향이 나타났으며 이는 국가재정을 증가시키는 원인이 되었다. 그렇다고 이러한 재정부담을 감당할 정도로 과세를 확대하는 데에는 정치적 한계가 있었다.

당시 OECD국가들은 약 70여 명으로 구성된 로마클럽(Club of Roma)을 창설하여 인류의 미래에 대한 근본적인 논의의 장을 마련하였다. 그 결과 저술된 "성장의 한계(the Limit to Growth)"는 인류의 미래가 지금까지와 같이 지속적인 성장을 할 수는 없으며, 환경문제 등이 악화되지 않는다 해도 인류가 처분할 수 있는 자원에는 한계가 있다는 연구의 결과를 제시했다.[4] 이러한 성장의 한계에 대한 논의는 복지국가의 미래를 새로이 구상하는 계기가 되었다.[5]

---

3) 이에 대해서는 예컨대 송호근/홍경준, 복지국가의 태동(나남, 2006), 53면 이하, 65면 이하; J.P. Dumont, "The evolution of social security during recession", *International Labour Review* (1987), 1면 이하 등 참조.

4) Dennis L. Meadows et al., *The Limits to Growth* (Unions Books, 1972) 참조.

5) 1980년대 이에 관한 포괄적인 논의로는 Peter Flora(편), *Growth to Limits*.

제2절 복지국가의 위기 혹은 복지국가의 한계에 대한 진단의 원인들

Ⅰ. 내재적인 원인

복지국가 자체에 내재해 있는 다음과 같은 상황이 먼저 재검토되어야 했다.

1. 복지재정의 문제

복지국가의 위기 혹은 한계의 1차적인 문제는 그 동안 팽창을 거듭해 왔던 복지생산을 과연 지속적으로 유지할 수 있는가 하는 질문으로 제기되었다. 이에 새롭게 특히 국가 혹은 사회의 재정능력에 대한 재검토가 필요했다. 복지국가의 재정위기에는 재정의 확대에 편승하여 복지생산을 위한 특유한 과제가 아닌 이질적인 과제가 과중하게 부과되었다는 점이 원인으로 작용하였다. 그 결과 재정긴축의 시대에 복지생산이 본래의 과제에 집중할 필요성이 제기되었다.[6] 교육, 고용 등 일반 국민을 대상으로 하는 사회정책적 과제를 사회보험에 부과한 것이 한 예이다. 사회보험에 부과된 이질적인 과제에 대한 논의는 이미 1960년대 후반 독일의 경우 고용촉진법(Arbeitsförderungsgesetz)을 제정하는 과정에서 노동시장 관련 조치들을 보험료가 아닌 조세를 재원으로 하여야 한다는 쟁점으로 구체화되었다.[7] 같은 맥락에서 1990년대 독일에서 통일비용을 사

The Western Welfare States since World War Ⅱ, vol. 4 (Walter de Gruyter, 1986) 참조.

6) 이미 이 문제가 헌법적 쟁점이 되기도 하였다. 이에 대해서는 Peter Krause, “Fremdlasten der Sozialversicherung”, *Bitburger Gespräch* (1979/80), 249면 이하 참조. 우리 헌법재판소가 사회보험에서 “이질부담”이라는 표현을 사용하고는 있지만 이는 위에서 살펴본 바와 같은 개념과는 거리가 있다. 헌법재판소는 사회보험에서 수급자가 아닌 사용자 등 제3자가 부담하는 보험료를 이질부담이라고 이해하고 있다. 헌재결 2000.6.29, 99헌마289, 12-1, 944면; 2001.8.30, 2000헌마668, 13-2, 295면 등 참조. 헌법재판소가 사용하는 개념은 올바르지 않다. 사회보험에서 사용자가 근로자를 보호하기 위하여 부담하는 보험료는 고용관계에서 이질적인 것이 아니기 때문이다.

7) 이에 대한 설명으로는 예컨대 Stefan Sell, “Arbeitsmarktpolitik – vom langsamen

회보험이 부담하는 문제의 정당성에 대한 논의로 이어졌다.[8]

2. 사회문제의 자기복제

복지국가는 일정한 역사적 단계에서 나타나는 특유한 사회문제를 극복하기 위하여 형성·발전하여 왔다. 그런데 점차 다음과 같은 문제가 인식되었다. 즉 사회문제에 대한 복지국가적 처방은 해당 사회문제를 해결하는 기능을 수행하지만 동시에 의도하지 않은 사회적 상황을 가져오며, 이것이 또 다른 복지국가적 처방을 필요로 한다는 것이다.[9]

(1) 예; 노동

노동자문제에 기원하여 이를 중심으로 형성된 복지국가의 경우 다음과 같은 의도하지 않은 문제가 뒤따랐다. 첫째, 고용관계를 중심으로 복지생산이 이루어지면서 고용관계와 독립하여 발생하는 사회적 위험에 취약하게 되는 문제를 낳았다. 그 결과 국민 일반을 대상으로 하는 보편적인 서비스가 발달하지 못하였다.[10] 둘째, 고용관계를 중심으로 형성된 사회보험은 사용자에게 임금뿐 아니라 보험료의 형태로 사회적 위험을 보호하기 위한 추가비용을 부담시켰다. 그 결과 고용관계를 중심으로 한 복지생산의 유형은 오히려 사용자의 고용의지와 능력에 장애가 되었다.[11] 이는 복지국가개편에 있어서 고용에 따르는 추가비용을 억제하는 정책적 논의의 계기가 되었다.

복지국가가 형성된 이후, 특히 1970년대 이전까지 복지생산이 팽창하면서 복지국가의 문제는 점점 인위적인 성격을 강하게 띠어 갔다.[12]

Sterben einer guten Absicht oder Renaissance im Modell des 'aktivierenden Sozialstaats'", Frank-Schulz/Giesela Schewe(편), *Sozialpolitische Trends in Deutschland in den letzten drei Dekaden* (Duncker & Humblot, 2000), 146면 이하 참조.

8) 이에 대해서는 아래 제6편 제3장 참조.

9) 이러한 문제제기에 대해서는 위 제1편 제1장 참조.

10) 이에 대해서는 위 제3편 각주 35 참조.

11) 이 점에 대해서는 예컨대 Manfred G. Schmidt, "Wohlfahrtsstaatliche Regime; politische Grundlage und politisch – ökonomisches Leistungsvermögen", Stephan Lessenich/Ilona Ostner(편), *Welten des Wohlfahrtskapitalismus* (Campus, 1998), 188면 이하 참조.

12) 이 점에 대해서는 위 제4편 제4장 제4절 참조. 이 밖에 예컨대 Ronald Schettkat,

고용과 실업은 1차적으로는 노동시장에서 수요와 공급의 작동이 낳은 자연적인 결과이다. 그러나 이제 실업은 노동정책 및 복지정책의 산물로서의 성격을 강하게 띠게 되었다. 강력한 노동조합을 중심으로 한 임금협상은 한편으로는 임금의 상승을 목표로 하였고, 다른 한편으로는 고임금의 안정적인 직장에 대한 병목현상을 일으켜 실업의 원인이 되었다. 또 청소년실업을 예방하기 위하여 노령 근로자를 조기에 퇴직시키고, 청소년에게 고용을 공급하는 정책은 전체적으로 보면 성공적이지 못했고, 오늘날 문제로 등장하는 노인실업의 원인으로 작용하였다.[13] 이러한 문제의식은 실업문제에는 자연적 · 인위적으로 다양한 원인이 작용하기 때문에 문제해결에 있어서도 노동 및 고용정책, 그리고 복지정책이 다원적으로 접근하는 필요성을 주목하도록 하였다.

(2) 예; 가족

사회보험을 중심으로 복지를 생산하는 국가에서는 역사적으로 보면 가족의 부양기능이 약화되는 상황에서 개인의 위험을 사회화하여 보호하는 방법을 선택하였다. 북부 유럽 국가들은 일반적으로 가족의 개별구성원들을 보호의 대상으로 인식하여 보호의 인적 범위를 일반화하고 보호의 방법론을 다양화하여 현금급여뿐 아니라 서비스급여에 중점을 두었다.[14] 그런데 역설적으로 선택적 복지국가에서는 가족의 존재가 더 이상 주목받지 못하는 상황으로 발전하였다. 성인 남성인 부양의무자를 중심으로 소득보장이 이루어지고, 가족을 유지하기 위하여 필요한 서비스는 가족 내에서 다른 구성원, 특히 여성의 기여에 의하여 실현된다고 가정하였기 때문이다. 그러나 여성의 의식 및 역할 변화, 개인화 등의 발전으로 인하여 가족의 기능분담을 통하여 복지수요가 충족된다는 가정은

"Arbeitsmarktinstitutionen und Beschäftigung bei unterschiedlichen Wachstums-regimen", Stephan Lessenich/Ilona Ostner(편), *Welten des Wohlfahrtskapitalismus* (Campus, 1998), 201면 이하 참조.

13) 일반적으로 유럽 국가들이 겪고 있는 고령사회의 위기의 원인으로 이 점을 드는 견해로는 예컨대 Gøsta Esping-Andersen, "Welfare States without Work; the Impasse of Labour Shedding and Familialism in Continental European Social Policy", Gøsta Esping-Andersen, *Welfare States in Transition*(Sage Publications, 1996), 76면 이하 참조.

14) 이에 대해서는 위 제3편 제3장 제1절 I.1, Ⅱ 참조.

더 이상 기대될 수 없게 되었다. 이는 복지국가가 의도하지 않은, 그러나 복지국가의 발전으로 인하여 야기된 상황이다.

위와 같은 문제는 특히 독일 등 서부 유럽 국가의 복지생산유형에서 나타났다. 성인 남성이 가족 부양의 중심에 있으며, 여성은 가사활동을 담당한다는 전제에서 출발하여 형성된 복지국가의 유형은 장기적으로 다음과 같은 두 가지 문제를 발생시켰다. 첫째, 여성의 생산활동을 위축시켰다. 여성이 가족 내에서 서비스기능을 수행할 것으로 기대하였기 때문이다. 이는 장기적으로 고용을 통한 복지생산의 가능성을 위축시켰다. 둘째, 여성을 비롯한 가족구성원들이 성인 남성인 가장의 소득에 종속하는 경향이 증가하였고, 그 결과 근로소득자는 높은 수준으로 사회적 소득을 유지하여야 했다. 위와 같은 두 가지 점은 함께 작용하여 여성의 사회활동이 활성화되면서 이제 가족의 유지를 위하여 필요한 아동양육 등 서비스가 국가 차원에서도, 또 시장에서도 발달하지 못하는 결과가 되었다. 이는 여성의 저취업과 저출산의 원인이 되는 악순환을 가져왔다. 반면에 위에서 언급했듯이 처음부터 개인에게 필요한 서비스수요를 사회화하는데 중점을 두었던 유형에서는 이러한 문제는 상대적으로 덜 나타난다. 스웨덴을 비롯한 북부 유럽 국가들이 대표적인 예이다.[15]

3. 복지국가의 정치종속성

거의 완전고용이 실현된 상황에서 고용관계를 중심으로 복지를 생산하는 것은 비중 있는 국민 다수의 지지에 정당성을 의존하는 정치권력의 이해관계와 일치한다. 이에 비해서 고용관계에 소외된 자는 동시에 복지생산의 수혜자가 되지 못하는 복지국가의 불균형이 나타난다. 그러나 이들의 정치적 영향력은 제한되어 있기 때문에 정치권력이 이들의 문제에 예민하게 반응하지는 않았다. 또 복지생산이 팽창하는 시기에는 모든 국민이 수혜자가 될 수 있었기 때문에 복지생산의 정치화가 갖는 문제점은 예민하게 인식되지 못하였다. 복지생산의 정치화로 인한 불균형은 복지성장이 한계에 부딪히고, 그 결과 복지생산이 전체적으로, 그리고 특히

---

15) 이에 대해서는 Peter A. Köhler, "Schweden", Hans F. Zacher(편), *Alterssicherung im Rechtsvergleich* (Nomos, 1991), 386면 이하 참조.

일정 계층을 대상으로 긴축되어야 할 필요성이 생겼을 때 비로소 예민하게 인식되었다.

복지긴축의 시대에는 복지국가의 민주주의에 대한 종속성은 복지이념 그 자체에 대한 위험이 되었다. 새로운 상황변화로 인하여 복지국가의 한계가 논의되었지만 체제전환과 같은 급격한 변화를 기대하기는 어려웠다. 이에 복지생산을 감소시키는 결정을 필요로 했다. 그런데 이러한 긴축과정에서도 기존의 복지수혜자들의 규범적 및 정치적 저항을 극복하기는 쉽지 않았고, 그 결과 정치적으로 취약한 계층의 복지를 우선적으로 삭감하는 불균형이 나타났다.[16] 이에 복지국가는 한편으로는 일반 정치적 구도와 독립하여, 다른 한편 그 한계를 인식하면서 균형 있게 발전하여야 할 과제를 갖게 되었다.

4. 국가와 사회의 기능분담

국민 거의 대부분이, 중요한 대부분의 생활국면을 국가의 복지생산에 의존하게 되었다는 사실은 자유의 보장의 측면에서 보았을 때 결코 바람직하지 않다.[17] 이에 복지생산에 있어서 국가와 사회의 기능분담과 관련하여 두 가지 측면에서 재검토가 요구되었다.

첫째, 소극적인 측면이다. 즉 국가가 거의 독점적으로 복지생산을 하는 구조는 결코 지속가능성을 유지할 수 없다. 이러한 인식은 필연적으로 국가의 기능을 축소시키고 사회 및 개인의 자기책임을 촉진하는 사고의 전환을 유도하게 되었다. 복지'국가'와 복지'사회'의 균형있는 발전은 복지가 지속적으로 생산되기 위한 거시구조를 점검하는 계기가 되었다. 둘째, 좀더 적극적인 측면이다. 즉 전후(戰後) 이래 70년대 및 80년대에 이르기까지 복지성장이 이루어지면서 사회적 위험에 대한 사전배려의식이 성장하였고, 이에 특히 고소득층을 중심으로 국가가 생산하는 복지 이외에 이를 보충하는 선택적 복지에 대한 수요가 증가하였다. 특히

---

16) 이 점에 대해서는 예컨대 Jürgen Kohl, "Der Sozialstaat; Die deutsche Version des Wohlfahrtsstaates-Überlegungen zu seiner typologischen Verortung", Stephan Leibfried/Uwe Wagschal(편), *Der deutsche Sozialstaat* (Campus, 2000), 141면 이하 참조.

17) 이에 대해서는 제1편 각주 2 및 제4편 각주 34 참조.

연금제도가 개인의 기존의 생활수준을 보호하는 목표를 가졌던 체제에서는 이제 사적 배려를 장려하고 이를 통하여 기존 생활수준의 일부를 보장하도록 하며, 그 결과 공적 복지생산의 부담을 덜려는 시도를 하였다.[18] 이러한 경향은 1980년대 후반 이후 동구권이 민주화되면서 형성된 고소득층에 대해서도 타당하다. 즉 이들의 경우 적절한 수준의 사회보장의 수요는 증가하였지만, 국가가 이를 수용할 능력은 제한되어 있기 때문에 필연적으로 복지생산의 민영화에 대한 요구가 증가할 수밖에 없었다.[19]

위와 같은 국가와 사회의 기능분담에 관한 논의는 사회보험에 집중되었다. 구체적으로는 사회보험의 일부 과제를 민간보험이 관할하도록 하거나 혹은 사회보험의 인적 대상을 부분적으로 축소하고 이들이 민간보험에 의하여 보호될 수 있도록 하는 형태를 띠었다. 국가와 사회의 기능을 재조정하는 시도가 결코 국가를 복지책임으로부터 면제시키는 의미를 갖지는 않는다. 여전히 국가는 전체적으로 복지생산의 윤곽질서를 제시하고 이러한 범위 내에서 과제의 재조정이 이루어지도록 하였다.[20] 따라서 이 시기 국가와 사회의 기능의 재조정을 민영화라는 개념으로 설명하기에는 한계가 있다.[21] 사회보험 외에 공공부조의 경우 민영화는 처음부터 논의의 여지가 없다. 다만 좀 더 넓은 시각에서 자선단체 등 NGO의 활동이 활발해지고, 국가가 이를 장려하는 것은 바람직하다. 또 이들 단체

---

18) 이에 관한 비교정책적 고찰로는 예컨대 전광석, "지속가능성과 복지국가", 「법학연구」(연세대 법학연구원) 제22권 제2호(2012), 23면 이하; Ulrich Becker, "Alterssicherung im internationalen Vergleich", *Festschrift für Franz Ruland* (2007), 581면 이하 등 참조.

19) 이 점에 대해서는 Guy Standing, "Social Protection in Central and Eastern Europe; a Tale of Slipping Anchors and Torn Saftey Nets", Gøsta Esping-Andersen, *Welfare States in Transition* (Sage Publications, 2000), 244면 이하 참조.

20) 따라서 복지의 축소가 항상 국가과제의 축소를 의미하는 것은 아니다. 이에 대해서는 전광석, "공공거버넌스와 공법이론; 구조이해와 기능", 「공법연구」 제38집 제3호(2010), 185면 이하 참조.

21) 복지생산에 있어서 민영화의 다양한 유형에 대해서는 예컨대 Bernd von Maydell, "Die Krise des Sozialstaats in internationaler Perspektive", *Sozialer Fortschritt* (1997), 2면 이하 참조.

들의 가치와 활동범위, 효율성 및 효과성은 모두 상이하지만 전체적으로 이들의 활동이 국가의 행정 및 재정적 부담을 더는 효과는 있을 것이다.

Ⅱ. 외재적인 원인

1. 인구구조의 변화

이 시기 복지국가의 위기 또는 한계에 관한 논의를 촉발시킨 가장 중요한 외재적인 원인은 인구구조의 변화이다. 1950년대와 1960년대 복지성장의 시기는 동시에 개별화의 시기이기도 하였다.[22] 19세기 중후반 진행된 산업화가 가족구조의 획기적인 변화를 가져 왔듯이, 이후 국가의 복지생산은 개별화를 촉진시켰다. 이러한 현상은 가족의 경제적 공동체로서의 성격을 약화시켰다. 또 부분적으로는 가족의 형성이 더 이상 당연한 생활유형으로 인식되지 않기 시작하였다. 여기에 1960년대 후반 이후 여성주의(feminism)가 확산되면서 출산의 기피, 그리고 급기야는 혼인의 기피라는 새로운 경향을 가져 왔다. 후자는 혼인 기피의 방법으로 혼인의 형식을 피한 동거공동체의 형태를 낳았고, 이에 대한 법적 평가가 새로운 문제로 등장하였다.

보험료를 재원으로 복지를 생산하는 사회보험국가는 물론이고 조세를 재원으로 하는 유형에서도 장기적으로 안정적인 복지생산은 재원부담자와 수혜자 간의 적절한 인구비례를 전제로 한다는 점이 점점 명확히 인식되었다. 1970년대, 그리고 특히 1980년대 이후 나타나는 출산의 기피로 인한 인구구조의 불균형은 장래 세대에게는 안정적이고 지속적인 복지생산에 대한 불안감을 가져다 주었다. 이로써 서서히 복지분배를 둘러싼 세대 간 갈등의 문제가 나타났다. 이는 아직 복지생산이 긴축되지는 않았지만 적어도 복지의 지속적인 증가가 더 이상 당연하지는 않다고 인식하는 계기가 되었다.

2. 고령사회의 출현

복지국가의 위기론을 야기한 두 번째 외재적인 문제는 고령사회가

---

22) 위 제4편 제4장 제3절 참조.

심화된다는 사실이었다. 그 동안 충실한 건강보장제도를 통하여, 그리고 보건의료, 특히 노인의료의 발달에 힘입어 인간의 평균수명은 연장되었다. 이에 비해 성장의 한계로 인하여 일반화 · 구조화되기 시작한 실업은 소득활동의 기간을 그만큼 단축시켰다. 결국 복지긴축의 필요성에도 불구하고 고령사회의 출현은 그 자체로서, 그리고 이제 점증하는 실업문제와 연계하여 이중적으로 개인이 시장이 아니라 복지생산에 의존해야 할 기간을 연장시켰다.

제 2 장 발전의 유형

복지국가위기론 혹은 한계론은 필연적으로 복지국가의 이에 대한 대응을 필요로 하였다. 이제 본격적으로 복지기득권을 보호하는 개별적인 이익과 복지생산의 지속성에 대한 공동체의 이익이 대립하기 시작하였다.[23] 이러한 상황에서 각국은 사회적 · 경제적 · 정치적 및 국제정치적 위상과 배경에 따라서 나름대로의 조정을 시도하였다. 일반적으로 나타나는 경향과 나라에 따라서 상이한 변화의 유형을 나누어서 서술하면 다음과 같다.

제 1 절 일반적인 경향; 사회보장의 목표 개편 -수혜자 축소, 급여 축소, 조건 강화

복지국가위기론 및 한계론의 구조 속에서 복지국가의 목표를 수정하는 시도가 이루어졌다. 개인의 복지가 포괄적으로 국가의 복지생산에 의

23) 1984년 독일 법률가대회는 이에 관한 문제를 "사회보장에서 존속보호와 조정가능성"이라는 제목으로 다루었으며, 이는 이 시기 사회보장의 주된 관심을 상징적으로 보여 주고 있다. 이에 대해서는 Michael Stolleis, *Möglichkeit der Fortentwicklung des Rechts der sozialen Sicherheit zwischen Anpassungszwang und Bestandsschutz* (C.H. Beck, 1984) 참조.

존할 수는 없으며 국가는 최저보장 혹은 기초보장에 한하여 직접 책임을 부담하고, 이를 초과하는 복지수요에 대해서는 고용관계 혹은 개인의 자기배려에 의존하도록 하여야 한다는 것이다. 국가는 복지생산의 직접적인 부담을 줄이면서, 이에 대한 규범적 윤곽을 형성하는 책임을 부담하는 논의가 등장하였다. 다만 이러한 논의는 급격한 체제의 변화를 수반한다. 따라서 국가의 복지생산이 오랜 역사를 두고 발전해 온 국가에서 사실적 및 정치적 이유에서, 그리고 이미 헌법적 권리로서 자리잡아 재산권적 보호의 대상이 되는 복지급여에 대한 권리 때문에 체제를 전환하는 형태의 개편은 거의 불가능하였다.[24] 이러한 변화를 의식한 법률 개정이 파편적으로 이루어졌지만 그 결과 복지생산의 근본적인 이념 및 목표가 변화했는가는 별개의 문제이다.

결국 일반적으로 보면 복지국가위기론은 복지수혜자의 범위를 축소하고 복지생산의 목표 자체를 수정하지 않으면서 급여수준을 하향 조정하며, 또 급여의 조건을 강화하여 복지생산을 합리화하는 방향으로 이루어졌다. 특히 급여조건에 있어서 자기책임을 강화하는 문제에 정책적 중점이 두어지기 시작하였다.

---

24) 1980년대, 그리고 최근 독일에서 기본연금에 대한 논의에 대해서는 Peter A. Köhler, "Grundrentensysteme im Rechtsvergleich", *Zeitschrift für die gesamte Versicherungswissenschaft (1998)*, 653면 이하; Franz Ruland, "Sozial- und rechtpolitische Bedenken gegen eine Grundrente", *Zeitschrift für Rechtspolitik*(1987), 354면 이하; Hans-Jörg Bonz, "Die Sozialversicherung-ein zukunftsfähiges Modell der sozialen Sicherung?"; Reinhold Thiede, "Die Sozialversicherung-ein zukunftsfähiges Modell der sozialen Sicherung?" 등 참조. 이 두 논문은 Eberhard Eichenhofer(편), *Bismarck, die Sozialversichung und deren Zukunft* (Berlin Verlag, 2000), 99면 이하 및 111면 이하에 수록되어 있다.

제 2 절 변화의 유형

Ⅰ. 급진적인 변화

1. 이념 및 제도의 변화; 영국 ?

체제전환의 어려움에도 불구하고 복지생산의 감소를 통하여 복지국가 위기론에 대응한 대표적인 예가 대처리즘(Thatcherism)으로 지칭되었던 영국의 시도였다. 그러나 실제 이러한 시도가 의도대로 실현된 것은 아니었다.[25] 영국의 보수당 정권은 복지국가의 합리적 정비를 위하여 다음과 같은 추진방향을 제시하였다.[26] 첫째, 복지지출을 삭감한다. 둘째, 공공부채의 규모를 축소한다. 셋째, 영국 복지생산에 특유한 목표로서 서비스 전달체계를 개선한다. 이는 특히 국민건강제도(NHS)에서 진료를 받기 위한 대기기간을 줄이는 데에 집중되었다. 넷째, 현금급여는 노동유인을 상실시키는 위험이 따르며, 따라서 이를 개선하여야 한다.

1970년대 중반 이후 지속적으로 보수당이 집권하면서 공기업을 대규모로 민영화하였고, 또 노사관계는 획기적으로 변화하였다. 그 결과 복지생산의 의사결정구조에서 노동조합의 위상이 퇴조하였다. 노동조합 가입률이 1979년 55%에서 1993년 35%로 하락한 것이 좋은 예이다. 보수당 정부는 복지생산에 있어서 신자유주의의 이념을 실현하는 목표를 가졌다. 그러나 이미 복지의식이 보편화되어 있는 상태에서 전체적인 복지삭감은 성공하지 못했다. 연금제도를 민영화하였고, 공공주택정책에서

---

25) 1970년대 중반 이후 보수당 정부의 복지구상과 현실에 대해서는 김태성/유진석/안상훈, 현대 복지국가의 변화와 대응(나남, 2005), 58면 이하; Eberhard Eichenhofer, *Der Thacherismus und die Sozialpolitik; Wohlfahrtsstaatlichkeit zu marktwirtschaftlichen Bedingungen* (Nomos, 1998), 특히 20면 이하; Alec L. Parrot, "The System that lost its way; Social Security reform in the United Kingdom", *International Labour Review* vol.120(1985), 548면 이하; Paul Pierson, "The New Politics of the Welfare State", *World Politics* (1996), 158면 이하 등 참조.

26) 이에 대해서는 Francis G. Castles/Paul Pierson, "A new convergence? recent policy developments in the United Kingdom, Australia and New Zealand", *Policy and Politics* vol.4 (1996), 233면 이하 참조.

의 변화는 괄목하였다. 또 실업급여를 철저히 통제하였다. 급여수준을 계속 하향 조정하였고, 대상계층을 축소하였으며, 노동유인을 강화하였다. 급여의 수준을 더 이상 임금이 아니라 소비자물가와 연동되도록 하였다. 그러나 국민건강제도, 그리고 아동수당 등 중요 사회정책은 그대로 유지되었고, 오히려 연금 및 주택정책의 개혁으로 인하여 발생하는 사회문제를 극복하기 위하여 복지생산비용은 이전 시대의 수준을 그대로 유지하였다.[27] 결과적으로 보면 영국의 복지개혁은 본래의 의도를 부분적으로는 실현할 수 있었을 뿐이다. 그러나 자유주의적·잔여적 복지생산의 유형을 보다 강화하면서 복지개혁의 최대의 피해자는 사회적 보호가 필요한 사회적 약자, 즉 빈곤층 및 실업자 등이었다.

위와 같은 영국의 예는 우리에게 다음과 같은 점을 암시한다. 첫째, 영국은 국회가 양당제 구도를 가지고 있으며, 그 결과 다수결형 의원내각제를 운영하고 있다. 이는 정부의 의지를 관철할 수 있는 유리한 정치과정론적 배경이다.[28] 그럼에도 불구하고 실제 복지생산에 대한 국민의 기대를 저버리면서 이념을 실현하는 것이 정치적으로는 어렵다는 사실이다. 이에 실질적인 재정긴축을 위하여 보수당 정권은 지방정부의 복지지출을 통제하는 구상을 하였다. 그러나 이러한 조세개혁은 좌절되었으며, 보수당이 정권 재창출에 실패하는 원인이 되었다. 둘째, 부분적인 개혁에도 불구하고 전체적으로 보면 정치적 목표가 실현되지는 못했고, 위에서 지적하였듯이 오히려 사회적 약자를 통제하는 부작용을 가져왔다. 비버리지(Beverage) 이후 영국에서 복지국가의 출발점이 되었던 이념, 즉 한편으로는 보편성, 다른 한편으로는 자유주의적 이념에 기초하여 기초보장과 시장의 기능을 강조하는 이념이 여전히 지배적인 관성을 가졌다.[29] 그 결과 보수당정권 하에서 영국의 복지정책은 더욱 시장의존적으로 발전하고, 또 사회적 통제를 강화하여 갔다.[30] 이는 중산층의 사회통

27) 위 제1편 각주 11 참조. 이 밖에 Franz-Xaver Kaufmann, *Varianten des Wohlfahrtsstaats* (Suhrkamp, 2003), 309면 이하 참조.

28) 이에 대해서는 위 제3편 제3장 제3절 Ⅱ.4. 참조.

29) 이에 대해서는 위 제3편 제3장 제1절 2.(3) 참조

30) 이러한 지적에 대해서는 예컨대 Giuliano Bonoli/Bruno Palier, "How do welfare states change? Institutions and their impact on the politics of

합을 중시하고, 중산층을 중심으로 복지생산을 이루어왔던 독일 및 프랑스 등의 유럽 국가에서는 생소한 발전유형이었다. 다만 역설적으로 보면 영국이 이와 같이 시장의존적 및 잔여적 복지생산의 유형을 발전시켰기 때문에 1990년대에 와서 보편적으로 복지국가의 위기상황으로서 등장한 문제, 즉 고령사회에 처하여 복지국가를 개편하는 논의에 있어서는 상대적으로 부담이 적었고, 따라서 정책 논의에서 비중이 낮게 두어지는 거의 유일한 국가가 되었다.

2. 민영화의 문제; 세계은행의 권고와 칠레의 실험

복지국가한계론 및 복지국가위기론은 세계은행(World Bank)으로 하여금 신자유주의적 이념 하에 복지국가의 새로운 모형을 개발하고 시험하는 계기가 되었다. 세계은행의 이에 대한 보고서, 즉 "Averting the Old Age Crisis"가 실험의 계기가 되었다.[31] 이에 세계은행은 아르헨티나, 볼리비아, 칠레, 콜롬비아, 코스타리카, 엘살바도르, 멕시코, 니카라구아, 페루, 우루구아이 등 남미 국가들, 그리고 구 공산권 국가인 카자흐스탄, 폴란드, 헝가리, 마케도니아, 라트비아 등에 연금정책을 포괄적으로 민영화로 전환하는 실험을 권고하였다.[32] 그리고 칠레는 실제 이러한 권고를 받아들여 연금제도 민영화를 실행하였다.[33] 또 부분적으로는

---

welfare state reform in Western Europe", Stephan Leibfried(편), *Welfare State Futures* (Cambridge University Press, 2001), 64면 이하 참조.

31) World Bank, *Averting the Old Age Crisis; Policies to protect the old and promote growth* (Oxford University Press, 1994). 이러한 세계은행의 제안에 대해서는 Roger Beattie/Warren McGillivray, "Eine Strategie voller Risiken; Reflextionen über den Rentenreformvorschlag der Weltbank", *Internationale Revue für soziale Sicherheit* (1995/3-4), 3면 이하 참조.

32) 이에 대해서는 양재진, "세계은행과 국제노동기구의 연금개혁전략 비교연구; 한국에의 적용과 대응", 「한국정책학회보」 제10권 제3호(2001), 226면 이하; Blanca R. Esponda, "Analysis of the Mexican Social Security System"; Ruben M. Lo Vuolo, "Rentenreform in Lateinamerika; eine kritische Betrachtung am Beispiel Argentiniens"; Carmelo Mesa-Lago, "Die Reform der Renten in Lateinamerika und die Position der Internationalen Organisation", 이 세 논문은 각각 *Zeitschrift für ausländisches und internationales Arbeits- und Sozialrecht* (1997), 161면 이하, 199면 이하 및 221면 이하에 수록되어 있다.

33) 칠레의 연금 민영화 실험의 내용 및 평가에 대해서는 예컨대 조영훈, "사회보험

헝가리도 이러한 예에 속한다.[34] 이러한 실험에서는 동시에 연금재정방식을 부과방식에서 적립방식으로 전환하는 시도가 이루어졌다. 이러한 민영화로의 체제전환은 이제 연금이 개인 계정의 저축과 같은 성격을 띠면서 투명화되고, 또 연금계정이 이동성을 갖는다는 장점이 있다고 평가되었다. 이 밖에 칠레의 연금개혁은 장기적으로 기업의 경쟁력과 경제성장, 그리고 고용창출에 기여할 것으로 기대되었다.[35]

그러나 칠레의 실험은 결과적으로 연금정책의 민영화가 복지국가의 한계를 극복하는 처방이 될 수 없다는 점을 알려 주었다. 다음과 같은 문제가 새로이 나타났다. 첫째, 연금정책의 민영화는 근본적으로 복지국가의 이념과 조화되기 어려웠다. 적어도 칠레의 실험에서는 연금보험에서 사회적 조정의 기능이 상실되었다. 연금이 개인 저축의 성격을 가지면서 소득분배에 있어서의 불평등은 연금에 그대로 이어졌다. 사용자의 보험료 부담이 없어지면서 고용관계에서 연금제도를 매개로 한 사용자와 근로자의 연대성은 사라졌다. 연금이 개인 계정을 중심으로 산정되면서 연금은 인플레이션, 경제성장률, 고용관계의 지속성 등 다양한 요소에 종속되게 되었다. 둘째, 무엇보다도 재정방식이 적립방식으로 전환됨에 따라 가입자 혹은 연금수급자가 경제성장에 참여하는 가능성은 없어졌으

제도 민영화의 문제점; 칠레 연금개혁사례분석을 통한 신보수주의 비판", 「한국사회학」(1998), 179면 이하; Colin Gillion/Alejandro Bonilla, "Analysis of a national private pension scheme; The case of Chile", *International Labour Review*(1992), 171면 이하; Wolfgang Schulz-Weidner, "Das chilenische Modell einer Privatisierung der Rentenversicherung-mehr Leistungen für weniger Beiträge?", *Deutsche Rentenversicherung*(1996), 158면 이하; Wolfgang Schulz-Weidner, "Chile", *Rentenversicherung im internationalen Vergleich*(Verband Deutscher Rentenversicherungsträger, 1999), 309면 이하 등 참조.

34) 이에 대해서는 예컨대 Ulrike Götting/Stephan Lessenich, "Sphären sozialer Sicherheit. Wohlfahrtsstaatliche Regimeforschung und gesellschaftliche Transformation", Stephan Lessenich/Ilona Ostner(편), *Welten des Wohlfahrtskapatalismus* (Campus, 1998), 271면 이하 참조.

35) 같은 시기에 국제노동기구(ILO) 역시 연금제도 개혁안을 제안하였다. 이 안이 세계은행의 제안과 다른 점은 보충적인 보장을 충실히 하기 위하여 2층구조에 해당하는 제도의 재정을 부과방식으로 하여 근로자가 경제성장의 분배에 참여할 수 있도록 하는 것이었다. 이에 대해서는 양재진, 위 각주 32의 논문, 235면 이하 참조.

며, 그 결과 세대 간 분배정의가 실현될 수 없게 되었다. 셋째, 연금정책의 민영화로 인하여 연금운영에 부수하는 비용이 증가하였다. 민간보험의 운영비용이 가입자가 부담하는 보험료로 충당되었기 때문이다. 여기에 더하여 연금제도가 더욱 복잡해지면서 개인이 연금을 최적으로 형성하기 위하여 가입자들은 더 이상 본인의 판단 혹은 국가의 정보제공에 기초한 판단에 의지할 수 없게 되었으며, 그 결과 다양한 중개인(agency)의 도움을 필요로 하게 되었다. 이러한 비용이 연금재정에 추가되었다. 넷째, 연금의 민영화가 결코 국가의 재정부담을 감소시킨 것도 아니었다. 민간보험이 실패할 경우 국가가 최종적으로 책임을 부담하기 위한 제도가 필요했다. 또 연금이 개인의 기여에 정확히 상응하게 형성되었기 때문에 연금보험에서 노후보장을 위하여 충실하게 기여할 수 없었던 국민에 대한 배려는 국가의 부담이 되었다. 다섯째, 전체적으로 이러한 형태는 국제노동기구의 연금제도에 대한 국제기준을 충족하지 못하는 것으로 평가되었다.[36]

Ⅱ. 체제유지적 개편의 방향

이 시기 위와 같은 급진적 체제전환의 변화는 오히려 예외적인 유형에 속한다. 대부분의 국가는 기존의 체제를 유지하면서 점진적인 변혁의 방법을 채택했다. 그 내용들은 다음과 같다.

1. 재정안정

복지재정의 안정을 도모하기 위한 조치들이 취해졌다. 복지지출을 통제하고, 또 고용에 수반되는 복지비용의 부담을 줄이려는 노력이 중요한 내용이었다. 제도 전반에 관련된 일반적인 경향으로서 사회보험국가의 경우 재정수입을 늘리기 위하여 보험료율이 인상되었다. 여기에는 당연히 보험료율을 인상하는 헌법적 한계에 대한 논의가 이어졌다.[37] 그리

36) 국제노동기구에서의 연금기준에 대해서는 전광석, 국제사회보장법론(법문사, 2002), 323면 이하 참조.

37) 이에 대해서는 예컨대 Walter Leisner, *Verfassungsrechtliche Belastungsgrenzen der Unternehmen – dargestellt am Beispiel der Personalzusatzkosten* (Duncker

고 동시에 재정지출을 줄이기 위하여 급여를 삭감하는 조치가 취해졌다. 연금 산정의 기초를 총임금에서 순임금으로 변경하는 조치가 취해졌다(독일 및 오스트리아). 또 연금조정(연동)의 기준을 기존의 임금수준에서 물가변동으로 변경하기도 하였다(프랑스, 이태리 등). 특히 후자의 경우 연금조정의 목표가 이제 더 이상 현재의 연금수급자들이 현재의 경제성장에 기초한 분배에 참여하는 데에 있지 않고, 생활수요를 충족시키기 위하여 필요한 구매력을 유지하는 데에 있음을 명백히 하였다.[38] 이로써 연금제도가 도입 초기 추구했던 기초보장의 목표가 복지팽창기에 경제성장에의 참여를 목표로 전환하였다가 다시 일정한 변화(후퇴)를 겪게 된 것이다.

이와 같이 복지국가의 개편논의에 있어서 재정안정이 중요한 이슈였다는 사실은 역설적으로 보면 이들 국가들에서 복지생산이 어느 정도 역사적으로 발전해 온 경로에 충실하려는 경향을 다시 한번 확인시켜 준다.

재정안정을 중심으로 복지국가개편 논의가 이루어진 대표적인 예가 독일이다. 독일은 전체적으로 보면 경제성장과 복지생산이 균형을 이루어 왔으며, 특히 1970년 후반 이후 복지국가개편 논의에 있어서 재정안정화에 주로 정책적 비중을 두었다.[39] 이는 근본적인 개혁을 주장하는 입장에서 보면 개혁의 병목현상으로 평가되었다.[40] 행정부와 국회, 그리고 복지생산의 주체인 사회 단위들이 의사결정에 함께 참여하면서 저지세력(veto player)으로 기능하였다는 점이 주로 비판의 대상이었다. 위에서 지적했듯이 성장과정에서는 나타나지 않았던 저지구조가 긴축의 정치에서는 작용하였다.[41] 혹자는 이러한 개혁의 지체에서 심지어는 독일병(malaise der deutschen Politik)의 징후를 보기도 하였다. 1970년대 초반 이후 추진되었던 사회법전(Sozialgesetzbuch) 편찬에 있어서도 독일의 입

& Humblot, 1995) 참조.

38) 이 점에 대해서는 예컨대 Anton Hemerijck, “The Self - Transformation of the European Social Model(s)”, Gøsta Esping - Andersen(편), *Why we Need a New Welfare State* (Oxford University Press, 2002), 203면 이하 참조.

39) 이에 대해서는 Franz-Xaver Kaufmann, 위 각주 27의 책, 311면 이하 참조.

40) 이러한 지적으로는 Fritz Scharpf, “European Integration, democracy, and welfare states”, *Journal of European Public Policy* 4 (1997), 18면 이하 참조.

41) 독일 정치에서 복지성장에의 합의구조에 대해서는 위 제3편 각주 96 참조.

법자는 이 점을 명확히 하였다. 즉 사회법전의 편찬은 기존의 사회법체계를 근본적으로 검토하고 개혁하는 것이 아니라, 법적 안정성을 제고하는 목적에서 사회법 상호 간의 내적 조화와 통일을 기하고, 불필요하고 복잡한 조문 및 조문 간의 연계를 단순화하려는 데에 목표가 있다는 것이다(이른바 "beschränkte Sachreform").[42]

복지생산의 개별 영역별로 보면 다음과 같은 경향이 발견된다. 첫째, 기본적으로는 재정수입의 범위 내에서 지출이 이루어진다는 원칙을 존중하도록 하였다.[43] 이러한 원칙은 실제 규범력을 갖지는 못했지만 다양한 조치를 취하는 계기가 되었다. 건강보험에서 재정긴축을 위한 조치는 공급과 수요의 측면에서 모두 시도되었다. 수요의 측면에서는 치료와 약재 구입에 있어서 환자의 본인부담을 도입하였거나 혹은 도입하는 시도가 활발히 이루어졌다. 이와 동시에 환자에게 같은 성능인 경우 저렴한 약재를 선택할 유인이 주어졌다. 공급의 측면에서는 의료조치의 경제성과 효율성을 심사하는 기준이 강화되었다. 총액예산제 등을 통하여 건강보험예산을 고정시키려는 시도들이 있었다.[44] 둘째, 연금보험에서는 연금수급기간을 단축하려는 시도들이 있었다. 연금수급연령을 상향조정하는 경향이 여기에 해당하는 가장 명확한 조치였다.[45] 다만 이러한 조치

---

42) 이에 대해서는 전광석, 독일 사회보장법과 사회정책(박영사, 2008), 17면 이하; Hans F. Zacher, *Das Vorhaben des Sozialgesetzbuches* (Schulz, 1973) 참조. 사회법전 사업에 대한 이후의 평가에 대해서는 예컨대 Hans F. Zacher, "Das Vorhaben des Sozialgesetzbuchs", *25 Jahre Sozialgesetzbuch*, Schriftenreihe des Sozialrechtsverbandes Bd.40 (1995), 7면 이하 참조.

43) 이 점에 대해서는 Andreas Ryll, "Zur Entwicklung der Gesundheitsausgaben und ihrer gesundheitspolitischen Steuerung 1970-1996", Frank Schuz-Nieswandt/Giesela Schewe(편), *Sozialpolitische Trends in Deutschalnd in den letzten drei Dekaden* (Duncker & Humblot, 2000), 37면 이하 참조.

44) 총액예산제를 통한 재정안정의 가능성과 한계에 대해서는 예컨대 Josef Isensee, "Das Recht des Kassenarztes auf angemessene Vergütung", *Vierteljahresschrift für Sozialrecht*(1995), 345면 이하 참조.

45) 이에 대해서는 예컨대 Ulrich Becker, 위 각주 18의 논문, 589면 이하; Roger Geffert, "Geschlechtsspezifisches Rentenalter im Rechtsvergleich und im Völkerrecht", *Vierteljahresschrift für Sozialrecht* (1993), 217면 이하; Martin B. Tracy/Paul Adams, "Rentenalter in der sozialen Sicherheit; Typische Regelungen in zehn Industriestaaten", *Internationale Revue für soziale Sicherheit* (1989), 496면 이하 등 참조.

는 높은 실업률이 항상화되어 있는 상태에서는 새로운 문제가 따른다는 점이 고려되어야 했다. 이 경우 필연적으로 실업의 시기와 연금수급개시 시점 간에 보장의 공백이 발생하기 때문이다. 셋째, 공공부조의 영역에서는 수요 및 자산심사가 일반적으로 강화되었다. 특히 노동유인을 강조하는 경향이 발견되며, 이에 따라서 공공부조 수혜자에게 강한 노동의 의무가 부과되었다.

많은 국가에서 공무원 혹은 공공근로자 등 특수직역에 종사하는 자를 대상으로 독립적인 사회보험을 운영하여 왔다.[46] 재정안정의 문제는 이를 재검토하는 계기가 되었다.[47] 사실 역사적으로 보면 독일 및 스웨덴 등의 국가에서 일반 국민을 대상으로 하는 복지제도는 공무원부양제도를 이상적인 목표로 지향하여 왔다.[48] 그런데 이제 거꾸로 공무원부양제도를 일반 국민을 대상으로 하는 제도에 접근시키는 시도가 이루어지고 있다. 논의의 방향은 세 가지이다. 첫째, 공무원관계의 특수성을 존중하여 특별부양제도로서 공무원부양제도를 그대로 유지하되 그 내용을 일반 국민을 대상으로 하는 제도에 수렴시키는 방향이다. 여기에서는 아직 급여의 수준은 논의의 대상이 아니다.[49] 둘째, 공무원부양제도를 그대로

46) 이에 관한 비교법적 연구로는 Ulrich Becker/Peter A. Köhler/Yasmin Körteck (편), *Die Alterssicherung von Beamten im Rechtsvergleich* (Nomos, 2010) 참조.

47) 이러한 시각에서 우리나라에서도 90년대 중반 공무원연금개혁이 본격적으로 논의되기 시작하였다. 이에 관한 논의로는 고철기/오성식/김성희, 국민연금제도와 특수직역연금제도 간 연계방안연구(한국보건사회연구원, 1990); 배준호, "공무원연금개혁 2007", 「사회보장연구」 제22권 제4호(2006), 113면 이하; 배준호, "공무원연금의 국제비교와 2009년 개혁", 「사회보장연구」 제25권 제3호(2009), 201면 이하 등 참조.

48) 이에 대해서는 Franz-Xaver Kaufmann, 위 각주 27의 책, 185면; Gerhard A. Ritter, *Die Sozialversicherung in Deutschalnd und England* (C.H. Beck, 1983), 38면 이하; Michael Stolleis, "Die Geschichtlichkeit des Sozialrechts", *Die Sozialgerichtsbarkeit* (1984), 380면 이하 등 참조.

49) 예컨대 독일의 경우 독일 헌법 제33조 제5항이 공무원부양제도(Beamtenversorgung)의 개혁에 대한 강력한 반대논거로 제시되어 왔다. "전통적인 직업공무원법의 기본원칙을 존중하여야 한다"는 표현에 공무원부양제도의 존속이 보장된다고 이해하였기 때문이다. 이러한 논거의 정당성에 대해서는 이견이 있었지만 독일의 공무원부양제도는 결국 구조적으로 개혁되지는 못했다. 이 점에 대해서는 예컨대 *Möglichkeiten und Grenzen einer Annäherung der Beamtenversorgung*

유지하면서 재정안정화조치, 즉 급여삭감조치를 취하고 동시에 일반 국민과 마찬가지로 공무원의 퇴직 후 노후보장을 위하여 다층적인 제도를 통하여 공무원부양제도를 보충하는 방법이다. 셋째, 공무원부양을 위한 특별한 제도를 폐지하고 공무원을 일반 국민을 대상으로 하는 사회보험의 가입대상으로 하는 방법이다.

이 시기 주목할 만한 현상은 복지생산비용이 경제의 국제경쟁력에 부정적인 영향을 미친다는 사고가 지배하기 시작하였다는 사실이다. 이는 사용자에 대한 복지비용부담의 한계라는 주제 하에 논의되기 시작되었다.[50] 부분적으로 예컨대 건강보험비용의 일부를 사용자의 보험료가 아닌 조세로 이전하는 움직임도 나타났다. 프랑스가 이에 대한 좋은 예이다.[51] 실제 당시 지배적인 이념으로 등장한 신자유주의가 관철된 정도에 따라 국가들 간에 사용자의 복지생산에의 기여도가 낮아지는 경향이 있었다.[52] 그러나 실제 복지생산비용이 국가의 국제적 경쟁력에 어느 정도의 영향을 미치는가는 아직 불투명하다. 복지생산의 비용 그 자체가 아니라 이와 연관된 경제 및 재정정책, 그리고 조세정책이 함께 분석의 대상이 되어야 하기 때문이다.[53]

2. 경쟁적 사회보장, 민영화 논의

복지팽창의 시대에는 주목되지 않았던 복지생산기구의 조직과 행정의 효율성이 재검토의 대상이 되었다. 이는 한편으로는 동일한 사회적 위험이 다원적인 조직에 의하여 보호되는 상황이 바람직한가 하는 문제, 그리고 조직통합의 문제를 제기하였다. 다른 한편 역사적인, 혹은 이해관계의 이질성으로 인하여 조직의 통합이 어렵다면 조직 간의 경쟁체제

---

an die gesetzliche Rentenversicherung. Anlageband B zum Gutachten der Sachverständigenkommission (1983) 참조.

50) 이에 관한 본격적인 논의로는 예컨대 Walter Leisner, 위 각주 37의 책 참조.

51) 이에 대해서는 Anton Hermerijck, 위 각주 38의 논문, 198면 이하 참조. 이 밖에 위 제3편 각주 111 참조.

52) 이에 대해서는 Evelyne Huber, "Options for social policy in Latin America; Neoliberal versus Social Democratic Model", Gøsta Esping - Andersen(편), *Welfare States in Transition* (Sage Publications, 1996), 154면 이하 참조.

53) 예컨대 유럽공동체 초기 이에 관한 논의에 대해서는 전광석, 국제사회보장법론(법문사, 2002), 96면 이하 참조.

를 도입하여 한편으로는 가입자에게 조직 선택의 자유를 부여하고, 다른 한편 조직 간의 경쟁을 통하여 행정의 효율성을 증진하는 방안이 논의되었다.

개인에게 민간보험에 가입하는 가능성 역시 같은 맥락에서 논의되었다. 스위스가 여기에 해당하는 대표적인 국가이다. 스위스는 가입자가 건강보험조합을 자유롭게 이동할 수 있도록 하여 건강보험에 경쟁적 시장구조를 도입하였다.[54] 다만 여기에는 다음과 같은 가치충돌의 문제가 나타났다. 즉 예컨대 고소득자에게 민간보험에 가입할 가능성을 부여할 경우 국가의 복지생산은 사회적 보호의 필요성이 큰 집단에 집중할 수 있지만, 다른 한편 고소득자가 보험의무로부터 면제되면서 복지재정에 더 이상 기여할 수 없다는 문제이다. 또 각국의 경험을 보면 민영화가 결코 복지생산을 합리화하는 데 있어서 만병통치의 처방이 될 수 없다는 것을 보여준다. 스웨덴이 좋은 선례를 제공한다. 즉 스웨덴에서 공공부문이 수행하였던 육아기능을 민간부문으로 전환하는 시도가 결코 효율적이지 못했으며, 건강보험의 민영화는 기대했던 만큼 비용절감을 가져오지 않았다. 무엇보다도 교육의 민영화는 스웨덴의 오랜 전통인 평등의 이념에 역행하는 것으로 평가되었다.

3. 인구구조의 변화에 대한 대응

장기적으로 안정적인 복지생산을 하는 데 가장 심각한 장애요소는 이 시기에 본격화하기 시작한 인구구조의 불균형이었다. 다음과 같이 몇 가지 대응방안이 구상되었다.

첫째, 연금보험의 재정방식을 부과방식에서 다시 적립방식으로 전환하는 방법이다. 그러나 이 경우 적립방식이 갖는 문제가 나타난다는 점

---

54) 이에 대해서는 예컨대 Andreas Hähnlein, "Soziale und private Krankenversicherung–Konkurrenz und Konvergenz. Eine rechtsvergleichende Skiszze", *Schweizerische Zeitschrift für Sozialversicherung und berufliche Versorgung*(2000), 214면 이하; Herbert Obinger/Klaus Armingeon/Giuliano Bonoli/Fabio Bertozzi, "Switzerland. The marriage of direct democracy and federalism", Herbert Obinger/Stephan Leibfried/Francis G. Castles(편), *Federalism and the Welfare State* (Cambridge University Press, 2005), 287면 이하 등 참조.

을 고려하여야 한다. 적립방식에서는 가입자가 납부한 보험료는 가입자에게 미래에 지급될 연금의 재원이 된다. 그 결과 연금이 일종의 개별적인 저축계정과 같은 성격을 갖는다. 이로써 재정적 지속가능성은 유지될 수 있지만 사회보장 및 사회정의와의 연계성은 희석된다. 전체적으로 보면 경제가 침체해 있던 시기의 가입자는 보험료 수준이 낮기 때문에 필연적으로 연금수준도 낮아진다.[55] 그리고 이러한 객관적인 상황은 그대로 가입자의 주관적인 상황을 결정한다. 그 결과 빈곤한 연금수급자와 부유한 소득근로자, 빈곤한 연금수급자와 부유한 연금수급자 간의 차이가 발생할 수 있고, 이는 또 다른 의미에서 세대 내, 그리고 세대 간 형평을 저해한다. 또 적립방식은 화폐가치가 낮아지는 경우 실질구매력을 유지하는 장치가 연금 자체에는 없다는 문제도 있다.

둘째, 인구구조의 변화를 유도하는 방법이다. 아동양육을 복지생산의 관점에서 보호하는 시도가 여기에 해당한다. 많은 국가에서 이 시기에 아동 및 가족 그 자체를 보호하는 가능성을 활발하게 입법화하였다.[56] 특히 여성근로자가 자녀를 양육하는 기간에 상실 혹은 감소되는 소득을 보상하도록 하였다. 이 밖에 아동양육기간에 상실되는 사회보험기대권을 보상하는 조치가 취해졌다. 이는 그 동안 복지국가에서 소홀히 되었던 문제, 즉 개별화로 인하여 정책적 관심에서 멀어졌던 가족 자체의 복지생산기능에 주목하게 되었다는 것을 의미한다.

셋째, 인구구조의 불균형이 궁극적으로는 외국에서 노동력을 유입하여 해결될 수밖에 없다는 현실인식이 자리잡기 시작하였다. 그러나 이 문제는 단순히 복지국가의 문제에 그치지 않고, 여러 사회경제적 및 정치적 문제를 수반하는 주제이므로 아직 본격적인 논의로 이어지지는 못했다.

---

55) 예컨대 1998년 연금개혁을 단행한 스웨덴은 연금재정의 안정화를 위하여 연금재정방식을 확정기여방식으로 전환하면서도 위와 같은 이유에서 재정방식으로는 부과방식을 그대로 유지하였다. 아래 제6편 제4장 제3절 Ⅱ.참조.

56) 각국의 다양한 입법례에 대해서는 Kirsten Scheiwe, "Wer wird unterstützt? Die Absicherung von Familien mit Kindern zwischen Sozial - und Privatrecht in Belgien, Deutschland und Vereinigten Königreich", *Internationale Revue für soziale Sicherheit* (1994, 3/4), 62면 이하 참조.

4. 탈정치화, 객관적인 보호의 필요성 강조, 최저보장 강화

지난 성장의 시기에 복지생산이 정치화되어 복지국가의 이념적 본질이 희석되었다는 반성이 이루어졌다. 복지국가의 탈정치화가 해법으로 제시되었다. 이때 비로소 진정으로 보호를 필요로 하는 국민 계층에 국가의 복지생산이 집중될 수 있고, 동시에 국가가 자신의 능력에 적합하게 과제에 충실해질 수 있기 때문이다. 그러나 다른 한편 이미 보편화된 평등을 위한 국민의 요구, 사회보장청구권에 대한 헌법적 보호의 가능성, 그리고 무엇보다도 유권자의 지지를 포기할 수 없는 민주주의적 정치구도 등은 복지국가의 탈정치화를 진행하는 데에 높은 장애인 것이 현실이었다.

제 3 장 새로운 사회문제 - 실업, 여성, 장기요양

복지국가의 위기 및 한계가 논의되던 시기에도 새로운 사회적 문제들이 계속 복지국가에 대한 도전으로 다가왔다. 실업, 여성 및 장기요양의 문제가 대표적인 예들이다.

제 1 절 실 업

I. 일 반 론

이 시기에 실업은 이중적으로 복지국가를 압박하였다. 첫째, 실업은 고용사회에서 개인이 경제적 기초를 상실하는 직접적인 계기이며, 따라서 고용보호는 전통적인 복지국가의 과제에 해당한다. 둘째, 실업의 파급효과는 여기에 그치지 않는다. 실업은 소득에 부과되는 보험료를 재원으로 운영되는 질병, 노령 등을 보호하는 다른 사회보험의 수입을 감소시킨다. 이에 각국은 고용과 복지생산을 연계시키는 새로운 방법론을 개발하고 적용하여야 했다. 적극적인 노동시장정책의 필연성이 인식되었다. 그 구체적인 방법론에 있어서는 다양한 유형이 존재하였으며 유형별로 다음과 같은 구조적인 차이가 있었다.

비교적 노동시장이 유연하게 발전하여 온 미국의 경우 실업문제에 임금수준이 탄력적으로 대응함으로써 실업의 문제를 극복할 수 있었다. 그러나 여기에는 임금불평등이라는 대가가 따랐다. 이에 비해서 독일을 비롯한 유럽 국가들에서 대량실업은 현실적인 문제로 다가왔다. 이들 국가들에서는 가족의 주부양자인 성인 남성을 중심으로 고용관계 및 이에 기초한 사회보장관계가 형성되어 있었다. 이에 노동시장의 부담은 그대로 사회보험에 전가되는 구조를 가졌다. 또 실업을 극복하기 위해서는 고용창출을 위한 직간접적인 제도들이 갖추어져야 하는데, 이러한 필요한 여건이 결여되어 있었다. 공공부문의 고용창출능력이 제한적이었고, 또 직업교육, 직업알선 등 서비스급여가 발달하지 못하였다. 이에 비해서 북부 유럽의 국가들은 1970년대와 80년대 본격적으로 적극적인 노동시장정책을 추구하였다. 이와 더불어 사회서비스를 확충하여 노동공급에 유리한 구조를 구축하였고, 특히 공공부문에 여성노동력을 흡수하여, 실업문제에 적극적으로 대처하였다. 다만 이러한 방식은 경제성장을 필수적인 배경으로 하였고, 1990년대 특히 스웨덴의 경우 경제성장이 둔화되면서 이러한 방법 역시 한계를 드러냈다. 이에 대해서는 아래 제6편에서 다시 다룬다.57)

Ⅱ. 사회보험정책을 통한 고용창출의 시도와 실패

위에서 지적한 바와 같이 일부 국가에서는 노령노동력을 노동시장에서 퇴출시키는 방법을 통하여 실업률의 증가를 억제하고, 또 특히 청소년 실업을 예방하려는 구상을 하였다. 독일이 이에 해당하는 예이다. 즉

57) 이 점이 같은 복지국가유형에 속하지만 1990년대에도 이전의 기조를 계속 유지할 수 있었던 노르웨이와의 차이였다. 이 점에 대해서는 Gøsta Esping - Andersen, “After the Golden Age? Welfare State Dilemma in a Global Economy”, Gøsta Esping - Andersen(편), *Welfare States in Transition* (Sage Publications, 2000), 10면 이하 참조.

1984년 독일에서 제정된 조기퇴직에 관한 법률(Vorruhestandsgesetz)은 조기에 퇴직하는 근로자 대신에 실업자나 청소년을 고용하는 조건으로 사용자가 연방고용공단(Bundesanstalt für Arbeit)으로부터 근로자의 조기 퇴직급여의 일부를 보조받을 수 있도록 하였다.

이 제도에 의하면 근로자는 결국 조기에 퇴직한 후에는 연금보험에 생활을 의존하기 때문에 연금보험의 부담으로 장기실업을 예방하는 결과가 되었다. 그러나 이러한 제도가 장기적으로는 효율적인 고용정책이 될 수 없었다. 첫째, 이는 유럽 국가의 복지생산에 전형적인 문제, 즉 고용관계를 중심으로 복지국가가 이른바 insider와 outsider로 분열되는 현상을 고착시킨다. 소극적으로 보면 代替的으로 고용되는 노동력 이외의 노동력은 여전히 복지생산에서 소외되며, 노령노동력은 복지생산에 의존할 수 있게 되었지만 노동시장에서는 퇴출되었다. 결국 이는 실업을 극복하기 보다는 잠재화하는 효과가 있을 뿐이었다.[58] 이에 독일은 1992년 연금개혁을 통하여 조기퇴직제도를 폐지하였다. 보다 적극적으로 보면 이러한 정책은 결과적으로 직업교육, 직업알선 등 적극적인 노동시장정책을 소홀히 하고, 또 적극적인 노동시장정책에 필수적인 노동시장의 유연화에는 오히려 장애가 되었다. 둘째, 인구구조의 불균형으로 인하여 연금보험의 재정이 악화되는 상태에서 조기에 노동력을 연금보험에 의존하게 하는 정책은 합리적일 수 없었다. 오히려 노령인구의 직업수행을 장려하고, 또 연금 등 국가의 복지생산에 대한 의존도를 줄일 필요가 있었기 때문이다.

Ⅲ. 이른바 네덜란드의 기적

실업문제와 관련하여 복지생산과 고용수준을 유지하고, 이를 사회적 합의를 통하여 실현한 네덜란드의 사례가 참고할 만하다.[59] 네덜란드는 보기 드물게 사회민주적-보수적 복지생산의 유형에 자유주의적 요소를

58) 이 점에 대해서는 위 제3편 각주 35 참조.

59) 이에 대해서는 Jelle Visser/Anton Hemerijck, "Die pragmatische Anpassung des niederländischen Sozialstaats", Stephan Leibfried/Uwe Wagschal(편), *Der Deutsche Sozialstaat* (Campus, 2000), 452면 이하 참조.

통합시킨 예에 해당한다고 평가되고 있다.

"네덜란드의 기적"은 파트타임고용을 창출하고, 임금수준을 적정하게 유지한 결과였다. 이러한 실체적인 내용은 1982년 두 단계의 합의에 의하여 담보되었다(Wassenaar Accord). 첫째, 근로자와 사용자 간에 노동시간의 단축에 관한 합의가 이루어졌다. 둘째, 노동시간의 단축에 상응하여 감소하는 임금을 보상할 필요가 있었다. 이에 조세 및 사회보험 보험료율을 하향 조정하는 합의가 근로자와 정부 간에 이루어졌다.

이와 같은 하향 조정이 기존 복지생산의 구조 자체를 바꾼 것은 아니다. 그러나 노동시장의 유연화의 현실변화에 맞추어 복지생산의 구조를 유연화하는 기반이 되었다. 즉 다음과 같은 조치가 병행하여 취해졌다. 첫째, 전일고용 근로자와 파트타임 근로자 간에 평등을 보장하였다. 즉 1시간 이상 근로를 하는 경우 파트타임 근로자도 사회보험에 의무적으로 가입하도록 하였다. 둘째, 1993년 노동법적 조치이지만 동시에 복지생산에 있어서도 영향을 미치는 최저임금제를 파트타임 근로자에게도 적용하도록 하였다. 즉 정상적인 주당 근로시간의 3분의 1 이상 근로를 하는 근로자에게 최저임금제를 적용하도록 하였다(New Cource Agreement). 셋째, 1996년 이후에는 파트타임 근로자와 전일고용 근로자 간에 평등이 보다 제고되었다(Flexibility Accord). 즉 파트타임 근로자에게는 임금 및 임금에 부수하는 비용, 예컨대 사회보험 보험료를 노동시간에 비례하여 산정하도록 하였다.

제 2 절 여성복지

근대 산업사회에서 성인 남성의 노동력을 중심으로 고용이 이루어졌으며, 이러한 시대적 배경에서 복지생산은 가족의 주부양자인 남성을 중심으로 이루어지도록 구상되었다. 이러한 구도에서 여성은 남성의 소득활동 및 복지생산에 종속된 지위를 가졌다. 사회적 위험이 발생한 성인 남성에게 소득을 보장하는 조치를 취하면 해당 성인 남성근로자를 둘러싼 사회문제는 극복(보장)된다고 보았다. 가족의 유지를 위하여 필요한 서비스는 가족 내에서 여성에 의하여 제공된다고 가정하였기 때문이다. 그러나 이러한 구상은 복지생산에 있어서 본질적인 변수는 아니었으며, 시대의 변화에 따라 새로운 적응이 요구되었다. 실제 복지국가형성의 배경을 이루었던 경제적 · 문화적 및 사회정책적 환경이 변화하면서 여성의 복지는 새로운 도전적인 요소가 되었다.[60] 제조업 중심의 산업구조에서 서비스업 중심의 산업구조로의 개편이 대표적인 변화이다.

위와 같은 시대적 배경의 변화에 따라서 사회 및 가족에서 여성의 역할분담이 새로운 패턴을 띠게 되었다. 이에 여성의 복지문제가 독자적인 복지국가의 과제로 제기되었다. 양육보호 등의 문제에 대한 새로운 평가가 필요하다는 점에 대해서는 위에서 언급한 바 있다.[61] 그러나 엄격히 보면 이러한 접근은 가족 내에서 기능하는 여성에 대한 보호이며, 여성에 대한 독자적인 보호는 아니라는 점이 문제로서 인식되었다. 특히 여성이 여전히 전일고용이 아니라 파트타임고용, 그리고 종신고용이 아니라 한시고용의 형태를 띠는 것이 일반적이기 때문에 전일고용 및 종신고용에 기초하여 형성된 기존의 사회보험을 통한 복지생산의 방법을 여성에게 적용하는 데에는 한계가 있다는 문제가 인식되었다. 이 밖에 가족 형성이 점차 더디어지고, 출산율이 낮아지면서 여성복지를 남성의 그것에 종속시키는 것은 점점 더 현실성을 상실하게 되었다.[62] 이 점은 특히 자녀를 양육하는 여성 단독가구의 경우 뚜렷하게 나타난다.[63]

---

60) 이에 대한 논의에 대해서는 예컨대 Siegrid Leitner/Ilona Ostner, "Von geordneten zu unübersichtlichen Verhältnissen; Nachholende Modernisierung des Geschlechtsarrangements in der deutschen Sozialpoltik", Stephan Leibfried/Uwe Wagschal(편), *Der deutsche Sozialstaat* (Campus, 2000), 199면 이하 참조.

61) 위 각주 56 참조.

62) 이에 관한 각국에서의 인식 및 입법례에 대해서는 Karen C. Holden, "Social Security and the Economic Security of Women; Is it fair?", Eric R. Kingson/James H. Schulz(편), *Social Security in the 21st Century* (Oxford University Press, 1997), 91면 이하 참조.

63) 이에 대해서는 예컨대 Eva-Maria Hohnerlein, "Schutz der Einelternfamilie im Sozialstaat Deutschland", *Zeitschrift für ausländisches und internationales Arbeits- und Sozialrecht* (2003), 176면 이하 참조.

제3절 장기요양

특히 건강보험의 발달과 의료기술의 발달은 개인의 수명을 연장시켰지만 노령에 이르면서 자기 스스로의 능력으로는 거동을 할 수 없는 상황이 새로운 사회적 위험으로서 일반화되었다. 이 점을 기존의 복지국가는 전형적인 사회적 위험으로 인식하지는 않았다. 그렇다고 이 문제에 대해서 전혀 무감각했던 것도 아니다. 이 문제는 우선은 전형적인 사회적 위험을 보호하는 건강보험과 연금보험에서 부분적으로 다루어졌다. 그러나 이들 개별적인 영역 간에 상호 협력관계가 체계화되지 않은 상태에서 규율되었기 때문에 투명성과 효율성이 결여되어 있었다. 이는 특히 다양한 영역에서 다양한 제도들이 장애 및 장기요양문제를 규율하였던 독일에 특유하게 나타났던 문제이며, 독일의 입법자는 지속적으로 제도 간의 조화와 협력을 위한 방안을 강구하여 왔다. 이 문제는 1995년과 2001년 사회법전 제12권 및 제9권에 장기요양보험과 장애인보호에 관한 규정들을 편찬하면서 해결이 모색되었다. 그러나 이로써 다른 사회보장법 영역과의 협력관계가 완전히 해결된 것은 아니다.[64]

이 시기에 장기요양문제는 사회정책과 재정정책적 관점에서 동시에 의제화되었다.[65] 사회정책적으로 보면 고령사회에서 장기요양의 문제가 더 이상 비전형적인 사회적 위험이 아니기 때문에 전형적인 위험을 보호

---

64) 이 점에 대해서는 예컨대 전광석, 독일의 사회보장법과 사회정책(박영사, 2008), 259면 이하; *Recht der Rehabilitation und der Teilhabe. Zwischenbilanz zum SGB IX. Kritische Reflextion und Perspektiven, Zeitschrift für Sozialreform* (2004); Franz Ruland, "Anforderungen an ein Buch "Rehabilitationsrecht" aus der Sicht der medizinischen Rehabilitation", *Kodifikation des Sozialrechts*, Schriftenreihe des Deutschen Sozialrechts-verbandes 37 (1993), 114면 이하; Hubertus Stroebel, "Anforderungen an ein Buch "Rehabilitationsrecht" aus der Sicht der Verwaltungspraxis", 같은 책, 78면 이하 등 참조.

65) 독일에서 이러한 문제의식에 대해서는 Heinz Rothgang, "Die Pflege-versicherung; Kernstück der Altenpflegepolitik der letzten drei Dekaden", Frank Schulz-Nieswandt/Giesela Schewe(편), *Sozialpolitische Trends in Deutschland in den letzten drei Dekaden* (Duncker & Humblot, 2000), 60면 이하 참조.

하는 다른 사회보험제도에 의하여 보호하거나 혹은 비전형적인 위험을 보호하는 공공부조에 의존하게 하는 것은 타당성이 없다고 판단되었다. 장기요양문제를 공공부조에 의존하게 하는 경우 공공부조는 자신의 본래의 과제, 즉 비전형적인 위험을 보호하는 과제에 충실할 수 없다는 문제가 있었다. 재정정책적으로 보면 장기요양을 공공부조에 의하여 보호하도록 하는 경우 이 문제가 보편성과 심각성을 띠어 갈수록 공공부조를 관할하는 지방자치단체의 재정을 압박하였다.[66] 이러한 상황에서 각국은 장기요양문제를 특유하게 보호하는 복지생산기제를 마련하여야 했다.[67]

오랜 논의를 거쳐 1990년대에 들어오면서 각국은 사회보험을 통해서 장기요양문제를 해결하기 위한 시도를 하였다. 예컨대 오스트리아가 1993년, 독일이 1995년, 일본이 2000년 장기요양문제를 특유하게 보호하는 사회보험을 도입하였다.[68] 우리나라는 2007년 노인장기요양보험법이 제정되어 2008년 시행되었다.

---

66) 1988년 독일에서 장기요양을 위한 지출은 전체 사회부조예산의 약 30%, 특별생활보호급여의 지출 중 약 54%를 차지하였다. Der Bundesminister für Arbeit und Sozialordnung, *Übersicht über die soziale Sicherheit* (1991), 457면 이하 참조.

67) 1980년대 이 문제에 대한 각국에서의 인식상황에 대해서는 예컨대 Gerhard Igl, *Pflegebedürftigkeit und Behinderung im Recht der sozialen Sicherheit* (Nomos, 1987); Bertram Schulin, "Landesbericht Bundesrepublik Deutschland", *Soziale Sicherung bei Pflegebedürftigkeit; Bestandsaufnahme und Reformbestrebungen*, Schriftenreihe des Deutschen Sozialrechtsverbandes, Bd.XXIX, 8면 이하 등 참조.

68) 이에 대해서는 예컨대 박광준, "일본의 개호보험도입과 관련된 제도간 조정에 관한 연구", 「사회보장연구」 제15권 제2호(1999), 113면 이하; Patrick Hennessy, "Die Zunahme des Pflegerisikos im Alter; Welche Rolle kommt der Familie und der sozialen Sicherheit zu?", *Internationale Revue für soziale Sicherheit* (1997/1), 25면 이하; Miyoko Motozawa, "Probleme der japanischen Pflegeversicherung", *Zeitschrift für ausländisches und internationales Arbeits- und Sozialrecht*(2003), 79면 이하; Stefan Pabst/Heinz Rothgang, "Reformfähigkeit und Reformblockaden; Kontinuität und Wandel bei Einführung der Pflegeversicherung", Stefan Leibfried/Uwe Wagschal(편), *Der deutsche Sozialstaat* (Campus, 2000), 340면 이하; Xenia Scheil-Adlung, "Soziale Sicherheit bei Pflegebedürftigkeit in Deutschland und im internationalen Vergleich; Zwischen Tradition und Innovation", *Internationale Revue für soziale Sicherheit* (1995/1), 21면 이하; Walter J. Pfeil, "Die Neuregelung der Pflegevorsorge in Österreich", *Vierteljahresschrift für Sozialrecht* (1994), 185면 이하 등 참조.

제 6 편

복지국가개편론
- 1990년대 이후의 발전

제 6 편 복지국가개편론 - 1990년대 이후의 발전

제 1 장 논의의 배경

1990년대에 들어오면서 세계질서는 중대한 변화를 겪는다. 1980년대 초에 시작된 동구권의 자유화 운동은 1990년 동서독 통일로 이어졌고, 또 동구권의 자유화는 정점에 이르렀다. 소비에트연방이 해체되면서 이념과 체제의 대립으로 특징지워졌던 전후시대(戰後時代)는 종결되었다. 이에 국경을 초월한 국가 간의 협력은 가속화되었고, 통신 및 운송기술의 발달이 이를 가능하게 하는 원동력이었다. 이러한 과정을 거치면서 특히 노동력의 국가 간 이동과 생산기지의 자유로운 선택이 가능해졌다. 그리고 자본이 자유로이 이동하게 되면서 경제에 대한 국내정치적 통제의 가능성은 현저히 감소하였다. 이 밖에 50년대와 60년대 복지팽창의 상황적 조건을 이루었던 사회경제적 상황들은 70년대와 80년대에 점진적으로 변화하였으며, 90년대 이후 변화는 깊고 넓어졌다.

이에 70년대 및 80년대와는 또 다른 시각에서 복지국가개편에 대한 근본적인 논의가 전개되었다. 그러나 이 논의는 복지국가를 전면적으로 부인하기보다는 복지국가를 변화된 상황에 적응하여 개편하려는 논의로서 복지국가개편이라고 표현하는 것이 보다 적합하다. 전후 복지국가의 형성과 발전에 있어서 시장질서가 왜곡되지 않았는가, 그리고 이를 복원하는 방향으로 복지생산이 재편성되어야 하는가 등의 질문이 제기되었다. 이는 복지국가 자체가 독자적으로 제기하는 문제였지만 1990년대 이후 심화된 세계화현상에 의하여 중요한 영향을 받았다. 고령사회는 더 이상 미래의 현상이 아니라 현재의 대응을 필요로 하는 과제가 되었다. 아래에서는 90년대 이후 복지국가개편에 관한 일반적인 논의 외에 이와 별도로 특수문제로서 유럽연합과 독일 통일의 문제를 다루었다. 유럽연합과 동서독 통일의 문제는 그 자체가 독자적인 연구의 대상이지만 복지국가개편에 있어서도 선도적인(유럽연합의 경우), 그리고 집중적인(독일의 경우) 논의가 이루어진 예에 해당하기 때문이다.

제 1 절 외재적인 문제

I. 세계화와 복지생산구조의 변화

1. 세계화란 무엇인가

세계화(globalization)의 가장 핵심적인 내용은 기술, 특히 통신 및 운송기술의 발달로 인하여 노동 및 상품의 공급과 수요가 공간적으로는 전 지구적 단위로, 그리고 시간적으로는 동시적으로 이루어지게 되었다는 사실이다.[1)] 이 점이 이미 1980년대 이후 보편적으로 사용된 국제화와는 개념적으로 구별된다. 국제화(internationalization)는 행위의 주체로서 개별 국가를 전제로 하고 국가 간의 교류와 협력이 활발해지는 현상을 말한다. 이에 비해서 세계화는 국가 단위를 초월하여 새로운 사회관계의 체계와 정치 현상을 지칭하는 용어례이다. 공통의 기준을 적용하여 기존의 개방화 및 자유화가 조직법적 차원에서 도모되는 경우 보다 세분화하여 초국가화(transnationalization)라는 개념으로 지칭하기도 한다. 유럽연합이 여기에 해당한다.

세계화의 시대에는 국제교역 및 자본의 이동에 대한 국내정치적 통제는 약화되었다. 동시에 이에 대한 규범적 기초로서 국제협약이 활발히 채택되었다. 세계무역기구(WTO)가 대표적인 예이다. 또 유럽연합(EU)의

---

1) 세계화의 다양한 개념 이해방법에 대해서는 Franz-Xaver Kaufmann, *Herausforderungen des Sozialstaates* (Suhrkamp, 1997), 118면 이하 참조.

예에서 알 수 있듯이 국제적 상황들이 국제협력에 있어서, 그리고 어느 정도는 국내 정치적 영향을 약화시키면서 사실상 초국가적 영향력을 갖게 되었다.

2. 노동력과 자본의 자유로운 이동과 복지국가

(1) 노동력과 자본의 자유로운 이동

세계화가 진행되면서 국경을 초월한 노동력의 자유로운 이동이 특징적으로 나타났다. 이는 이중적인 측면이 있다. 첫째, 선진국의 경우 특히 첨단의 통신 및 정보, 그리고 생명공학에서의 노동력에 대한 수요가 있으며, 이러한 노동력의 수요를 국내에서 충당하는 데에는 한계가 있다. 따라서 어느 정도는 외국의 노동력에 의존할 수밖에 없다. 둘째, 이러한 노동력의 수요가 있는 경우에도 급속한 기술의 발전 및 변화가 이루어지기 때문에 노동력의 유동성이 높고, 그 결과 고용유형이 비전형적이라는 특징이 나타났다. 셋째, 이러한 영역에서 고도의 기술집약적인 노동력에 대한 수요가 발생하며, 따라서 기존의 노동력을 흡수하는 데에는 한계가 있다. 즉 경제성장은 특정 분야에서 숙련노동력에 대한 수요를 창출하였지만, 비숙련노동력에 대한 수요는 감소하여 오히려 실업의 문제를 남긴다.

위와 같은 고용유형의 변화는 복지생산에 있어서 다음과 같은 불균형을 가져온다. 첫째, 비전형적인 고용유형으로 인하여 한시적인 실업이 나타나고, 이에 대한 복지국가적 대응을 필요로 한다. 둘째, 외국의 노동력에 대한 수요가 항상적으로 존재하게 되면서 외국인 노동자에게 국내복지생산에의 접근을 허용하여야 하며, 이에 대한 제도화가 필요하다. 셋째, 새로운 고용에 접근할 수 있는 노동자의 경우 높은 임금수준을 유지할 수 있는 반면 그렇지 못한 근로자의 경우 절대적으로 고용의 기회가 줄어든다. 그리고 그 결과 소득분배에 있어서의 현저한 불균형이 나타난다.[2)]

세계화는 자본의 이동에 대한 국가의 통제가능성을 대폭 감소시켰다. 자본은 과거와는 달리 국내의 통화 및 외환정책적 통제에서 벗어나

---

2) 이 시대 양극화로 의제화되는 새로운 사회문제에 대한 헌법적 평가에 대해서는 예컨대 김종철, “한국사회의 양극화와 법적 대응; 헌법과 양극화에 대한 법적 대응”, 「법과 사회」 제31권(2006), 9면 이하; 전광석, “헌법과 국민통합”, 「법제연구」 제30호(2006), 7면 이하 등 참조.

서 가장 이윤이 높은 지역으로 순간적으로 이동할 수 있게 되었다. 이로써 각국의 통화가치는 국가정책보다는 자본시장에서 결정되는 상황이 발생하였다. 또 국가가 오히려 이들 익명의 자본에 종속될 가능성이 나타났다. 이와 같이 자본의 이동이 자유로와 지면서 자본 자체가 부가가치를 창출하게 되었다. 이는 세계화 이전 시대에 자본은 노동을 매개로 하여 비로소 부가가치를 창출하였던 사실과 비교되는 변화이다. 이에 고용관계에 기초하여 노동을 매개로 가치를 창출하는 것을 전제로 하여 형성된 복지생산의 기제는 새로운 대응을 필요로 하게 되었다.[3]

위와 같은 자본의 자유로운 이동가능성은 예컨대 스웨덴과 같이 전통적으로 보편적인 유형에 해당하는 국가에게도 도전적인 요소가 되었다. 자본의 국제화는 스웨덴에서 자본시장에 대한 규율을 완화하는 계기가 되었다. 그리고 그 결과 복지생산의 외부적인 기제였던 공공지출이 더 이상 이 전의 상태를 유지할 수 없게 되었다. 이로써 오랜 동안 스웨덴 복지생산을 지배했던 상황, 즉 완전고용과 물가의 안정, 그리고 성장과 재분배의 정책목표가 한계에 부딪히게 되었다.[4] 이에 스웨덴에서도 적극적 노동시장정책을 통한 복지생산의 방법론은 이전 시기에 비해서 보다 강화되었다.[5]

(2) 국내산업의 국제경쟁력과 복지국가

자본 및 노동력의 이동이 자유롭게 되면서 각국은 자본과 노동력을 유인할 수 없는 경우 생산기지가 空洞化될 것이라는 위험을 인식하게 되었다. 이러한 위험은 복지재정이 주로 노동자와 사용자가 납부하는 보험료에 의존하는 국가에서 나타날 가능성이 컸다.[6] 이에 자본과 노동의 관

---

3) 사실 이미 1980년대 노동이 아니라 자본이 부가가치를 생산하는 구조에서 자본이 복지생산에 기여하는 구조변화가 모색되었다. 이에 대해서는 예컨대 Josef Isensee, “Der Sozialversicherungsbeitrag des Arbeitgebers in der Finanzordnung des Grundgesetzes-Zur Verfassungsmässigkeit eines 'Maschinenbeitrages”, *Deutsche Rentenversicherung* (1980), 146면 이하 참조.

4) 이에 대해서는 John D. Stephens, “The Scandinavian Welfare States; Achievement, Crisis, and Prospects”, Gøsta Esping-Andersen(편), *Welfare States in Transition* (Sage Publications, 2000), 49면 이하 참조.

5) 이에 대해서는 아래 제4장 제3절 Ⅲ. 참조.

6) 이에 관한 논의에 대해서는 예컨대 Franz-Xaver Kaufmann, “Der deutsche

계가 다음과 같이 재편되었다. 첫째, 역사적으로 보면 사회보험에서 자본은 복지재정을 공동으로 부담하는 위치에 있었다. 자본에게도 사회보험은 나름대로의 효용성이 있었다.[7] 보다 직접적으로 보면 위에서 언급했듯이 산업화 시대에 자본은 노동을 매개로 하여 비로소 가치를 창출할 수 있었기 때문이다. 그런데 이제 자본이 자유롭게 이동할 수 있게 되면서 사회보험 재정부담 등 생산에 부수하는 비용을 최소화하는 선택을 할 수 있게 되었다. 이는 예컨대 유럽연합에서는 이른바 "social dumping"에 관한 논의를 일으켰다.[8] 이에 고용관계에 기초하여 복지를 생산하는 구조가 취약해졌다. 둘째, 기존의 복지재정을 사용자가 아닌 제3자의 재원으로 전환하는 필요성이 나타났다. 사회보험 보험료에 비해서 조세가 오늘날 복지재정의 중요한 부분을 차지하는 경향을 띠게 된다. 그러나 이 문제도 국가는 자본에 유리하게 조세정책을 형성하여야 했기 때문에 또 다른 딜레마에 처하게 된다. 이에 일반적으로 한편으로는 과세율을 하향 조정하고, 다른 한편 과세의 대상을 확대하는 정책을 선호하는 경향이 나타났다.[9]

(3) 국내정책적 영향의 약화

세계무역이 활발하게 전개되고, 지역공동체의 차원에서 자유무역이 추진 · 실현되는 시기에도 복지국가는 전체 사회체계에 연계되어 있었으며, 이들 다양한 체계와 상호작용을 하면서 발전하여 왔다. 오랜 동안 복지정책은 국제적 영향력에서 비교적 자유로운, 따라서 그 형성이 국내정책적 결정에 위임되어 있는 영역으로 인식되었다. 예컨대 유럽공동체 초기 경제공동체의 형성에는 사회적 통합이 수반되어야 하는가에 대한 논의에서 사회적 통합은 각국의 고유한 국내 정책적 관할에 속하며, 여

Sozialstaat als Standortbelastung?. Vergleichende Perspektiven", Stephan Leibfried/Uwe Wagschal(편), *Der deutsche Sozialstaat* (Campus, 2000), 171면 이하 참조.

7) 위 제2편 각주 79 참조.

8) 이에 대해서는 아래 각주 27 참조.

9) 이에 대해서는 예컨대 Fritz W. Scharpf, "The viability of advanced welfare states in the international economy. Vulnerabilities and options", Stephan Leibfried(편), *Welfare State Futures* (Cambridge University Press, 2001), 131면 이하 참조.

전히 그러한 성격에 변함이 없다는 견해가 관철된 것이 좋은 예이다.[10]

그런데 1990년대 이후 세계화의 시대에는 경제 및 고용 등의 영역에서 공급과 수요가 전 지구적, 그리고 동시적으로 실현되고 있다. 보다 구체적으로 보면 세계화의 시대에 자본의 이동 및 국제무역에 대한 국내정책적 통제는 한계를 갖게 되었다. 예컨대 보호무역에 대한 보상으로서 임금정책에 어느 정도 복지기능을 부여하고, 국가의 강력한 중재기능을 통하여 이를 뒷받침하는 가능성은 더 이상 실현되기 어렵게 되었다. 전통적으로 노사관계에 복지생산을 의존했던 호주 및 뉴질랜드 등이 이러한 영향을 받는 대표적인 국가들이다.[11]

3. 동서이념의 붕괴

1990년대 동서독 통일과 동구권의 붕괴 및 체제전환이 이루어지면서 이는 복지국가의 발전에 다음과 같은 영향을 미쳤다. 첫째, 이념의 대립에서 우위에 서기 위하여 보다 충실하게 복지를 생산하는 경쟁은 그 존립기반을 상실하였다.[12] 그만큼 복지국가의 탈이념화가 가능해졌다. 둘째, 동구권의 붕괴는 복지생산과 관련된 체제전환의 필요성을 가져왔다. 전적으로 고용관계에서 분배정책을 통하여 복지를 생산하는 사회주의적 방법은 더 이상 불가능해졌다.[13] 이제 고용관계에 기초하여 독립적인 사회보험을 도입하고, 이를 통하여 사회적 위험을 보호하는 기제가 구축되어야 했고, 또 이에 의하여 보호되지 못하는 계층의 사회적 보호를 위해서는 공공부조가 충실하게 보충되어야 했다.[14] 이로써 동구권은 복지국가 구상의 새로운 실험장이 되었다.[15] 셋째, 동구권의 숙련 혹은 비숙련

---

10) 이 문제에 대한 초기 유럽공동체 내부에서의 논의 및 입법 결과에 대해서는 예컨대 전광석, 국제사회보장법론(법문사, 2002), 96면 이하 참조.

11) 이에 대해서는 위 제3편 제3장 제2절 Ⅲ. 3. 참조.

12) 이에 대해서는 위 제4편 제3장 제1절 Ⅱ. 참조.

13) 사회주의적 복지생산의 방법에 대해서는 위 제3편 제3장 제2절 I. 참조.

14) 이에 대해서는 Guy Standing, "Social Protection in Central and Eastern Europe; a Tale of Slipping Anchors and Torn Safety Nets", Gøsta Esping-Andersen(편), *Welfare States in Transition* (Sage Publication, 1996), 235면 이하 참조.

15) 기존 사회주의국가에서 체제전환의 다양한 유형에 대해서는 위 제3편 각주 49 참조.

노동력이 서부 유럽으로 이동하는 가능성이 널리 열렸다. 동구권의 노동력 중에는 비숙련노동자의 비율이 높기 때문에 서부 유럽에서 비숙련노동자의 시장을 잠식하는 잠재력이 있었다. 이에 유럽은 이 국가들을 적극적으로 유럽연합에 포섭할 필요가 있었다. 이들 국가들을 유럽연합에 포섭할 경우 동구권 국가의 전반적인 경제성장과 동시에 균형 있는 노동력의 이동이 가능해질 수 있으며, 이는 서부 유럽과 동부 유럽 모두에 도움이 되는 배경이 되었다.

4. 인구구조의 변화

1980년대 이후 고령화와 저출산은 함께 작용하여 인구구조의 불균형을 심화시켰다. 이에 복지생산의 재정방식으로 부과방식에 기초하여 장기적으로 노령보장과 의료보장을 실현하는 것은 더 이상 불가능해 보였다. 의료수준의 발전으로 인하여 수명이 높아진 것도 원인이었지만, 보다 근본적으로는 출산율이 계속 감소하고 있다는 점이 중요한 변수로서 작용하였다. 이에 고령화의 정도는 심화되고, 소득활동인구는 점차 줄어드는 불균형이 가속화되었다. 이러한 상황에서 재정방식으로 기존의 부과방식을 그대로 유지하는 경우 미래세대의 부담으로 현재세대의 노후보장이 이루어질 수는 있겠지만 미래세대의 노령보장은 지속될 수 없을 것으로 예측되었다. 이러한 문제를 둘러싸고 복지생산의 지속가능성과 세대 간 정의의 문제가 새롭게 논의되기 시작하였다.[16]

제 2 절 내재적인 문제
- 노동환경의 변화, 실업의 증가와 고용유형의 변화, 서비스산업으로의 이동

세계화는 노동환경에 급격한 변화를 가져왔다. 사용자는 경쟁력을 제고하기 위하여 생산비용을 감축하여야 했으며, 이는 자동화를 보다 촉

16) 이 문제에 대해서는 예컨대 전광석, “지속가능성과 세대 간 정의”, 「헌법학연구」 제17권 제2호(2011), 281면 이하; 전광석, “지속가능성과 복지국가”, 「법학연구」(연세대 법학연구원) 제22권 제2호(2012), 1면 이하 등 참조.

진하는 계기가 되었다. 그 결과 주로 비숙련노동력에 대한 수요가 감소하였다. 정보산업의 발달 역시 비숙련노동력에 대한 수요를 감소시켰다. 사용자의 입장에서는 산업환경의 변화에 신속히 적응하기 위하여 새로운 인력의 수급이 필요하였다. 그 결과 고용의 안정성이 낮아지면서 한시적인 실업이 보편화하였다. 이제 전통적인 복지생산의 기초였던 완전고용과 전일고용, 그리고 종신고용은 더 이상 보편적인 고용유형으로서의 지위를 갖지 못하게 되었다. 이러한 고용의 유연성은 고용을 복지생산의 기초로 하는 데 한계로서 작용하였다. 여기에 더하여 조기퇴직이 일반화되었던 이전 시기의 정책적 부담이 계속 작용하였다.[17] 조기퇴직은 본래 조기퇴직으로 인하여 발생하는 일자리를 청소년에게 부여하여 청소년의 장기실업을 예방 혹은 극복하는 목표가 있었다. 그러나 이는 동시에 고용정책을 위하여 경제성장기에 축적된 부(富)를 연금의 형태로 배분하는 의미를 가졌다. 그런데 이 시기 후자의 부담만이 남고 전자의 목표, 즉 고용정책적 목표는 더 이상 실현될 수 없었다.

위와 같은 노동환경의 변화를 영국의 예를 들어 보기로 한다. 영국에서 1970년대 이후 신자유주의 이념에 따라 노동 및 복지정책이 추진되면서 노동조합의 영향력이 급격히 감소하고 이로써 전통적인 자본과 노동의 협력관계는 거의 붕괴되었다.[18] 그 결과 고용관계가 개별화하면서 근로자 간에 능력에 따른 임금 격차는 현실화되었다. 또 고용관계가 유연화, 즉 불안정하게 되었다. 조세부담과 복지지출이 동시에 감소하였다. 그러나 이러한 상황은 역설적으로 임금정책이 실업문제를 어느 정도 흡수하는 가능성을 제고시켰다. 그 결과 영국은 세계화가 진행되면서 유럽에서 고령화 시대에 일반적인 복지생산의 불안정의 문제가 첨예하게 제기되지 않는 거의 유일한 나라가 되었다. 또 비교적 높은 고용수준을 유지하고 있다.[19] 다만 여기에는 사회적 불평등이라는 희생이 따랐다.

영국과 비교하여 독일 등 유럽 국가들은 정반대의 상황에 처해 있었

---

17) 이에 대해서는 제5편 제3장 제1절 Ⅱ 참조.

18) 이에 대해서는 Eberhard Eichenhofer, *Der Thatcherismus und die Sozialpolitik; Wohlfahrtsstaatlichkeit zu marktwirtschaftlichen Bedingungen* (Nomos, 1999), 38면 이하 참조.

19) 이에 대해서는 Fritz W. Scharpf, 위 각주 9의 논문, 140면 이하 참조.

다. 이들 국가들이 높은 실업률을 보유하고 있으며, 또 동시에 복지생산이 주로 현금급여의 형태로 이루어진다는 사실이 기본적인 문제점이었다. 실업률을 낮추는 데에는 다음과 같은 장애요소들이 있었다.[20] 첫째, 이들 국가에서는 노동력을 흡수할 수 있는 서비스산업이 발달하지 못했다. 70년대와 80년대 이들 국가들은 노령노동력을 조기에 퇴출시키는 방법으로 청소년 실업을 예방하는 정책을 시도하였지만 노동의 공급을 전반적으로 증가시킬 수는 없었다.[21] 둘째, 예컨대 북부 유럽 국가들과 달리 이들 국가들이 공공부문에서 노동력을 흡수하는 구조를 가지고 있지도 않았다. 이들 국가들이 복지생산을 주로 근로자 및 사용자가 부담하는 보험료에 의존하였고, 그 결과 현금급여 중심으로 복지를 생산함에 따라 일반 조세를 재원으로 하는 서비스급여가 발달하지 못한 것이 중요한 원인이었다.

복지생산이 고용관계와 연계되어 있기 때문에 고용수준을 유지하기 위해서는 수요 측면에서 보면 고용에 따르는 사용자의 과도한 부담을 경감하여야 하며, 공급 측면에서 보면 공공부조에서 노동을 유인하여 실업문제를 해결할 수 있어야 했다.[22] 실제 사용자의 복지생산비용을 경감하고, 복지생산의 재원을 보험료에서 일반예산으로 전환하는 경향이 일반적으로 관찰되었다. 노동을 유인하는 목표는 공공부조 및 조세제도를 개편하는 계기가 되었다.[23]

---

20) 이 점에 대해서는 예컨대 Fritz W. Scharpf, 위 각주 9의 논문, 142면 이하 참조.
21) 이에 대해서는 위 각주 17 참조.
22) 이러한 제안에 대해서는 예컨대 Fritz W. Scharpf, 위 각주 9의 논문, 144면 참조.
23) 우리 「국민기초생활보장법」에서 이에 관한 논의로는 예컨대 구인회, "국민기초생활보장제도의 근로유인효과 개선방안; 자활사업을 중심으로", 「사회보장연구」 제21권 제1호(2005), 3면 이하; 전광석/윤석진, 국민기초생활보장법상의 수급요건에 관한 입법평가(한국법제연구원, 2009), 111면 이하 등 참조.

제 2 장 유럽의 통합, 세계화에 대한 유럽의 대응

제 1 절 복지공동체로의 발전

사실 넓은 의미에서 세계화에 해당하는 시도는 유럽에서는 이미 1950년대 후반 관찰될 수 있다. 이러한 연장선상에서 1992년 유럽공동체에서 실현된 시장통합은 그 동안 추진해 온 상품과 서비스, 그리고 노동과 자본의 자유로운 이동의 보장을 완성하는 의미를 갖는다. 유럽연합 차원에서는 세계화의 실험을 일찍이 시작한 셈이다. 그리고 유럽연합의 시장통합이 각국의 복지생산에 어떠한 영향을 미칠 것인가에 대해서는 활발히 논의되고 있다.

지금까지 유럽연합에서 시장통합의 경험은 이중적이다. 시장통합 혹은 세계화가 복지생산과 관련된 회원국의 정책결정권한을 감소시키는 정도는 크지 않다. 당분간 복지생산에 대한 결정은 유럽연합 자체가 아니라 여전히 각 회원국의 국내 정책결정에 의존할 것이다. 그러나 시장통합과 관련하여 다음과 같은 두 가지 상황의 변화가 주목을 요한다.

유럽연합은 포괄적인 것은 아니지만 부분적으로 복지형성의 기준을 정립하여 왔고, 이러한 기준은 회원국에 실질적으로 중요한 지침으로 기능하여 왔다. 사회보장에 있어서 남녀평등의 원칙이 대표적인 예이다.[24) 현재 유럽연합 차원에서 사회적 기본권을 입법화하는 시도가 진행 중이다.[25) 이러한 시도가 실현되면 이는 적어도 최저기준에 관한 한 회원국

24) 이에 대해서는 Karl-Jürgen Bieback, "Mittelbare Diskriminierung der Frauen im Sozialrecht nach EG-Recht und dem Grundgesetz", *Zeitschrift für ausländisches und internationales Arbeits- und Sozialrecht* (1990), 1면 이하; Beatrice van Buggenhurt, "Gleichbehandlung von Männern und Frauen im Bereich der sozialen Sicherheit", Bernd von Maydell(편), *Soziale Rechte in der EG*(Erich Schmidt, 1990), 91면 이하; Franz Gamilscheg, "Die mittelbare Benachteiligung der Frau im Arbeitsleben", *Festschrift für Hans Floretta* (1983), 171면 이하; Eliane Vogel-Polsky, "New Social Needs; The Problems of Women", Jacques Vandamme(편), *New Dimensions in European Social Policy* (1985), 95면 이하 등 참조.

25) 이에 대해서는 예컨대 Bundesministerium für Arbeit und Sozialordnung/

간에 유사한 내용의 복지생산을 유도하는 효과가 있을 것이다. 이러한 시도는 이미 1980년대 아직 사회정책에 대한 공동체 차원에서의 대응이 초기단계에 있던 시기에 근로자의 사회적 기본권 헌장(Gemeinschaftscharta der Sozialen Grundrechte der Arbeitnehmer, 1989)의 형태로 이루어진 바 있다.[26] 또 시장통합이 필연적으로 전제로 하는 공정경쟁의 논리가 더욱 회원국의 복지생산을 균등화하는 계기로서 작용하게 될 것이다. 이는 시장통합으로 인하여 불이익을 받지 않기 위하여 각국에서 복지생산을 퇴화시키는('social dumping') 우려에 대처하는 의미를 갖기도 한다.[27] 사실 유럽연합 차원에서 사회적 기본권을 법제화하려는 노력은 다음과 같은 갈등을 조정하는 시도이다. 즉 국내 산업의 경쟁력을 보호하기 위하여 역설적으로 회원국의 국내 정책적 활동의 여지는 점차 축소되고 있다. 친기업적 시장경제가 강화될 수밖에 없기 때문이다. 그런데 유럽연합이 이로 인하여 나타나는 복지긴축을 유럽연합 차원에서 적극적으로 조정하기 위한 직접적인 결정권한을 갖고 있지는 못하다. 이러한 상황에서 사회적 기본권은 회원국에게 적극적인 복지생산의 정치적 동기로서 기대되었다.[28] 이는 1970년대 스위스에서 복지생산구조를 안정화시키기 위한 목적의 헌법개정을 연상시킨다.

Max-Planck-Institut für ausländisches und internationales Sozialrecht/Akademie der Diözese Rottenburg Stuttgart(편), *Soziale Grundrechte in der Europäischen Union* (Nomos, 2000/2001); Dieter Grimm, "Soziale Grundrechte für Europa", Dieter Grimm, *Die Verfassung und die Politik* (C.H. Beck, 2001), 275면 이하 등 참조.

26) 이에 대해서는 전광석, 국제사회보장법론(법문사, 2002), 105면 이하 참조.

27) 이에 대해서는 예컨대 Heinz-Dietrich Steinmeyer, "Sozialdumping in Europa-Perspektiven einer arbeits- und sozialrechtlichen Rechtsprechung", *Deutsches Verwaltungsblatt* (1995), 962면 이하 참조.

28) 이 점에 대해서는 예컨대 Fritz W. Scharpf, "Jenseits der Regime-Debatte: Ökonomische Integration, Demokratie und Wohlfahrtsstaat in Europa", Stephan Lessenich/Ilona Ostner(편), *Welten des Wohlfahrtskapitalismus* (Campus, 1998), 331면 이하 참조.

제 2 절 자유로운 이동권 보장과 복지생산

유럽연합에서 핵심적인 기본권인 영업의 자유는 능동적인 측면, 즉 영업자가 모든 회원국의 복지생산에 공급자로 참여할 수 있을 뿐 아니라, 수동적인 측면, 즉 회원국 국민이 다른 회원국에서의 복지생산을 이용할 수 있도록 보장하는 내용을 갖는다. 이 점은 특히 유럽재판소의 적극적인 판결을 통하여 획기적으로 발전하여 왔다. 1998년 유럽재판소의 Decker-case(1998)와 Kohll-case(1998)가 대표적인 예이다.[29] 이로써 결국 복지국가의 하부구조를 결여하고 있는 국가의 경우 자국민이 외국의 공급자에게 의존하는 경향을 막을 수 없게 된다. 이는 회원국으로 하여금 복지생산을 위한 하부구조를 충실히 구축하는 유인으로 작용하게 되었다.

제 3 절 새로운 협력방법론

1990년대 중반 이후 세계화가 진전되면서 유럽연합은 관할권의 제한에도 불구하고 회원국 간에 균형 있는 복지생산을 위하여 보다 적극적인 정책을 제도화하기 시작하였다. 이에 유럽연합은 사회적 보호에 관한 정책과 목표를 공동으로 형성하기 위한 권고를 발하였다. 이러한 경험을 기초로 유럽연합은 2000년 복지생산에서 협력을 위한 새로운 구상을 제시하였다(이른바 “open method of co-ordination”). 이는 다음과 같은 내용을 갖는다.[30] 첫째, 사회정책의 경제적 기능에 대한 평가를 위하여 회원국에 적용될 지표가 개발 · 제시되어야 한다. 이는 인구학적, 고용관련적,

29) 이 결정에 대해서는 예컨대 Ute Kötter, “Die Urteile des Gerichtshofs der Europäischen Gemeinschaften in der Rechtssachen Decker und Kohll; Der Vorhang zu und alle Fragen offen?”, *Vierteljahresschrift für Sozialrecht* (1998), 244면 이하 참조. 이 판결 이전에 이미 현물급여의 원칙을 서비스의 자유로운 이동의 관점에서 정당화하는 판결로는 Luis- and Carbone-case(1984)가 있었다. 사회보장법적 관점에서 현물급여의 원칙을 비용보상의 원칙으로 전환하는 가능성과 한계에 대해서는 전광석, 위 각주 26의 책, 308면 이하 참조.

30) 이에 대해서는 Eberhard Eichenhofer, *Sozialrecht der Europäischen Union* (Erich Schmidt Verlag, 2006), 270면 이하 참조.

재정적 및 구조적 지표를 포함한다. 둘째, 이러한 기초 위에서 회원국은 사회보장의 상황에 관한 국가보고서를 작성한다. 이는 평가를 위한 기초가 된다. 이때 필연적으로 법 및 정책비교의 작업이 이루어진다. 비교의 대상은 회원국의 제도 자체가 아니라, 해당 제도에 대한 경제적 분석의 결과이다. 또 비교의 대상은 기본적으로 회원국들의 사회정책이지만 비교의 범위를 넓혀 예컨대 국제노동기구(ILO)의 사회정책입법도 고려된다. 셋째, 이러한 평가를 기초로 유럽연합은 회원국에 권고를 발한다. 이로써 해당 사안에 있어서 수집된 사례 중 모범적인 정책방향이 제시될 수 있다.

위와 같은 복지실현의 새로운 방법론에 기초하여 유럽연합은 그 첫 번째 실험으로서 1994년 고용문제에 관한 다음과 같은 중기 전략을 제시한 바 있다.[31] 첫째, 직업훈련 및 평생교육에 투자한다. 둘째, 고용을 유연화하고 임금을 억제하여 경제성장의 고용효과를 증진시킨다. 셋째, 고용에 부수하는 부담을 축소한다. 넷째, 적극적 노동시장정책을 강화한다. 다섯째, 장기실업자를 보호하기 위한 집중적인 조치를 취한다. 이와 같은 조치들이 회원국 복지정책에 직접적인 영향을 미치지는 않을 것이다. 그러나 이는 회원국 간에 복지정책을 상호 평가하고 새로운 환경에 적응하기 위한 협력적 노력을 심화시킬 것으로 기대되었다.[32]

---

31) 이에 대해서는 Anton Hermerijck, "The Self-Transformation of the European Social Model(s)", Gøsta Esping-Andersen(편), *Why we need a New Welfare State* (Oxford University Press, 2002), 207면 이하 참조.

32) 이 밖에 빈곤정책과 노령보장정책, 그리고 건강보장에서 적용되는 개방적 협력방법론에 대한 논의에 대해서는 예컨대 Richard Hauser, "Soziale Indikatoren als Element der offenen Methode der Koordinierung zur Bekämpfung von Armut und sozialer Ausgrenzung in der Europäischen Union", *Zeitschrift für Sozialreform* (2002), 251면 이하; Bernd Schulte, "Die Methode der offenen Koordinierung-Eine neue politische Strategie in der europäischen Sozialpolitik auch für den Bereich des sozialen Schutzes", *Zeitschrift für Sozialreform* (2002), 1면 이하; Rainer Pitschas, "Nationale Gesundheitsreform und europäische Governance der Gesundheitspolitik-Zur Verpflichtung der Gemeinschaftsstaaten auf solidarischem Wettbewerb durch offene Koordination", *Vierteljahresschrift für Sozialrecht* (2002), 75면 이하 등 참조.

제 4 절 유럽 차원의 재정안정화 조치

유럽연합이 회원국 복지생산에 간접적으로 영향을 미치는 변수는 유럽통화 단일화와 이에 따르는 재정안정화조치이다. 이에 따르면 회원국들은 유로화(Euro)의 안정을 위하여 재정건전화 및 물가안정의 의무를 진다. 예컨대 유럽연합이 가입하고 있는 경제통화연합(the economic and monetary union; EMU)은 각 회원국에 재정적자가 국내총생산의 60%를, 그리고 연 순부채가 국내총생산의 3%를 넘지 않도록 하고 있다. 이는 복지생산을 긴축하는 복지개혁의 재정환경으로 기능할 것이다.[33] 이는 예컨대 이탈리아에서 실업정책에 대한 국내정치적 저항을 극복하는 계기가 되었다고 평가되었다.[34]

제 3 장 동서독 통일과 자원의 배분

제 1 절 정치적 통일과 복지공동체

독일에서는 이미 언급한 세계화 혹은 인구구조의 불균형에 비해서 동서독 통일이 보다 비중있는 복지국가에 대한 부담요소였다.[35] 복지국가발전에 있어서 동서독 통일은 다음과 같은 몇 가지 차원에서 분기점이 되었다.[36]

---

33) 이에 대해서 자세히는 예컨대 Markus Möstl, "Nachhaltigkeit und Haushaltsrecht", Wolfgang Kahl(편), *Nachhaltigkeit als Verbundbegriff* (Mohr Siebeck, 2008), 585면 이하 참조.

34) 이 점에 있어서 이탈리아의 사례연구에 대해서는 M. Ferrera/E. Gualmini, "Italy; Rescue from Without?", F.W. Scharf/V.A. Schmidt(편), *Welfare and Work in the open Economy ii; Diverse Responses to common Challenges* (Oxford University Press, 2000), 351면 이하 참조.

35) 이러한 평가로는 예컨대 Franz-Xaver Kaufmann, *Varianten des Wohlfahrtsstaats* (Suhrkamp, 2003), 142면 참조.

36) 독일 통일과 복지국가발전에 관한 주제를 광범위하게 다루고 있는 문헌으로는

1989년 동독 정권의 붕괴, 그리고 동서독 통일의 가능성이 가시화되면서 당시 독일 정부는 동서독 통일로 인하여 발생하는 추가비용을 정부의 지출억제와 경제성장에 수반되는 보험료 증가분으로 충당할 수 있다고 공언하였다. 선거전략적 효과도 염두에 둔 이러한 공언은 실제 실현되지는 못했다. 그 결과 통일비용은 대부분 국가부채로 해결되었다. 또 부분적으로 통일비용을 목적기속적인 제도인 사회보험이 부담하도록 하였다. 예컨대 사회보험은 동독 지역에 대해서 소비적 이전비용의 약 20%를 부담하였다. 이는 사실 소득역진적 효과를 가졌다. 사회보험은 조세에 비해서 누진적 부과방식을 채택하고 있지 않기 때문이다.[37] 이는 전체 국민의 부담을 사회보험 가입자에게 전가시키는 결과가 되었다. 또 일반 근로자는 사회보험 대상자가 아닌 공무원 및 자영인에 비해서 가중된 부담을 진다는 의미를 갖기도 한다. 이러한 재정방식은 자본에 비해서 노동에 보다 부담을 지우는 결과가 되기도 하였다. 자본의 수익은 과세의 대상이 될 뿐인데, 이 수익이 통일 비용의 부담에서 면제되었기 때문이다. 이를 나누어 설명하면 다음과 같다.

첫째, 구 동독의 이른바 단일연금체계와 구 서독의 소득비례연금체계 중 선택의 문제가 제기되었다.[38] 그러나 이 문제는 통일 후 구 동독 지역을 포함하여 전체 독일에 기존 서독의 사회(연금)체계를 지향한다는 합의가 있었으며, 따라서 심각한 논의의 대상은 아니었다. 국민경제의 성장에 참여하는 형태의 복지생산에서 구 동독 지역을 배제하는 것은 통일의 의미를 반감시키기 때문이다.

둘째, 보다 심각한 문제는 구 동독의 단일연금체계를 서독의 소득비례연금체계로 전환하는 데에 따르는 어려움이었다. 여기에는 구체적으로 다음과 같은 문제들이 제기되었다. 첫째, 구 동독 주민을 서독의 연금수급자 혹은 연금기대권자와 동등하게 보호하기 위해서는 단일연금체계

Gerhard A. Ritter, *Der Preis der deutschen Einheit* (C.H. Beck, 2007) 참조.

37) 이에 대해서는 예컨대 Ulrich Heilemann, “Die Finanzierung der deutschen Einheit”, *Sozialer Fortschritt* (2000), 253면 이하 참조.

38) 통일 전 서독과 동독의 연금체계 등 사회보장체계에 대해서는 전광석, “동서독 통일과 사회보장법”, 전광석, 사회보장법학(한림대 출판부, 1993), 281면 이하 참조.

하에서 형성된 보험가입기간을 소득비례연금체계에서 형성된 것과 같이 평가하는 절차가 필요하다. 그런데 이 경우 동독 연금수급자 혹은 연금 기대권자에게 그들이 실제 납부한 보험료에 비해서 훨씬 높은 수준의 급여가 지급되어야 한다. 이 비용을 어떠한 방식으로 부담할 것인가의 문제이다. 일반 조세와 보험료를 재원으로 하는 방법 중 위에서 언급했듯이 후자가 선택되었으며, 이 결정은 독일의 연금재정에 부담이 되었다. 둘째, 이와 같은 방법을 실현하는 데 있어서도 구 동독에서 상대적으로 평균 이상의 소득수준을 가졌던 자만이 노후 소득보장이 될 수 있었다. 소득수준이 낮은 경우 급여산정기초가 낮기 때문에 연금에 의하여 노후가 충실히 보장되지 못하기 때문이다. 셋째, 하부구조의 문제이다. 서독의 사회보험은 기본적으로 가입자가 참여하는 자치운영의 원칙에 의해서 운영되었다. 동독 지역에서 이와 같은 형태의 자치운영의 원칙(Selbstverwaltungsprinzip)에 기초하여 운영될 하부구조의 구축이 필요했다.[39] 넷째, 구 동독 지역은 상대적으로 서독 지역에 비해서는 실업률이 높다. 따라서 독일의 복지생산은 이제 기존의 소득상실을 보상하는 정책기조에서 적극적인 노동시장정책으로의 전환이 필요했다.[40]

제 2 절 복지국가개편과 관련된 함의

동서독 통일은 복지국가에 특유한 관련성을 갖는 문제는 아니다. 그러나 이 사건은 복지국가의 개편에 다음과 같은 의미를 부여한다. 첫째, 복지생산은 오늘날 국가과제로서 확고히 자리잡았으며, 따라서 통일로 인한 부담을 우려하여 분단 시기에 형성된 두 지역의 이질적인 사회보장을 통일 후에도 계속 분리 · 유지하는 것은 통일의 의미를 상실시킨다는

39) 구 동독 지역에서 사회보험의 하부구조가 붕괴되었던 역사적 상황에 대해서는 전광석, 위 각주 38의 논문, 292면 이하 참조.

40) 구 동독 지역에서 이루어진 적극적 노동시장정책에 대해서는 Jens Alber, "Der deutsche Sozialstaat in der Ära Kohl; Diagnosen und Daten", Stephan Leibfried/Uwe Wagschal(편), *Der deutsche Sozialstaat* (Campus, 2000), 267면 이하 참조.

사실이다. 둘째, 통일은 위에서 지적한 재정문제뿐 아니라 고용 그 자체, 그리고 고용과 연계된 사회보장에 중대한 새로운 환경을 가져온다. 그 결과 통일은 오늘날 복지생산에 일반적으로 나타나는 환경의 변화를 보다 심화시키며, 따라서 좀 더 시급하고 근본적인 복지국가개편에 관한 논의를 촉발시킨다. 복지국가개편에 관한 근본적인 논의가 통일의 준비에 해당한다는 것이다.

제 4 장 논의의 방향

제 1 절 세계화와 복지국가개편론의 함수관계

세계화는 기존의 논의와는 전혀 새로운 차원에서 복지국가에 대한 도전적 요소라고 볼 수는 없다. 세계화의 상황들은 이미 1980년대 후반 이후 지속적으로 논의되었던 문제의 범위를 근본적으로 벗어나지는 않기 때문이다. 따라서 세계화를 복지국가의 극단적인 전환, 예컨대 복지국가 폐지론과 연계시키는 것은 정확한 문제의 진단은 아니다.

세계화가 복지국가의 발전에 미치는 영향에 대해서는 다음과 같은 논란이 있다.[41] 첫째, 이른바 "효율성이론"이다. 이에 따르면 세계화를 계기로 세계적인 단위에서의 경쟁에서 우위를 확보하기 위하여 각국은 축소경쟁(race to the bottom)을 할 수밖에 없다. 그 결과 기업의 복지생산의 부담을 줄이는 등의 조치를 취하여야 하며, 이는 전체적으로 복지긴축을 가져온다. 둘째, 이른바 "보상이론"이다. 경제영역에서 전 세계

41) 이 논의에 대해서는 김태성/류진석/안상훈, 현대복지국가의 변화와 대응(나남, 2005), 197면 이하; 이석원, "세계의 복지정책: OECD 국가들에 대한 경험적 분석", 「한국정책학회보」 제12권 제1호(2003), 354면 이하; Stephan Leibfried/ Elmar Rieger, "Die sozialpolitischen Grenzen der Globalisierung", *Politische Vierteljahres-schrift* 38 (1997), 771면 이하; Martin Seeleib-Kaiser, *Globalisierung und Sozialpolitik – Ein Vergleich der Diskurse und Wohlfahrtssysteme in Deutschland, Japan und den USA* (Campus, 2001), 21면 이하 등 참조.

단위의 경쟁이 강화되면서 국내 사회적 문제상황이 악화될 우려가 있으며, 그 결과 세계화는 오히려 복지분배를 강화하는 계기가 된다는 논리이다. 이에 따르면 국제사회에서 경쟁력을 갖기 위해서는 정치적 전제조건으로서 국가의 안정적 복지생산체제가 유지되어야 한다. 셋째, 복지생산은 여전히 기본적으로는 국내정책의 영역이며, 따라서 세계화가 국내 복지생산의 체제에 영향을 미치지 않는다는 논리이다. 이에 따르면 국내 복지생산이 위축되는 것은 세계화의 영향보다는 국내 정치 및 정책적 대응의 결과라는 것이다.

그러나 실제 위와 같은 이론들이 갈등관계에 있는 것은 아니다. 효율성이론은 기업 간의 경쟁 측면을 주목한다. 이러한 관점에서 보면 세계화가 고용관계를 중심으로 이루어지는 복지생산에 부정적인 영향을 주는 것은 피할 수 없다.[42] 그러나 이와 같은 복지긴축으로 인하여 발생하는 사회적 보호의 공백은 또 다른 복지생산을 통하여 보상되었을 때 비로소 정당성을 갖게 된다는 점도 일반적으로 인식되고 있다.[43] 실제 우리의 경우에도 세계화에 영향을 받아 기업의 구조조정이 이루어지면서, 이로 인하여 발생한 복지의 공백이 오히려 단기적으로는 복지지출을 폭등시켰던 경험을 한 바 있다.[44]

제 2 절 급진적인 변화

세계화와 복지생산의 함수관계가 상대적이지만 세계화의 진행이 복지 논의에 새로운 배경을 이루는 것은 사실이다. 이와 같은 새로운 환경에서 이론적으로 보면 체제전환의 급진적인 변화와 체제유지의 점진적인 변화를 분류할 수 있다. 주로 고용관계를 기초로 하여 복지를 생산하여 온 국가에서는 체제를 변혁하는 다음과 같은 다양한 형태가 있을 수 있다. 사회보장의 재원을 보험료에서 조세로 전환하거나, 경제의 국제경쟁

---

42) 이미 80년대 논의되었던 이러한 문제에 대해서는 위 제5편 각주 53 참조.

43) 영국의 예에 대해서는 위 제5편 제2장 제2절 I.1. 참조.

44) 90년대 이후 이에 대한 실증적 연구로는 예컨대 송호근/홍경준, 복지국가의 태동(나남, 2006), 46면 이하 참조.

력을 보호·강화하기 위하여 사용자의 보험료 부담을 대폭 줄이는 변화이다. 또 사회보험의 가입대상인 근로자의 범위를 축소하여 사실상 사용자의 부담을 덜어 주거나, 혹은 복지생산의 목표를 소득보장에서 최저보장으로 전환하는 시도, 또 복지생산을 부분적으로 민영화하는 구상들이 논의되었다. 그러나 세계화를 계기로 변화하는 상황에 대한 각국의 대응을 관찰하면 이러한 체제전환의 예는 거의 보이지 않는다. 체제전환에 따르는 장애를 극복하기가 쉽지 않기 때문이다. 복지국가가 이미 보편화된 상황에서 복지생산의 유형을 전환하는 것은 일반적으로 정치적 권력관계의 교체를 필수적인 전제로 할 뿐 아니라 동시에 개인의 행태유형으로 자리잡은 문화적 코드의 변화를 유도하여야 한다. 그렇기 때문에 정치적으로 보면 급진적인 변화는 집권세력이 야당과 합의에 이를 경우에 한하여 가능하다. 이는 동시에 야당의 역할에 따라서 개혁의 결과가 달라진다는 것을 의미한다.

제 3 절 체제유지적 점진적인 변화

Ⅰ. 복지생산의 합리화

1. 실체적인 변화

이 시기에 복지생산의 합리화라는 주제 하에 일부 복지생산의 원칙이 변화하였고, 또 재정 건전화를 위한 조치들이 취해졌다. 다만 복지재정의 축소가 일반적으로 관찰되는 것은 아니다.[45] 보다 중요한 변화는 복지생산의 재구조화 혹은 재편에 있었다.[46]

(1) 사회적 보호원칙의 약화, 등가성의 강화

서구 사회에서 이른바 황금의 50-60년대에 사회보험에 사회적 보호

45) 독일의 예에 대해서는 예컨대 Andreas Glaser, "Nachhaltigkeit und Sozialstaat", Wolfgang Kahl(편), *Nachhaltigkeit als Verbundbegriff* (Mohr Siebeck, 2008), 621면 이하 참조.

46) 이 점을 확인하는 문헌으로는 예컨대 정무권, "세계화, 민주화, 한국의 발전주의 생산레짐과 복지체제의 개편", 「한국사회정책」 제14집 제2호(2007), 9면 이하 참조.

혹은 조정의 원칙이 대폭 도입되었다.[47] 그런데 1990년대 이후 이제 사회적 보호(adequacy)의 원칙에 비해서 등가(equivalency)의 원칙을 충실히 하는 변화들이 나타났다. 그 결과 연금보험에서 급여의 소득대체율이 낮추어졌다. 상대적으로는 급여수준을 보험료 및 근로경력에 보다 충실히 연계시키는 경향이 관찰된다.[48] 또 건강보장에 있어서 이용자가 일정한 금액의 범위 내에서 자기부담을 하는 규정들이 새로이 도입되었다.[49]

좀더 구조적이고 급진적인 개혁의 예로서 일부 국가의 사회보험에서 확정급여방식(defined benefits)이 확정기여방식(defined contribution)으로 전환되었다. 1998년 스웨덴의 연금개혁이 대표적인 예이다. 이는 복지생산의 지속가능성과 사회적 지속가능성을 조화롭게 형성하려는 시도이다. 다만 재정방식으로 부과방식을 그대로 유지하여 연금의 가치를 정치적으로 안정화시킬 수 있도록 하였다.[50] 확정기여방식으로의 변화는 현재 지급되는 연금에 대한 현재 근로세대의 재정부담을 어느 정도 경감시키는 효과가 있다. 이로써 스웨덴이 전통적인 사민주의적 복지생산유형 혹은 탈상품화의 노선에서 일탈하였는가에 대한 논의를 일으켰다.[51] 이에 비해서 스웨덴에서 부가적인 연금은 적립방식으로 운영하도록 하여 이 부분의 연금에 대해서는 재정 변수로부터 독립하여 가치를 유지할 수 있도록 하였다.[52]

연금산정의 기초인 소득의 산정기간을 확대하는 것도 일반적으로 관찰된다.[53] 이는 이제 더 이상 소득활동을 통하여 '성취한' 생활수준이 아

---

47) 이에 대해서는 제4편 제1장 제2절 Ⅱ. 참조.

48) 독일의 예에 대해서는 Jens Alber, 위 각주 40의 논문, 262면 이하 참조.

49) 북부 유럽의 예에 대해서는 Stein Kuhnle, "The Nordic welfare state in a European context; dealing with new economic and ideological challenges in the 1990s", Stephan Leibfried(편), *Welfare State Futures* (Cambridge University Press, 2001), 113면 참조.

50) 위 제2편 각주 26 참조.

51) 이에 대해서는 Karl Hinrichs, "Elephants on the move. Patterns of public pension reform in OECD countries", Stephan Leibfried(편), *Welfare State Futures* (Cambridge University Press, 2001), 91면 참조. 거시적인 관점에서 이에 관한 논의에 대해서는 주은선, "스웨덴 복지정치의 구조변화; 코포라티즘의 폐기, 혹은 변형?", 「사회보장연구」 제22권 제1호(2006), 241면 이하 참조.

52) 이에 대해서 자세히는 Peter A. Köhler, "Die Reform der Alterssicherung in Schweden", *Festschrift für Franz Ruland* (2007), 691면 이하 참조.

53) 이에 대해서는 John Myles, "A New Social Contract for the Elderly?",

니라 소득활동기간 전체 '평균적인 생활'을 보장하는 것으로 목표가 전환된 것을 의미한다. 이탈리아가 이러한 내용의 단계적인 개혁을 단행한 바 있다. 1단계로 1992년 연금수급요건인 가입기간을 확대하였다. 연금수급연령을 늦추었으며, 또 연금산정의 기초가 되는 소득산정의 기간을 확장하였다. 즉 기존에 연금산정기준을 최종 5년 혹은 10년 간의 평균소득에서 보험가입 전체기간의 평균소득으로 변경하였다.[54] 이러한 변화는 오스트리아, 프랑스, 노르웨이 및 스페인 등에서도 이루어졌다. 예컨대 프랑스의 경우 연금산정의 기간이 10년에서 25년으로 확대되었다. 그리고 2단계로 1995년 재정방식으로 일종의 적립방식을 도입하여 가입자가 개인연금계정을 갖도록 하였다.[55] 이와 같은 체제전환은 기업연금에서도 관찰된다. 예컨대 미국의 경우 확정급여방식에서 확정기여방식으로의 변화가 뚜렷하게 나타났다. 즉 1975년 확정기여방식의 연금이 차지하는 비율이 13%였던 반면 1993년에는 42%로 증가하였다. 이는 결국 연금수급자에게 불리하게 작용한다. 실제 미국에서는 기업연금보다는 충실한 의료보장이 숙련근로자에 대한 사회적 보호의 유인으로 작용하고 있다.[56]

위와 같은 변화는 단순히 연금재정을 안정화하는 효과 외에 근본적으로는 연금재원인 후세대의 부담을 덜어주는 효과가 있기 때문에 새로운 세대 간 계약의 한 유형을 보여 준다. 기존의 복지생산방식을 충실하게 유지해 왔던 독일에서도 연금수준을 낮추는 대신 가입자가 민간보험에 가입하여 보충적으로 자기배려를 하는 제도를 도입하였다(이른바

Gøsta Esping-Andersen(편), *Why we need a New Welfare State* (Oxford University Press, 2002), 164면 이하 참조.

54) 우리나라에서는 「공무원연금법」에서 이러한 개혁을 시도한 바 있다. 즉 2000년 「공무원연금법」 개정을 통하여 연금산정기준을 기존의 최종보수월액에서 최종 3년 간의 평균보수월액으로 개정하였다. 2009년 또 한번의 개정을 통하여 국민연금과 마찬가지로 전체 재직기간의 평균기준소득월액을 연금산정의 기초로 하였다. 이에 대해서는 위 제5편 각주 47 참조.

55) 이에 대해서는 Anton Hermerijck, 위 각주 31의 논문, 203면 이하 참조.

56) 이에 대해서는 Martin Seeleib-Kaiser, "Kulturelle und politisch - institutionelle Determinanten des US - amerikanischen Wohlfahrtsstaates", Herbert Obinger/ Uwe Wagschal(편), *Der gezügelte Wohlfahrtsstaat* (Campus, 2000), 120면 이하 참조.

“Riester-Rente”). 1998년과 2001년 연금개혁이 여기에 해당한다.[57] 독일에서는 이전 시기 기독교민주당(CDU)의 노선을 사회민주당(SPD)이 추진하면서 야당이 된 기독교민주당이 이를 반대할 명분이 없었기 때문에 이례적으로 신속히 개혁이 이루어질 수 있었다. 부분적으로는 인구구조의 불균형의 문제를 보다 직접적으로 연금산정방식에 새로이 도입하는 경향도 나타났다. 예컨대 스웨덴의 경우 보험료납부자의 수와 연금수급자의 수의 비율이 연금산정에 반영되도록 하였다. 예컨대 후자가 전자를 초과하는 경우 적용되는 지수가 1 미만으로 떨어져 연금산정에 부정적인 영향을 미치도록 하였다.[58] 독일도 같은 목적으로 연금산정에 인구요소를 고려하는 지수를 도입하였다(“Nachhaltigkeitsfaktor”).[59]

위에서 살펴본 스웨덴의 예는 보다 일반적으로 보면 복지지출수준을 엄격하게 수입에 연계하여 결정하는 변화에 해당한다. 이러한 변화는 예컨대 독일에서 장기요양보험(Pflegeversicherung)을 도입하면서 채택되었다.[60] 기존의 건강보험 및 연금보험이 사회적 수요를 보호하는 원칙(Bedarfsprinzip)에 기초하였기 때문에 재정이 악화되었다는 사실이 장기요양보험법의 제정에 있어서 이들 원칙을 재검토하는 계기가 되었다. 이에 독일은 장기요양보험에 예산원칙(Budgetprinzip)을 도입하고, 이에 기초하여 실제 보호의 정도에 관계없이 예산이 허용하는 범위 내에서 급여의 종류와 내용이 결정된다는 점을 입법적으로 명확히 하고, 이를 폐쇄적·열거적 규정으로 형성하였다.[61]

---

57) 이 점에 대해서는 Sven Jochem, “Reformpolitik im deutschen Sozialversicherungs-staat”, Manfred G. Schmidt(편), *Wohlfahrtsstaatliche Politik* (Opladen, 2001), 196면 이하; Klaus Hessert, “Rentenversicherung im System der Bundes-republik Deutschland-Rentenreform 2001; ein historischer Kurswechsel”, *Vierteljahres-schrift für Sozialrecht* (2002), 129면 이하, 145면 이하 등 참조.

58) 이 점에 대해서는 위 각주 52의 문헌 참조.

59) 이에 대해서는 von Maydell/Ruland/Becker(편), *Sozialrechtshandbuch* (Nomos, 2008), 838면 이하 참조.

60) 이에 대해서는 Stefan Pabst/Heinz Rothgang, “Reformfähigkeit und Reform-blokaden: Kontinuität und Wandel bei Einführung der Pflegeversicherung”, Stephan Leibfried/Uwe Wagschal(편), *Der deutsche Sozialstaat* (Campus, 2000), 356면 이하 참조.

61) 이 점에 대해서는 전광석, 독일 사회보장법과 사회정책(박영사, 2008), 138면,

이 시기 복지생산에서 사회적 보호의 사고가 퇴화하고, 등가성을 강조하면서 복지생산의 단위는 협소해지고, 사회적 연대의 원칙이 약화되었다.[62] 특히 미국 및 캐나다 등 자유주의국가에서 관찰되는 현상이다. 이는 복지생산에 있어서 다음과 같은 두 가지 파급효과를 갖는다.[63] 첫째, 일반적으로 소득재분배효과가 감소하면서 연금수준이 하향 조정된다. 이는 특히 저소득근로자에게 사회적 문제를 발생시킨다. 기존에 연금이 사회적 연대의 원칙에 기초하여 형성되어 기초생활을 보장하는 수준을 유지하였던 반면 이제 이러한 보장은 더 이상 기대할 수 없게 되었다. 특히 전형적으로 저임금 노동을 수행하는 여성이 이로부터 영향을 받았다. 둘째, 보험료와 급여 간의 등가성이 강조되면서 지금까지 사회적 조정에 기여하여 왔던 재원이 축소되었다. 그런데 기존의 사회적 문제는 여전히 존재하고 또 보호를 필요로 한다. 특히 보험료와 연금의 등가성을 강조하면서 연금수준이 적어도 최저생활을 보장하는 공공부조급여에 비해서는 높아야 한다는 요청이 주목을 받게 되었고, 이 점에 있어서 헌법적 통제가능성이 논의를 필요로 하게 되었다.[64]

(2) 노인노동의 촉진, 연금수급연령의 상향 조정

고령화와 인구구조의 불균형은 우선 노인인구에게 신체적 및 정신적 능력에 상응하는 취업의 기회를 부여하여 어느 정도 극복되어야 했다. 이는 한편으로는 이들에게 소득활동의 기회를 연장시켜 경제적 및 인격적 자기발현의 기회를 부여한다. 다른 한편 복지생산에 의존하는 기간을 축소하여 복지재정을 건전화하는 이중적인 의미가 있다. 이들 자신이 복지생산에 기여하고, 그 결과 연금수급의 시기를 상향 조정할 수 있기 때문이다.[65]

142면 이하 참조.

62) 이러한 경향에 대해서는 John Myles/Paul Pierson, “Revenge; The Reform of ‘Liberal’ Welfare States in Canada and the United States”, *Politics and Society* (1997), 444면 이하 참조.

63) 이러한 관찰에 대해서는 John Myles, 위 각주 53의 논문, 164면 이하, 166면 이하 참조.

64) 이에 대해서는 위 제4편 각주 57 참조.

65) 위 제5편 각주 45 참조.

(3) 대상계층의 재조정, 수요심사의 강화

1) 일반적 경향

이 시기에 복지생산의 대상을 엄격히 제한하는 시도가 이루어졌다. 복지생산에서 권리와 의무가 상관관계를 갖는다는 논리가 지배하였다. 이는 좁게는 공공부조에서, 그리고 넓게는 복지정책 전반에 나타나는 변화였다. 역설적으로 보면 과거 복지후진국가로서 근로자의 복지를 고용관계에 의존하게 하고 국가의 복지생산을 빈민층에 국한하였던 뉴질랜드, 호주 등이 90년대 이후 자유주의적 복지생산의 유형에 있어서는 선도적인 위치를 갖게 되었다.[66] 공공부조의 급여조건으로 노동의 의무가 강화되었다. 캐나다와 영국이 대표적인 예이다. 실제 영국에서 엄격하게 자산조사를 거쳐 지급되는 급여가 전체 사회지출에서 차지하는 비율은 1970년대 후반 17%에서 1990년대 말에는 33%로, 그리고 2002-2003년에는 34%로 상승하였다.[67] 1996년 미국에 도입된 Personal Responsibility and Work Opportunity Reconciliation Act(PRWORA)는 수급자에게 노동의무를 부과하는 데 그치지 않고 수급기간을 5년으로 한정하였다.[68]

2) 수요심사

보다 일반적으로 보면 수요심사를 거쳐 복지급여를 제한하는 방안이 논의되었다. 그러나 대부분의 경우 이는 실제 채택되지는 못했다. 다음과 같은 체계일탈의 문제, 그리고 정책적 타당성 및 효과에 있어서 의문이 제기되었다.[69] 체계적으로 보면 사회보험에서는 가입자가 사전에 보

---

66) 이 점에 대해서는 Nico A. Siegel, "Der nachzüglende Pionier; Sozialpolitik im Australien zwischen lohnpolitischer Intervention und sozialstaatsinduzierter De-Kommodifizierung", Herbert Obinger/Uwe Wagschal(편), *Der gezügelte Wohlfahrtsstaat* (Campus, 2000), 203면 이하 참조.

67) 이에 대해서는 김태성/류진석/안상훈, 위 각주 41의 책, 62면 이하, 79면 이하, 213면 이하; Alain Noël, "Aus dem Schatten des Nachbarn; Der Wohlfahrtsstaat in Kanada", *Der gezügelte Wohlfahrtsstaat* (Campus, 2000), 137면 이하 등 참조.

68) 이에 대해서는 Kenneth Finegold, "The United States: federalism and its counter-factuals", Herbert Obinger/Stephan Leibfried/Francis G. Castles (편), *Federalism and the Welfare State* (Cambridge University Press, 2005), 173면 이하 참조.

69) 이러한 평가에 대해서는 C. Eugene Steuerle, "Social Security in the Twenty -

험료를 납부하여 자기기여를 하고 사회적 위험이 발생했을 때 추상적으로 수요를 의제하여 사회적 위험을 보호한다. 그런데 수요심사를 거쳐 급여를 지급한다면 사회보험은 그 체계적 특성을 상실하고, 그 결과 사회보험과 공공부조의 이원적 체계가 무너진다. 헌법적으로 보면 사회보험급여는 국가의 일방적인 급여가 아니라 가입자가 자기기여에 의하여 성취한 권리로서 재산권적 보호의 대상이 된다.[70] 그런데 사회보험에서 수요심사를 거쳐 급여가 지급되는 경우 이는 가입자의 재산권과 충돌하기 때문이다.[71]

수요심사의 도입은 정책적 타당성 및 효과에 있어서도 다음과 같은 문제를 제기한다. 첫째, 자기기여에 의하여 급여를 형성하는 경우에도 수요심사를 조건으로 한다면 이제 개인은 공적 사회보장보다 민간부문에서의 복지생산을 선호하게 될 것이며, 또 전체 공적 복지생산은 부정적으로 인식되게 될 것이다. 둘째, 복지생산 전체에 이른바 낙인효과가 지배하게 된다. 이는 개인이 자유를 향유하기 위하여 필요한 기본적인 조건을 보호하여 자유와 보장의 이념을 조화시키는 복지국가의 과제에 역행한다. 복지를 위하여 자유가 희생될 가능성이 있기 때문이다. 셋째, 복지생산은 대상계층에 따라 다양한 방법으로 사회통합을 도모하는 효용성을 갖는다. 그런데 수요심사를 통하여 국민 일부 계층만이 복지생산의 대상이 되면서 복지정책은 국민통합과 연계되는 국가과제로서의 성격을 상실하게 될 것이다. 넷째, 이와 같은 상황에서 일부 국민들만이 복지생산을 지지하게 된다. 그 결과 나머지 국민 계층은 산업화 이후 형성된 연대공동체에서 가능한 한 탈퇴하려는 유인을 갖게 된다. 이는 장기적으로 보면 수요심사를 거쳐 보호를 받는 국민 계층에게도 불리하게 작용한

First Century", Eric R. Kingson/James H. Schulz(편), *Social Security in the 21st Century* (Oxford University Press, 1997), 251면 이하 참조.

70) 이에 대해서는 전광석, 한국헌법론(집현재, 2011), 345면 이하 참조.

71) 예컨대 독일의 경우 1985년 연금보험에서 배우자연금에 관한 규정을 개정하면서 배우자연금 수급권자가 소득이 있는 경우 일정한 산정면제액(Freibetrag)을 제외하고 소득의 40%에 해당하는 액을 연금산정에 반영하도록 하였다. 이러한 이른바 본인소득산정방식(Anrechnungsmodell)이 재산권을 침해하는가의 여부가 중요한 쟁점이 된 바 있다. 이에 대해서는 전광석, 독일사회보장법과 사회정책(박영사, 2008), 166면 이하 참조.

다. 이러한 제도가 재정적으로 충실할 수 없을 것이기 때문이다. 이와 같은 이유에서 복지지출을 축소하고 엄격한 기준을 적용하기 위하여 수요심사를 도입하는 구상은 최악의 제안으로 평가되었다.[72]

2. 절차적인 변화

새로운 환경의 변화에도 불구하고 이미 정치화된 복지생산의 구조에서 복지긴축은 복잡한 의사결정과정을 거쳐야 한다. 이에 다음과 같은 절차적 특징이 나타났다. 첫째, 복지생산의 부담을 절대적으로 축소하기보다는 다른 부문으로 전가하는 현상이다(이른바 "shifting strategy").[73] 이미 언급했듯이 한편으로는 사회보험 보험료의 비중을 축소하면서, 다른 한편 과세를 강화하는 경향이 여기에 해당한다. 특히 국제경쟁에서 비교적 자유로운 부문, 예컨대 고정자산, 소비, 사회보장 및 근로소득 등으로 과세의 중점이 이동하였다.[74] 둘째, 복지축소는 정치세력이 일방적으로 주도하기보다는 경쟁정당들 간 혹은 집권당과 야당 간의 타협 및 합의를 거쳐 이루어지는 경향이 발견된다.[75] 예컨대 독일에서 특히 1990년대 이후 중요한 복지생산에 대한 결정은 각 정당에서 전문가집단이 협의를 거쳐 의안이 작성되고, 이를 야당과 협의를 거쳐서 확정하는 경향이 관찰되고 있다. 이와 같은 조합주의적 의사결정구조는 어느 정도는 정치적 책임을 희석하는 전략으로 평가된다. 이는 다분히 복지축소의 결정으로 인한 책임, 그리고 그 결과 정치적 지지의 철회를 피하기 위한 목적을 갖는다(이른바 "blame avoidance").

---

72) 이에 대해서는 Robert M. Ball/Thomas N. Bethel, "Bridging the Centuries. The Case for traditional Social Security", Eric R. Kingson/James H. Schulz(편), *Social Security in the 21st Century* (Oxford University Press, 1997), 251면 이하 참조.

73) 이러한 현상에 대해서는 예컨대 Fritz W. Scharpf, 위 각주 9의 논문, 130면 이하 참조.

74) 동서독 통일과 관련된 예외적인 상황에 대해서는 위 각주 37 참조.

75) 사실 이러한 특징은 북부 유럽 국가들에 있어서는 오랜 역사적 전통에 해당한다. 이 점에 대해서는 Stein Kuhnle, 위 각주 49의 논문, 115면 이하; Stein Kuhnle, "The Nordic Model; Ambiguous, but Useful Concept", Herbert Obinger/Elmar Rieger(편), *Wohlfahrtsstaatlichkeit in entwickelten Demokratien* (Campus, 2009), 275면 이하 등 참조.

위와 같은 전략은 복지생산이 거의 모든 국민의 보편적인 생활의 기초가 되면서 정치적 정당성을 유지하는 중요한 계기가 되었기 때문에 필요하였다. 여기에 더하여 복지생산에 대한 국민의 정치심리는 다음과 같은 특징이 있다는 점도 작용한다. 즉 개인은 고용기회의 증대라든가 혹은 성장에 참여할 가능성이 증가하였다는 사실에 대해서는 비교적 둔감하다. 복지급여의 증가는 비교적 장기적으로 이루어지며, 또 여러 변수에 종속되어 있기 때문에 이를 둔감하게 인식하고, 특히 다른 집단과 함께 수혜자가 되는 경우 특별히 민감한 효과를 갖지 않는다. 이에 비해서 급여의 삭감은 그것이 장기적으로 이루어지더라도 개별적 · 구체적으로 인식되고, 따라서 개인은 이에 대해서 예민하게 반응한다. 이와 같은 정치심리는 정책결정에 있어서 책임전가 및 다양한 타협과 조정의 필요성을 갖게 하지만 동시에 이로써 정책의 투명성과 정책에 대한 책임이 희석되는 희생이 따른다.

위와 같은 절차적 특징은 복지생산의 실체법적 원칙에도 부정적 영향을 주었다. 복지국가의 개편이 객관적으로 합리적 · 체계적인 사고에 의하여, 그리고 투명하게 이루어지기 보다는 그때 그때 정치적으로 관철될 수 있는 방법에 의존하고, 그 결과 체계를 상실하는 경향을 보이게 되었다.

Ⅱ. 재정방식의 변화

연금보험의 재정방식과 관련하여 아직 보편적이지는 않지만 부분적으로 부과방식에서 적립방식으로 전환하는 문제가 논의되고 있다. 이 경우 연금은 부과방식이 적용되는 경우에 비해서 보험료와 등가성을 강하게 띠며, 이제 연금은 일종의 강제저축의 성격을 갖는다. 부과방식은 기본적으로 현세대가 이전세대의 연금재원을 부담하여야 하는, 말을 바꾸어 하면 이전세대가 현세대의 경제성장에 참여하는 구조를 띤다. 그런데 이전세대의 수요, 그리고 현세대의 부담능력은 모두 정치적으로 결정되기 때문에 이러한 재정방식은 구조적으로 취약하다는 문제가 내포되어 있다. 1957년 독일의 연금개혁은 처음부터 이러한 문제를 내포하고 있었다.[76] 그리고 위에서 언급한 독일과 스웨덴의 1990년대 이후 연금개혁은 이 문제를 인구구조의 불균형을 고려하는 연금산정방식을 도입하여 해결하려는 시도였다.[77] 이에 비해서 적립방식은 일종의 자본축적체계로서 정치적 개입으로부터 자유로울 수 있다. 또 무엇보다도 세대 간 부담이 전가되지 않기 때문에 복지생산이 세대 간의 갈등으로 이어지지 않는다는 장점이 있다. 그러나 적립방식에서는 축적된 자본을 시장에서 운영하는 부담이 있고, 이 과정에서 또 다른 의미에서의 정치적 개입에 노출된다.[78] 이 모든 요소들이 연금보험에서 재정방식의 전환이 쉽게 이루어질 수 없는 원인들이다.

이 시기 위에서 언급했듯이 복지생산의 재원으로 조세가 점차 중요한 비중을 갖게 되었다.[79] 이는 다음과 같은 사실을 반영한다. 첫째, 일반적으로 고용의 안정성이 상실되면서 사회보험의 재정이 불안정하게 되었다. 그만큼 다른 재원의 투입이 필요하게 되었다. 둘째, 기업이 국제경쟁력을 갖기 위하여 사회보험에서 사용자의 부담을 경감하는 시도가 이루어졌다. 프랑스의 건강보험이 여기에 해당하는 대표적인 예이다. 이제 프랑스의 건강보험료(Contribution sociale generalisee; CSG)는 그 명칭에도 불구하고 모든 소득원에 대해서 누진적으로 부과되어 조세에 유사한 공과금이 되었다. 이는 부수적으로는 보험료와의 연계를 완화하여 복지생산에 있어서 국가의 형성권한을 제고하는 효과가 따랐다.[80] 셋째, 좀 더 구조적으로 보면 오늘날 복지생산이 전체 사회질서의 일부를 이루고, 다른 가치체계와 상호작용을 하게 되면서 복지생산을 위한 특유한 과제와 일반국가적 과제가 혼재하는 양상이 나타났다. 아동양육에 대한 보호

---

76) 이러한 이유에서 1957년 독일의 연금개혁은 오늘날 연금재정의 문제를 가져온 치명적인 실패라는 평가도 있다. Andreas Glaser, *Nachhaltige Entwicklung und Demokratie* (Mohr Siebeck, 2006), 323면 이하; Andreas Glaser, "Nachhaltigkeit und Sozialstaat", Wolfgang Kahl(편), *Nachhaltigkeit als Verbundbegriff* (Mohr Siebeck, 2008), 641면 이하 등 참조.

77) 위 각주 58, 59 참조.

78) 민영화와 이에 따르는 적립방식으로의 변화를 겪은 칠레의 예에 대해서는 위 제5편 제2장 제1절 I.2. 참조.

79) 위 각주 9 참조.

80) 이 점에 대한 지적으로는 Anton Hermerijck, 위 각주 31의 논문, 198면 이하 참조.

가 좋은 예이다. 아동양육지원은 한편으로는 아동의 건전한 발달이라는 '사회 및 가족정책'적 문제의 범주에 속하지만, 다른 한편 여성의 취업보호를 위한 필요한 조건이라는 점을 주목하면 '고용정책'의 성격을 갖는다. 또 사회보험가입자가 양육으로 인하여 근로기간 중 소득활동을 중단 혹은 단축하게 되고 그 결과 급여기대권을 상실할 수 있다는 점에서 보면 '사회보험정책'의 의제에 해당한다. 아동양육지원이 갖는 가족정책 및 고용정책의 성격을 전면에 내세우면 이를 위한 재원은 조세이어야 한다. 아동양육지원의 대상을 소득을 기준으로 선정되는 경우 이는 빈곤정책의 범주로 형성되며, 그 재원은 역시 조세이다.[81]

실제 1980년에서 1993년까지 유럽연합 회원국들에서 복지재원의 변화를 보면 대표적인 사회보험국가에 해당하는 독일을 제외하고는 복지생산의 재원이 보험료에서 조세로 이동하는 경향이 뚜렷이 나타났다.[82] 다만 조세 부담 역시 기업의 국제경쟁력을 저해하는 원인이 되기 때문에 위에서 언급했듯이 국제경쟁에 비교적 영향이 적은 영역에 과세권이 집중되었고, 또 과세율을 전반적으로 인상하는 대신 과세대상을 확대하는 경향이 나타났다.[83]

Ⅲ. 적극적인 노동시장정책, 탄력적인 고용유형의 적극적인 수용

1. 특히 비숙련노동의 새로운 상황

세계화로 인하여 진행된 고용환경의 변화는 한편으로는 소득분배의 불균형을, 그리고 특히 비숙련노동자에게 새로운 시련을 가져왔다. 비숙련노동력의 문제는 역사적으로 보면 사실 새로운 것은 아니었다. 19세기

---

81) 이 점에서 어느 정도 복지국가가 수렴화하는 계기를 보는 견해도 있다. 예컨대 한승준, "복지개혁모형의 수렴화에 관한 연구-프랑스의 복지개혁을 중심으로", 「한국정책학회보」 제11권 제3호(2002), 11면 이하 참조.

82) Europäische Kommission, *Soziale Sicherheit in Europa 1995* (1996), 81면 참조. 이 밖에 이 점에 대해서는 Jens Alber, 위 각주 40의 논문, 260면 이하 참조.

83) 이에 대해서는 예컨대 Uwe Wagschal, "Deutschlands Steuerstaat und die vier Welten der Besteuerung", Manfred G. Schmidt(편), *Wohlfahrtsstaatliche Politik* (Leske+Budrich, 2001), 151면 이하 참조.

중후반 유럽에서 산업화로 인하여 농촌 인구가 대량으로 도시에 유입되면서 비숙련 노동자계급(Proletariat)을 형성한 바 있다. 그러나 당시 비숙련근로자의 문제는 비교적 자연스럽게 해결될 수 있었다. 도시 산업에서 이들 노동력에 대한 수요가 충분히 있었고, 또 이 과정에서 자체적으로 노동력을 새로운 상황에 맞추어 적응시킬 필요성이 있을 때 전환에 필요한 교육과 훈련이 실시되었기 때문이다.

반면 1990년대 이후 세계화가 진행되는 상황에서 비숙련근로자는 이중적인 시련을 맞게 되었다. 첫째, 비숙련노동력에 대한 수요가 대폭 줄었으며, 따라서 비숙련근로자에 대한 교육과 훈련, 그리고 고용알선이 자연적으로, 즉 시장의 수요와 관계 없이 이루어질 수는 없게 되었다. 산업의 이에 대한 수요가 없기 때문이다. 둘째, 비숙련근로자의 상황은 노동의 공급이 전 세계적인 단위로 이루어지면서 더욱 악화되었다. 이러한 상황에서 복지국가는 적극적인 노동시장정책을 추진하고, 또 새로운 고용유형을 적극적으로 포섭하여야 했다. 다만 이러한 정책의 전환에도 다음과 같은 문제가 따랐다. 즉 기존의 복지생산에서 연금수급자가 차지하는 비중은 질적으로, 그리고 양적으로 팽창하였다. 이에 비해서 새로운 고용정책들은 정책적 효과가 즉각적이지 않으며, 또 개별적·구체적이지도 않다. 그만큼 연금정책에 어느 정도 희생을 부담시키고 적극적 노동시장정책을 추진하는 데에 정치적 부담이 따랐다.[84]

2. 적극적 노동시장정책

Esping-Andersen은 1990년대 이후 복지국가개편 논의에서 고용정책의 유형을 다음과 같이 분류한 바 있다.[85] 첫째, 고용을 확대하는 "스칸디나비아의 길"이다. 둘째, 국가복지를 축소하면서 임금과 노동시장에 대한 규제를 완화하는 "신자유주의의 길"이다. 셋째, 사회보장의 수준을

84) 이러한 지적에 대해서는 예컨대 Stephan Leibfried/Francis G. Castles/Herbert Obinger, "'Old' and 'New' Politics in Federal Welfare States", Herbert Obinger/Stephan Leibfried/Francis G. Castles(편), *Federalism and the Welfare State* (Cambridge University Press, 2005), 335면 이하 참조.

85) Gøsta Esping-Andersen, "After the Golden Age? Welfare State Dilemmas in a Global Economy", Gøsta Esping-Andersen(편), *Welfare States in Transition* (Sage Publication, 1996), 10면 이하 참조.

유지하면서 노동공급의 축소를 유도하는 "보수주의의 길"이다.

위와 같은 유형 중 고용확대전략이 적용될 수 있는 기반은 점점 상실되어 갔다. 특히 1990년대 이후 북부 유럽 국가들에서 경제성장이 지체되면서 공공지출을 통하여 공공부문에서 고용을 창출하는 데에는 한계가 있었다. 또 이미 위에서 언급했듯이 서부 유럽에서 1980년대 노령근로자에게 조기퇴직을 유도하는 방법 등을 통하여 노동공급을 축소하는 정책은 결코 실업을 감소시키는 방법이 될 수 없었다.[86] 신자유주의의 길은 전통적인 복지생산의 이념과는 근본적으로 조화될 수 없었다.

이에 적극적 노동시장정책으로의 전환이 모색되었다. 한편으로는 실업이 발생한 경우 이로 인한 소득의 상실 혹은 감소를 사후적으로, 그리고 수동적으로 보호하는 실업급여가 삭감되고, 또 급여의 조건이 강화되었다.[87] 다른 한편 고용을 통하여 개인이 자기책임에 기초하여 생존을 배려할 수 있도록 하는 조치가 취해졌다. 적극적인 노동시장정책은 오늘날 변화된 상황에서 더욱더 실업의 구조적 성격과 불가측성이 심화되고 있다는 사실을 출발점으로 한다. 이러한 상황에서 복지생산의 방법으로 소득보장과 적극적 노동시장정책이 균형 있게 형성될 필요성이 새로이 인식되었다. 여기에는 복지생산에 있어서 권리와 의무의 관계가 균형 있게 형성되어야 한다는 이념을 내용으로 하는 제3의 길 혹은 신사회주의의 시대사조가 작용하였다. 상징적으로 1999년 6월 8일 사민주의정당으로 집권에 성공한 독일 총리 슈뢰더(Gerhard Schröder)와 영국 수상 블레어(Tony Blair) 간에 합의한 백서에서 이 점을 명확히 표현한 바 있다.

적극적인 노동시장정책은 이른바 생산적 복지의 개념과 시대적으로 공존하였다. 그러나 생산적 복지는 미국과 영국 등 자유주의 복지국가의 유형에서 경제정책과 복지정책의 분리를 전제로 근로를 통한 복지생산을 강조하고, 그 결과 복지지출의 낭비를 방지하는 개념으로 사용된다. 따라서 엄격히 보면 생산적 복지는 복지와 고용을 연계시키는 적극적 노동

86) 위 각주 17 참조.
87) 이에 대한 실증적인 연구로는 이석원, "세계화와 복지정책; OECD 국가 등에 대한 경험적 분석", 「한국정책학회보」 제12권 제1호(2003), 369면 이하 참조.

시장정책의 개념과는 차이가 있다.[88]

적극적 노동시장정책으로의 변화를 설명하는 대표적인 예가 스웨덴이다.[89] 이미 1970년대 이른바 렌-마이드너(Gosta Rehn, Rudolf Meidner)에 의하여 창안된 적극적 노동시장정책은 1990년대 스웨덴의 경제성장이 한계에 부딪치면서 새롭게 주목을 받게 되었다. 이제 사회적 평등의 이념에 입각한 복지생산과 공공부문에서 고용창출을 통한 완전고용은 더 이상 유지될 수 없었으며, 복지급여의 삭감은 불가피하였다. 또 고용창출 및 유지는 공공부문이 아닌 민간영역에 의존할 수밖에 없게 되었다. 이로써 국가의 고용정책에서 완전고용은 포기된 것이다. 이는 곧 임금의 차별화로 이어졌고, 이는 다시 연쇄적으로 사회적 평등에 기초한 동질성보다는 사회적 이질성이 점증하는 요인이 되었다. 사실 스웨덴의 경우 기존의 사회적 임금 중심의 복지생산 혹은 탈상품화의 이념이 새로운 시대상황에서 노동유인을 약화시켰고, 또 숙련 및 고급노동력을 육성하는 데 기여할 수 없었다는 반성도 작용하였다.[90] 이제 스웨덴의 복지생산은 이른바 사회적 투자(social investment)의 이념이 지배하는 변화를 겪었다. 이에 스웨덴의 복지생산은 청년 및 성년세대를 위한 적극적 노동시장정책에 초점을 맞추었다. 동시에 전체적으로 보면 복지생산의 중점이 전통적인 사회보험정책에서 교육, 여성 및 가족정책으로 이동하였다.[91] 다만 임금 차별화가 가져온 소득의 불균형은 새로운 사회문제로서 제기되었다. 네덜란드 역시 사회적 보호의 이념적 전통으로부터 이제 노동시장에 참여기회를 보장하여 고용을 통한 복지생산의 이념으로 전환한 예에 속한다.[92]

---

88) 생산적 복지의 개념에 대해서는 정무권, "세계화, 민주화, 한국의 발전주의 복지레짐과 복지체제의 개편", 「한국사회정책」 제14집 제2호(2007), 53면 이하 참조.

89) 이에 대해서는 Anton Hermerijck, 위 각주 31의 논문, 185면 이하 참조.

90) 이러한 지적으로는 예컨대 Gøsta Esping - Andersen, "Positive - Sum Solutions in a World of Trade - Offs?", Gøsta Esping - Andersen(편), *Welfare States in Transition* (Sage Publication, 1996), 264면 참조.

91) 인적 자본을 통한 복지생산 구상의 전환논리에 대해서는 예컨대 Franz-Xaver Kaufmann, "Humanvermögen", Herbert Obinger/Elmar Rieger(편), *Wohlfahrts-staatlichkeit in entwickelten Demokratien* (Campus, 2009), 100면 이하 참조.

92) 이에 대해서는 위 제3편 제3장 제1절 Ⅲ. 참조.

적극적 노동시장정책은 교육과 고용, 그리고 복지생산을 기능적으로 연계시키는 전략을 추구하였다. 기존의 복지생산이 전통적으로 노령보호에 초점을 두었던 반면, 이제 복지생산은 적극적으로 교육 및 고용조치를 통하여 노동시장에 접근할 수 있는 집단에 집중되었다.[93] 이 과정에서 획일적인 서비스가 보편적으로 지급되는 것을 지양하고, 목표집단을 명확히 한 후 이들의 특성과 욕구에 적합한 프로그램이 실시될 수 있도록 하였다.[94] 자기책임의 원칙이 엄격하게 적용되었다. 그 결과 기존에 고용과 직업교육, 그리고 계속 교육 등을 내용으로 하는 이른바 직업보호의 원칙(Berufsprinzip)은 상당 부분 후퇴하였다. 사실 직업보호의 원칙은 비교적 정태적인 생산과정이 운영되었던 산업화 시대에 사용자와 근로자 모두에게 유용하였다. 고용관계의 계속성과 안정성을 도모하여 근로자를 시장경제에 통합시킬 수 있었으며, 또 근로자의 교체에 따르는 비용이 덜어지는 장점이 있었다.[95] 그런데 이러한 전통적인 직업보호의 원칙이 완화되면서 기존 직업에서의 소득을 보장하고 그 결과를 직업을 보호하는 이념은 부차적인 의미를 갖게 되었다.[96] 이제 급여의 조건으로 수급자에게 기존의 직업에 비해서 사회경제적으로 낮은 평가를 받는 직업을 수행할 의무가 부과되었다. 전통적으로 임금을 통한 복지생산을 실현하여 왔던(이른바 "wage earner welfare") 뉴질랜드 역시 1998년 실업보험을 폐지하고 이른바 사회적 임금(community wage)을 도입하여 공공부조의 수급조건으로 자활프로그램에 참여할 의무를 부과하였다.[97]

---

93) 이에 대해서는 예컨대 Gøsta Esping-Andersen, "Welfare States without Work; the Impasse of Labour Shedding and Familialism in Continental European Social Policy", Gøsta Esping-Andersen(편), *Welfare States in Transition* (Sage Publication, 1996), 83면 이하 참조.

94) 이러한 지적으로는 예컨대 김태성/류진석/안상훈, 위 각주 41의 책, 209면 참조.

95) 이에 대해서는 위 제2편 제3장 제3절 I.1. 참조.

96) 이 점에 대해서는 Karin Gottschall/Irene Dingedy, "Arbeitsmarktpolitik im konservativ-korporatistischen Wohlfahrtsstaat; Auf dem Weg zu reflexibler Deregulierung?", Stephan Leibfried/Uwe Wagschl(편), *Der deutsche Sozial-staat* (Campus, 2000), 306면 이하 참조.

97) 이에 대해서는 Gaby Ramia, "Arbeitsbeziehungen und Wohlfahrtsstaat; Warum ist Neuseeland ein Nachzügler?", Herbert Obinger/Uwe Wagschal (편), *Der gezügelte Wohlfahrtsstaat* (Campus, 2000), 221면 이하 참조.

적극적 노동시장정책은 전통적으로 수요 중심의 복지생산이 공급 중심으로 전환하는 의미를 갖는다. 인적 자본의 육성은 적극적 노동시장정책에 의하여 뒷받침되어야 하며, 또 적극적 노동시장정책에 의하여 고용이 실현된 상태에서도 빈곤이 일상화하는 새로운 문제가 출현하게 되었다. 이를 적극적 노동시장정책을 중심으로 보면 한편으로는 인적 자본의 육성이 전제되어야 하고, 다른 한편으로는 어느 정도 소득보장정책이 병행되어야 한다는 것이 또 하나의 교훈이다.[98]

3. 탄력적 고용유형의 개발

오늘날 산업구조의 변화와 속도는 고용유형의 변화를 가져왔다. 사용자의 입장에서 보면 국제경쟁 속에서 생산성을 기준으로 한 고용유형의 변화가 필요하였다. 이에 각국은 시간제 및 임시직 노동력을 활성화하여 고용을 확대하고, 이를 위하여 고용유형, 임금 및 노동시간에 관련된 시장의 유연화를 촉진하였다. 이러한 고용확대정책은 고용의 경제적 측면뿐 아니라 사회적 및 심리적 측면에서의 중요성이 인식되면서 더욱 강조되었다.

임금 및 고용의 유연성뿐 아니라 노동력은 새로운 수요에 적시에 적응하여야 한다는 의미에서 기능적 유연성이 요구되었다. 이는 주로 서비스산업에서 나타나는 문제이다. 지금까지 복지국가에서 소홀히 되었던 노인 및 장애인 등이 서비스산업에 고용될 수 있는 가능성이 새로이 모색되었다. 또 여가산업 등에서 서비스 고용을 적극적으로 발굴하는 필요성이 제기되었다. 다만 여기에는 정형화된, 따라서 안정적인 고용관계가

98) 이 점에 대한 각국, 특히 덴마크에서 적극적 노동시장정책과 소득보장이 조화를 이루며 발전하는 정책에 대한 분석과 평가에 대해서는 Gøsta Esping-Andersen, “Toward the good society, once again?”, Gøsta Esping-Andersen(편), *Why we need a New Welfare State* (Oxford University Press, 2002), 5면 이하 참조. 이에 비해서 적극적 노동시장정책에 의하여 뒷받침되지 않는 영국의 사회투자국가 실험에 대해서는 예컨대 김영순, “영국의 사회투자국가 실험; 이념, 정책, 성과와 한국에 주는 교훈”, 「사회보장연구」 제23권 제3호(2007), 188면 이하 참조. 이 밖에 Ulrike Davy, “Sozialreform unter New Labour”, *Zeitschrift für ausländisches und internationales Arbeits- und Sozialrecht* (2000), 178면 이하 참조.

희생된다는 대가가 따른다. 서부 유럽 국가에서 서비스산업의 성장이 둔화된 것은 바로 이들 국가에서 성인 남성인 부양의무자를 중심으로 복지생산이 이루어졌기 때문에 이들의 안정적인 고용관계가 중시되었고, 그 결과 임금 및 고용이 유연화되지 못하였기 때문이다.[99]

전일고용이 아닌 파트타임고용이 대폭 증가하였다. 위에서 언급했듯이 1990년대 이후 네덜란드의 고용신화는 이와 같은 고용 창출에 힘입은 것이다.[100] 미국 역시 같은 예에 속한다. 이는 기존에 전일고용이 전형적이었던 시대에 공공부조에 의존했던 계층을 노동시장에 편입하여 공공부조의 부담을 감소시키는 효과를 가졌다. 전일고용과 종신고용 대신 파트타임고용과 한시고용이 일반화되면서 고용이 개인의 경제적 기반인 적정한 임금을 제공하지 못한다는 것은 명확했다. 이에 낮은 임금을 보충하는 배려, 특히 최저생활보장을 위한 배려에 중요한 비중이 두어졌다. 네덜란드의 예에서 보듯이 파트타임고용에 대해서 전일고용과 마찬가지로 비례적으로 임금조건 및 복지생산을 위한 자기배려의 가능성을 부여하는 유연성이 요구되었다.[101] 이는 우리나라에서도 시대의 사회문제로서 논의되고 있는 비정규직 근로자에 대해서 복지생산의 구조를 유연화하여 접근할 수 있는 기반이 될 것이다.[102] 이에 더하여 네덜란드는 조기퇴직의 경향을 성공적으로 억제하여 고용을 통한 복지생산의 가능성을 제고시켰다는 점에서 주목을 받았다.[103] 특히 네덜란드는 조기퇴직을 억제하는 소극적인 방법뿐 아니라 적극적으로 노후에 계속 노동을 유인하는 조치를 개발하였다는 점이 주목을 끈다.

전통적으로 노동계는 전일고용의 유지를 목표로 하였지만 산업구조

---

99) 이에 대해서 자세히는 위 제3편 제1장 제1절 Ⅱ. 참조.

100) 이에 대해서는 위 제5편 제3장 제1절 Ⅲ. 참조.

101) 덴마크의 예에 대해서는 각주 98 참조.

102) 비정규직 근로자의 사회보험 가입현황 및 평가에 대해서는 예컨대 김진욱, "한국 사회보장제도의 확장과 한계; 그 성과와 사각지대의 재조명", 「한국사회정책」 제17권 제1호(2010), 71면 이하 참조. 성은미, "비정규노동과 사회보험"; 심창학, "비정규노동자의 건강보험과 연금", 이호근(편), 한국의 비정규 노동과 복지(인간과 복지, 2011), 17면 이하 및 49면 이하 참조.

103) 이에 대한 사례연구로는 John Myles, 위 각주 53의 논문, 131면 이하 및 155면 이하 참조.

가 변화하면서 더 이상 이에 집착할 수 없었다. 결국 노동조합은 탄력적인 고용유형을 수용하고, 또 이에 상응하여 임금의 하향조정을 받아들일 수밖에 없었다.[104] 이러한 변화를 모든 노동조합이 수용한 것은 아니다. 따라서 노사교섭의 기속력의 범위는 전국적인 단위 혹은 산업 단위에서 직장 단위로 점점 축소하는 경향을 보였으며, 이러한 과정에서 노동조합의 영향력은 약화되었던 것이 이 시기에 일반적인 경험이었다.

Ⅳ. 여성에 대한 독자적인 사회정책적 배려

1. 여성의 독자적 지위 형성

고용관계에 기초한 복지생산이 한계에 이르면서 가족에서의 복지생산이 주목을 받았다. 여성이 남성 소득근로자의 복지생산에서 파생하는 권리를 갖는데 그치지 않고, 독자적인 복지권을 가져야 한다는 점이 새롭게 논의되었다. 특히 아동양육이 복지국가 및 복지생산에 기여하는 측면이 인식되었다. 여성복지의 문제는 여기에서 그치지 않는다.[105] 즉 가정에서 여성의 역할분담에 관한 논의를 넘어서서 고용에 있어서 남녀평등을 실현하는 방법이 모색되었다. 이는 다음과 같은 이중적 과제를 제시한다. 첫째, 고용에서 임금평등 및 차별금지가 실현되어야 한다. 또 여성이 갖는 고용유형의 특성이 임금·승진 등에 불이익하게 작용하지 않아야 한다. 둘째, 아직 여성은 일반적으로 전일고용보다는 파트타임고용, 종신고용보다는 한시고용의 형태로 소득활동에 종사하는 것이 일반적이다. 그

---

104) 우리나라의 노동조합은 대체로 보면 이미 1990년대 초에 전통적인 임금투쟁에서 고용안정으로 정책방향을 전환하였으며, 1993년 「고용보험법」이 제정되면서 고용안정과 동시에 고용안정이 이루어질 수 없는 경우에 어느 정도 소득을 보장하는 정책으로 변화를 꾀하였다. 이에 대해서는 최영기/전광석/이철수/유범상, 한국의 노동법 개정과 노사관계(한국노동연구원, 2000), 239면 이하 참조.

105) 1994년 Nancy Fraser는 전통적인 성인 남성 중심의 사회정책이 새로운 생활유형에 충실한 사회정책(이른바 "postmodern social policy")으로 발전하는데 적용될 5원칙을 제시한 바 있다. 여성 빈곤 및 빈곤화의 극복, 착취적 대우의 금지, 평등 및 차별금지, 주도적 역할 부여, 남성 중심주의의 극복 등이 여기에 해당한다. Nancy Fraser, "Die Gleichheit der Geschlechter und das Wohlfahrtssystem; Ein postindustrielles Gedankenexperiment", Axel Honneth(편), *Pathologien des Sozialen. Die Aufgabe der Sozialphilosophie* (1994), 351면 이하 참조.

결과 고용이 생활의 기반이 되지 못하는 경우가 많으며, 이에 대한 복지배려, 그리고 여성복지의 성격에 대한 전환적 사고가 필요하게 되었다.[106] 여성이 남성의 복지청구권에서 파생하는 지위를 갖는 경우 급여는 부양상실을 대체하는 성격을 갖는다. 그런데 여성 스스로가 배려의 주체가 되면서 여성에 대한 복지생산은 임금을 대체하는 급여의 성격을 갖게 된다.

2. 양육지원와 고용지원

아직은 여성이 가사활동의 책임을 부담하는 것이 일반적이기 때문에 여성의 고용과 가사활동이 조화를 이루기 위해서는 노동의 유연성이 보장되어야 하며, 또 파트타임고용이 사회보험에서 배려되어야 할 필요가 있다.[107] 특히 오늘날 편모가정이 증가하는 현상에 비추어 보면 여성의 취업은 양육보호와 밀접한 관련이 있다. 주간 양육보호가 충실한 북부유럽의 경우 독일, 아일랜드, 네덜란드, 영국 등에 비해서 편모가정에서 편모의 고용율이 높다는 것이 좋은 예이다.[108]

오늘날 여성 및 가족보호를 위하여 보편적인 양육지원은 가장 중요한 정책과제로 떠오르고 있다. 다음과 같은 의미를 갖기 때문이다.[109] 첫째, 보편적 양육지원은 여성이 직업경력을 중단하는, 그리고 그 결과 임금 및 사회보장청구권에 미치는 불이익한 영향을 방지할 수 있다. 둘째,

106) 이 점에 대해서는 예컨대 Werner Sesselmeier, "Die Entwicklung der gesetzlichen Rentenversicherung im Lichte der sozioökonomischen Veränderungen", Frank Schulz-Nieswandt/Gisela Schewe(편), *Sozialpolitische Trends in Deutschland in den letzten drei Dekaden* (Duncker & Humblot, 2000), 28면 이하 참조.

107) 이에 대해서는 Anton Hermerijck, 위 각주 31의 논문, 199면 이하 참조.

108) 이 점에 대해서는 Gøsta Esping-Andersen, "A Child-centered Social Investment Strategy", Gøsta Esping-Andersen(편), *Why we need a New Welfare State* (Oxford University Press, 2002), 35면 이하 참조.

109) 이 점에 대해서는 Gøsta Esping-Andersen, 위 각주 108의 논문, 62면 이하 참조. 이 밖에 각국의 예에 대해서는 Erwin Murer/Alexanandra Rumo-Jungo, "Schutz der Einelternfamilie in der Schweiz"; Franz Marhold/Klaus Kapuy, "Schutz der Einelternfamilie in Österreich"; Eva-Maria Hohnerlein, "Schutz der Einelternfamilie im Sozialstaat Deutschland" 등 참조. 이 세 논문은 *Zeitschrift für ausländisches und internationales Arbeits- und Sozialrecht* (2003), 109면 이하, 155면 이하 및 176면 이하에 수록되어 있다.

사회적 입장에서 보더라도 여성의 직업능력을 최대한 발휘하도록 하여야 할 필요가 있다. 셋째, 여성근로자는 임금의 일부를 세금 및 보험료로 납부하기 때문에 결국 양육지원에 소요되는 비용이 환수되는 효과도 있다.

여성복지는 출산율과도 밀접한 상관관계가 있다. 일반적으로 출산율이 낮아지는 데에는 다음과 같은 이유들이 제시되고 있다.110) 첫째, 표면적으로 아동양육에 소요되는 비용문제이다. 둘째, 여성이 자녀출산으로 인하여 사회활동의 출발시기가 늦추어지고 이 점이 직업경력에 있어서 장기적으로 불리한 영향을 미친다. 셋째, 현실적으로 아동양육의 부담과 직업경력을 조화롭게 구성하는 것이 쉽지 않다. 이러한 상황에서 여성고용을 높이기 위하여 아동양육과 직업수행을 병행할 수 있도록 우호적인 환경이 조성되어야 하며, 이러한 환경은 동시에 출산율을 높이는 데 기여한다. 이러한 논리는 예컨대 1990년대 스웨덴에서 출산율이 7년간 2.1에서 1.6으로 급격히 하락한 사실에서도 확인된다.111) 1990년대 스웨덴의 경기침체로 인하여 양육휴가에 대한 소득보상수준이 낮아진 것은 사실이지만, 이보다는 경기침체로 인하여 여성고용률이 낮아졌고, 그 결과 미래가 불투명해졌다는 우려가 출산율의 하락에 보다 중요한 영향을 미쳤다.

아동양육에 있어서도 북부 유럽 국가들은 선구적인 위치에 있다. 독일, 프랑스 등 중부 유럽 국가들이 현금이전을 통하여 복지생산을 하였고, 이때 복지실현의 매체는 가족이었다. 이에 비해서 북부 유럽국가들의 복지생산은 보편적 · 포괄적이라는 특징이 있다. 즉 전체 국민을 대상으로 교육 및 자녀양육, 현금이전, 재가보호, 공공기관에서의 보호 등을 포괄하였다. 그 결과 복지삭감이 이루어지더라도 이는 부분적인 영향을 미치고, 또 무엇보다도 가족 및 아동양육에 우호적인 복지생산은 여성의 사회통합을 촉진하는 계기가 되었다.112) 실제 북부 유럽에서 아동의 빈곤율이 낮은 데에는 충실한 소득보장보다는 오히려 부모의 고용률이 높고 적정한 임금수준을 유지하였다는 점이 보다 설명력이 있다.

110) 이 점에 대해서는 Gøsta Esping-Andersen, 위 각주 108의 논문, 65면 이하 참조.

111) 이 점에 대해서는 Gøsta Esping-Andersen, “A New Gender Contract”, Gøsta Esping-Andersen(편), *Why we need a New Welfare State* (Oxford University Press, 2002), 49면 이하, 52면 이하, 70면 이하 등 참조.

112) 이에 대해서는 Stein Kuhnle, 위 각주 49의 논문, 113면 이하 참조.

제 7 편

연구과제:
복지국가의 정당성과 발전의 방향

제 7 편 연구과제: 복지국가의 정당성과 발전의 방향

지금까지 복지국가의 형성과 발전, 한계와 개편의 과정을 거치면서 나타난 역사적·이념적 그리고 제도적 상황을 각국 간의 보편성과 특수성을 염두에 두면서 살펴보았다. 논의의 상황이 다양한 만큼 이러한 논의가 우리나라에서 복지생산의 구체적인 발전방향을 제시하는 데에 직접적인 시사점을 줄 수는 없다. 또 제1편에서 언급했듯이 이러한 제안을 하는 것이 이 연구의 목적도 아니다. 여기에서는 복지국가가 기원하는 이념적 본질을 유지하고 새로운 시대상황과 상호작용을 하면서 발전할 수 있는 방향을 추상적인 원칙으로서 제시하려고 한다. 구체적인 제도의 발전방향은 앞으로의 연구과제이며, 이는 해당 분야의 전문가의 몫이다.

제 1 장 복지생산의 재사회화

복지국가의 본질상 그리고 복지국가가 처한 새로운 환경에서 복지생산의 목표를 명확히 하여야 한다. 이념적으로는 복지생산을 둘러싼 상황의 변화로 인하여 사회적 평등 혹은 기존 생활수준의 보호를 복지생산의 일반적인 목표로 할 수는 없다. 이에 복지국가의 목표는 두 가지에 집중되어야 한다.

첫째, 복지국가의 가장 중요한 기원이었던 빈곤보호, 즉 최저생활보장은 여전히 복지생산의 가장 중요한 기준이어야 한다. 이는 이념적으로 보면 절대적인 정의의 요청이며, 헌법적으로 보면 인간다운 생활을 할 권리의 최소한이다. 최저생활보장에 관한 한 개인의 권리와 더불어 자기책임이 강조되는 것은 피할 수 없는 경향이다. 그러나 이러한 법적, 그리고 윤리적 책임을 강조하는 만큼 더욱 이들에 대한 최저생활을 보장하는 정책이 지속적으로 점검되고, 객관적인 지표에 따라 평가 · 개선되어야 한다.

둘째, 사회보험에 의한 보호는 정치적 결정에 유보되어 있다. 이러한 정치적 결정을 합리적으로 지도하는 이론과 체계를 정립하는 학문적 및 정책적 노력이 집중되어야 한다. 사회보험과 공공부조의 이념, 수급자의 범위, 그리고 급여수준을 합리적으로 구분하는 관점이 아직 모호한 상태에 있기 때문이다. 우리나라에서 국민연금과 국민기초생활보장, 그리고 기초노령연금 각각, 그리고 이들 간의 기능분담을 둘러싼 논의가 여기에 해당한다. 다만 사회보험 일반에 있어서 다음과 같은 이념이 최저선을 형성하여야 한다. 사회보험급여는 국가의 일방적인 급여와는 달리 개인의 자기기여를 기초로 형성되며, 이들 급여에 대해서 개인은 권리를 갖는다. 이는 개인에게 자율적인 결정권을 부여한다는 점에서 헌법적 이념으로서 자유와 복지를 실현하는 가장 중요한 기제이다. 이에 사회보험은 대부분 국민을 가입대상으로 포섭하여야 하며, 전형적인 사회적 위험을 보호할 수 있어야 한다.

복지국가의 재사회화는 역설적으로 보면 보편화가 보다 강화되어야 한다는 측면을 포함한다. 이는 다음과 같은 두 가지 측면에서 그러하다. 첫째, 세계화 이후 복지국가의 발전경향에서 보듯이 오늘날 복지정책과 고용정책이 밀접히 관련되어 있으며, 고용은 복지생산의 기반일 뿐 아니라 복지생산의 기제이기도 한다. 따라서 고용의 활성화를 위해서는 교육 · 자녀양육 등의 서비스지원이 보편적으로 이루어져야 한다. 둘째, 오늘날 고령사회가 전개되면서 고령에 이르러 나타나는 건강문제, 장기요양문제 등은 더 이상 집단적 연대의 원칙에 기초하여 접근하는 범위를 벗어났다. 이를 보편적으로 서비스를 통하여 보호하는 데에 정책적 관심이 강화되어야 한다. 우리의 지난 복지생산은 사회보험과 공공부조를 통한 소득보장에서 출발하고 발전하여 왔지만 이제 사회문제를 보편적인 서비스를 지원하여 접근하는 전환이 필요하다.

제 2 장 복지생산의 다원화

국가가 복지생산을 독점하는 것은 현실적으로, 그리고 규범적으로 불가능하며, 정책적으로 바람직하지도 않다. 오늘날 복지국가는 개인의 거의 모든 생활국면을 고용관계 등 경제생활에서 독립하여 배려하는 과제를 갖게 되었다. 그런데 이러한 배려를 국가가 직접적인 주체가 되어 모두 실현하는 것은 현실적으로 불가능하다. 국가의 재정능력에 한계가 있으며, 복지생산에 내재해 있어야 할 개인의 자기책임을 국가가 모두 통제하는 것은 불가능하기 때문이다. 또 국가의 독점적인 복지생산은 규범적으로도 불가능하다. 이 경우 국가는 개인의 모든 상황을 직접 배려하여 복지생산의 기제에 포섭하여야 한다. 이로써 개인의 자기결정에 의한 자기배려의 가능성은 제한되며, 이는 자기결정권을 보장하는 헌법적 가치와 충돌하기 때문이다. 또 국가의 독점적 복지생산은 복지생산과 분배의 효율성을 저하시킨다. 개인의 자기결정, 그리고 개인과 복지생산주체와의 합의에 의한 복지생산이 이루어질 때 효율성이 증가될 것이기 때문이다.

위와 같은 이유에서 복지생산에 있어서 국가와 사회의 분화는 필연적이다. 복지생산의 다원화는 다원적 복지생산의 기제가 장단점을 함께 갖고 있기 때문에 더욱 필요하다. 공적 복지생산에서는 비교적 자유롭게 사회적 고려를 할 수 있다는 장점이 있으며, 또 국가가 최종적인 재정담보를 한다는 점에서 안정적이다. 그러나 좀 더 구체적으로 보면 사회보험 등 공적 복지생산의 기제는 재원을 부담하는 가입자인 근로자, 그리고 넓게 보면 정치적 결정의 정당성을 좌우하는 유권자의 지속적인 지원에 의존해 있다는 점에서 불안정하다. 이에 비해서 민간보험 및 기업복지는 이들의 존속이 보장되기만 한다면 자기기여에 기초하여 형성된 급여에 대해서 비교적 강력한 보호가 이루어진다는 장점이 있다.

복지생산의 다원화는 복지국가의 역사적 필연이라고도 할 수 있다. 시장의 기능적 한계를 보충하기 위한 목적에서 출발한 복지국가는 오늘날 그 자체로 독자적인 가치와 체계, 그리고 발전동력을 갖게 되었다.

개인의 입장에서 보면 절대적으로는 최저생활이 보장되어야 한다는 기대를, 그리고 상대적인 차원에서 보면 좀 더 높은 수준의 자기배려를 통하여 좀 더 나은 수준의 생활을 보장받으려는 욕구를 갖게 되었다. 이는 필연적으로 특별한 욕구를 집중적으로 충족하는 기제를 통하여 실현되어야 하며, 이를 국가가 담당할 수는 없다. 기업연금 혹은 민간보험이 국가의 복지생산과 협력 및 경쟁관계를 형성하여야 한다는 것이다.

복지생산의 다원화는 복지생산의 중점 이동이 이루어지면서 필연성을 갖기도 한다. 오늘날 복지국가는 현금급여를 통하여 개인의 기존 생활수준을 추상적으로 보호하는 데에서 점차 개인생활을 좀 더 구체적인 차원에서 보호하는 경향을 띠어 가고 있다. 실업이 좋은 예이다. 실업보험은 현금급여를 통하여 실업으로 인하여 상실된 소득을 보장하는 과제를 가졌다. 그러나 오늘 적극적 노동시장정책으로 대표되는 고용정책은 교육과 고용, 그리고 사회보장을 연계하여 적극적인 교육과 직업교육, 그리고 직업알선을 통하여 실업을 사전에 예방하고, 또 개인의 자기책임을 강화하는 방향으로 발전하고 있다. 이와 같이 국가가 적극적 과제를 갖게 됨에 따라서 소득보장에 대한 수요는 다른 방법으로 충족될 수밖에 없게 되었다.

제 3 장 복지생산의 투명성 제고

복지생산은 일반적으로 장기적인 위험을 대상으로 이루어진다. 연금보험이 대표적인 예이다. 따라서 제도가 수용력을 갖기 위해서는 국민이 이에 대한 신뢰를 갖도록 장기적인 지표가 제시되고 운용되어야 한다. 이때 비로소 법치국가적 안정성이 보장된다. 또 각종 정보제공, 정책결정과정의 투명화를 통하여 국민이 제도운용에 참여하고 있다는 의식이 제고되어야 한다. 이와 동시에 기존의 사회보장법 혹은 사회변화에 대응하는 사회보장법의 개정이 국민 개인에게 어떠한 효과를 갖는지에 대한 사실인식과 평가가 주기적으로 이루어져야 한다. 국민에 의한 통치라는 민주주의적 정당성은 국민을 위한 통치를 실현하는 제도와 절차 · 조직, 그리고 이에 대한 정보에 누구나 접근할 수 있도록 투명화되지 않고는 확보될 수 없다.

제 4 장 복지생산의 탈정치화의 가능성과 한계

복지국가원리는 국민경제와 밀접한 관련을 갖고 실현된다. 국민경제가 복지국가의 거시적 기초가 되며, 복지국가는 반대로 국민경제에 중요한 변수로서 영향을 미친다. 또 복지국가는 국민생활에 장기적이고 중요한 영향을 미치기 때문에 정치권력의 정당성을 좌우하는 파급력을 갖는다. 역설적으로 보면 균형있는 복지생산을 위해서는 일반 정치적 관점에서 어느 정도 독립하여 복지생산에 대한 결정이 이루어질 수 있어야 한다.

복지생산의 정치화는 어느 정도 개인의 행태를 변화시킨다. 이제 개인은 자신의 현실적인 수요와 이에 대한 보호의 필요성이 아니라, 자신 혹은 자신이 속해있는 집단의 정치적 영향력의 정도에 따라 복지생산을 요구하고 평가할 가능성이 있고, 이로써 복지생산의 사회성과 효율성이 약화될 수 있기 때문이다. 또 반대로 국가가 다른 정책목표에 우선순위를 두고 복지재정을 잠식하는 정치적 불균형 역시 견제되어야 한다. 그만큼 복지형성의 탈정치화를 위한 제도가 개발되어야 한다. 그러나 복지생산의 탈정치화는 현실 정치에서는 쉽지 않은 과제이다. 한편으로 복지의 축소는 당사자에게는 그 영향이 민감하게 다가온다. 다른 한편 오늘날 복지생산을 둘러싼 환경 하에서 적극적 노동시장정책, 그리고 복지생산의 기초가 되는 경제성장은 그 효과가 개인에게 예민하지도 또 직접적이지도 않다. 그리고 실제 그 영향은 계층에 따라서 차별적으로, 또 장기적으로 나타난다.

복지국가의 탈정치화는 다음과 같은 두 차원에서 실현될 수 있다고 보여진다. 첫째, 정치적 해결이다. 이는 민주주의국가에서 가장 자연스러운 해결방법이다. 그러나 이미 살펴보았듯이 정치적 현실을 고려하면 쉽지 않은 해결방법이다. 둘째, 제도적 해결방법이다. 이는 복지생산을 둘러싼 상황의 발전을 객관적인 전문가위원회에 의하여 보고하도록 하고, 이를 기초로 지속하여 공론화하고, 객관적인 기준에 따라 평가하는 방법이다. 이러한 제도적 해결방법은 정치적 의사결정에서 탈정치화를 선도하는 기능을 수행할 수 있을 것으로 기대된다.

제 5 장 복지생산의 탈표준화

복지생산의 기초였던 전일고용과 종신고용, 그리고 정규직고용은 현대 사회에서 비중이 감소해 갈 것이다. 특히 서비스산업에서 시간제 고용, 그리고 일반적으로 직업교육을 위한 고용의 중단 역시 일반화될 가능성이 많다. 이와 같은 새로운 노동환경의 변화는 사회보험이 이들 환경에 적응하여 세부적으로 급여의 조건 및 내용을 형성하여 노동환경의 새로운 변화에 유연하게 적응할 것을 요구한다. 1990년대 이후 진행되고 있는 세계화는 특히 비숙련근로자에게 집중적으로 희생을 강요하는 상황을 전개하였다. 이에 복지국가는 기존의 정형화된 생활패턴을 기반으로 형성·운영되어 왔던 제도를 재점검하고 탄력적인 고용유형을 최적화하여 조성할 수 있어야 한다. 한편으로는 네덜란드의 실험을 주목하여야 하지만, 다른 한편 이 경우 여러 제도적 차원에서 복지가 생산되어야 하는 필요성도 인식되어야 한다.

제 6 장 복지생산의 지속가능성

오늘날 구조적으로 변화된 상황에서 지속가능한 복지생산의 방향이 모색되어야 한다. 이제 복지생산의 기능조건이 변화하는 상황에서 노령 등 사회적 위험을 중심으로 복지생산을 형성하는 방법은 한계가 있다.

한편으로 복지생산의 지평을 넓혀야 하며, 다른 한편 복지생산의 목표에 대한 새로운 인식이 필요하다.

복지생산은 사회적 위험이 발생하여 개인생활이 정상을 일탈하는 상황을 보호하는 과제와 함께, 정상적인 생활유지의 기회를 보장하고 유지시키는 데에 중점을 두어야 한다. 개인이 교육 및 고용의 기회를 가질 수 있는 기반을 보호하고, 실제 교육 및 고용의 기회를 부여하는 결과를 실현하기 위하여 필요한 지원을 하여야 한다. 즉 인적 자본의 육성과 함께 적극적 노동시장정책을 위하여 노동시장에 대한 개입 역시 어느 정도 필요하다. 이로써 고용을 매개로 하는 복지생산과 함께 고용을 통한 복지생산에 중점을 두어야 한다. 이는 개인이 공적 복지생산에 의존하는 필요성을 감소시키는 계기가 될 수 있다. 이로써 한때 복지국가논의에서 풍미했던 탈상품화(de-commodification)의 전략은 상품화의 기회를 제고하는, 그리고 어떠한 의미에서는 재상품화(re-commodification)의 가능성을 제고하는 전략에 의하여 대체될 수밖에 없다. 다만 고용을 통한 복지생산이 결코 개인적 및 생활환경의 특수성을 고려하지 않고 고용을 강제하는 형태로 실현될 수는 없다. 복지가 자유와 교환될 수는 없기 때문이다.

복지생산의 방향전환에서 교육 및 고용지원과 같이 시장진입을 직접적으로 지원하는 서비스와 함께 아동복지, 노인복지, 장애인복지, 양육지원 등과 같은 간접적이지만 교육 및 고용에 중요한 전제조건에 해당하는 부분에 정책적 비중이 두어져야 한다. 서비스 보장의 경우 개별적이고 구체적 상황을 주목하여야 하지만 인적 대상에 있어서는 보편적으로 실현되어야 한다. 교육 및 고용지원 등의 서비스는 일종의 기회의 보장을 위한 기반이며, 따라서 모든 국민이 접근할 수 있어야 하기 때문이다. 객관적인 정책효과를 보더라도 예컨대 저출산의 문제는 소득의 높고 낮음보다는 고용과 양육을 병행하는 가능성이 중요한 변수라는 것이 일반적인 경험이다.

복지생산의 수평적 차원에서의 방향전환에도 불구하고 소득보장의 필요성은 여전히 중요하며, 소득보장을 전적으로 대체하는 방향으로 전환될 수는 없다. 교육 및 고용, 그리고 양육지원과 같은 복지급여의 보편적 성격은 역설적으로 보면 사회적 보호의 필요성이라는 정책기준을 약화시키고, 또 빈곤층의 소득을 보장하는 결과를 담보하는 것은 아니다. 또 고용상태에서 빈곤이 일상화하는 문제는 더 이상 새로운 현상이 아니다. 최저생활보장은 여전히 복지생산의 지속가능성을 판단하는 가장 중요한 기준이다.

사항색인

저자약력

전광석

연세대학교 법과대학 및 동대학원(법학사, 법학석사)
독일 뮨헨대학교 법과대학(법학박사)
독일 막스프랑크 외국 및 국제사회법연구소 연구원
한림대학교 법학과 교수
사법시험 등 각종 국가시험 출제위원
한국공법학회 학술장려상(1994년 헌법 분야) 수상
독일 홈볼트재단 초청교수
독일 막스프랑크 외국 및 국제사회법연구소 초청교수
미국 버클리로스쿨 방문교수
헌법재판소 연구위원
한국사회정책학회 회장, 한국공법학회 부회장
현재 연세대학교 법학전문대학원 교수
　　한국헌법판례연구학회 회장
　　한국사회보장법학회 회장, 한국헌법학회 회장
　　법무부 헌법자문위원

저 서

Das Recht der sozialen Sicherheit und seine verfassungsrechtlichen Rahmenbedingungen in der Bundesrepublik Deutschland und in der Republik Korea(Nomos, 1990)
복지국가의 기원(역)(교육과학사, 1992; 법문사, 2005)
사회보장법학(한림대출판부, 1993)
독일사회보장법론(법문사, 1994)
법학개론(공저)(박영사, 1997, 전정판 2010)
환경오염의 법적 구제와 개선책(공저)(소화, 1996)
한국 가족정책의 이해(공저)(학지사, 1996)
한국의 노동법 개정과 노사관계(공저)(한국노동연구원, 2000)
헌법판례연구(법문사, 2000)
한국사회보장법론(1997, 제9판 집현재 2012)
판례헌법(공저)(신조사, 2002)
국제사회보장법론(법문사, 2002)
독일사회보장법과 사회정책(박영사, 2008)
사회변화와 입법(공저)(오름, 2008)
국민기초생활보장법상 수급요건에 관한 연구(공저)(한국법제연구원, 2009)
한국사회와 장애인정책-복지와 차별금지-(편저)(인간과 복지, 2011)
한국헌법론(2004, 제8판 집현재 2013)
사회보장법(공저)(신조사, 2011)
지속가능성과 법학의 과제(편저)(연세대 출판부, 2012)

복지국가론 [기원 · 발전 · 개편]

2012년 12월 20일 초 판 제1쇄 인쇄
2012년 12월 30일 초 판 제1쇄 발행

저 자 전 광 석
발행인 이 명 재
발행처 **신 조 사**
서울특별시 마포구 염리동 161-5 201호
전 화 (02) 713-0402 FAX (02) 713-0403
등 록 1994. 7. 4, 제17-179호(倫)
E-mail: sinjosa@sinjosa.co.kr http: //www.sinjosa.co.kr

정가 22,000 원 ISBN 978-89-92841-59-7